I0820608

LITTÉRATURE, HISTOIRE, POLITIQUE
sous la direction de Catherine Coquio,
Lucie Campos et Emmanuel Bouju
32

Signe

Ce volume paraît sous la responsabilité éditoriale de Catherine Coquio.

Ouvrage publié avec le soutien de la fondation Calouste Gulbenkian

Krikor Beledian

Signe

Traduit de l'arménien occidental par Sonia Bekmezian

PARIS
CLASSIQUES GARNIER
2017

Krikor Beledian, né en 1945 à Beyrouth, poète et essayiste, vit en France depuis 1967. Enseignant émérite à l'Inalco, il est l'auteur d'ouvrages sur la littérature arménienne, dont *Cinquante ans de littérature arménienne en France* (Paris, 2001) *Le Coup* est le deuxième volume d'une fresque romanesque dont ont été traduits *Seuils* (Marseille, 2011) et *Signe* (Paris, 2017).

Sonia Bekmezian est née en 1949 à Paris. Elle a suivi des études de langue et de littérature arméniennes à l'Inalco. Elle a traduit la première œuvre romanesque de Krikor Beledian, *Seuils* (Marseille, 2011).

ISBN 978-2-406-06450-3 (livre broché)
ISBN 978-2-406-06451-0 (livre relié)
ISSN 2259-9479

Ce qui passe s'oublie, mais c'est un poisson qui s'enfuit.

1

Ce n'est encore qu'un cri aigu qui se transforme en rire ; on dirait qu'il s'arrache du silence ; il se brise ; je me suis réfugié sur la branche fragile d'un arbre qui se rompt soudain sous mon poids ; je n'entends le bruit de la cassure qu'après la chute ; ça ne me quitte pas ; c'est pelotonné en moi ; une sorte de lézarde dans la couche de sommeil, une voix qui m'appelle, qui me rappelle toutes les conditions, les circonstances, les détails ; il suffit que je la suive, que je me fie aux images, aux noms, ceux-là, avec leurs signes, me conduiront là-bas où le cri a pris naissance, il y a longtemps.

Ainsi. Donc.

Elle se moque encore,

son rire fusait près de mon oreille, très près, il me brûlait, une sensation aiguë de douleur se propageait sur mes joues accompagnée de la chaleur des chairs qui se pressaient contre moi ; il me semblait que j'allais étouffer, je ne parvenais pas à retrouver mon souffle, à garder mon nez libre, je ne pouvais pas crier, éloigner mon visage de cette épaisseur qui collait, serrait, qui m'enfonçait presque en elle, suant, comme dans un rêve où une ombre immense se penchait sur moi, je ne pouvais bouger les bras, pris, emprisonné, incapable de m'opposer, de résister à ce poids,

et ses lèvres devaient être brûlantes ; mais, à ce moment-là, il n'y avait que la douleur de la morsure, de la blessure, l'élancement de la plaie et, en même temps, le plaisir d'être porté, transporté, ou ce que je peux appeler un plaisir, car je m'abandonnais à ce contact qui me grignotait les joues, me caressait, me dorlotait et, à travers cette étreinte, cet enlacement, se manifestait la voix, joyeuse, sonore, chantante, irisée, avec les nuances orangées d'une prune mûre, mais, dans ce rire, était venu s'insinuer un gémissement, la première note d'un sanglot qui montait comme la fusée éclatante d'un feu d'artifice ;

peut-être n'était-ce pas un sanglot, peut-être était-ce moi qui attribuais une tonalité plaintive à cette légère inflexion de la voix, qui lui attribuais ce trouble proche des larmes à la lisière de mes lèvres, de mon for intérieur, peut-être que derrière ce rire je discernais, je devinais l'esquisse d'une légère tristesse, des espèces d'ombres lointaines, une strate qui sans doute n'appartenait pas au rire mais qui lui succédait, avec le changement subit de ton, d'accent, de timbre, qui disparaissait aussitôt que la voix se déployait, devenait rieuse, retrouvait un état tout à fait habituel, m'enfermant à nouveau dans sa magie et dans cette inquiétude qui créait ce que j'appellerais la honte, la honte d'être prisonnier, une fois encore.

Ça, c'était son jeu.

J'avais juste quelques pas à faire depuis notre cour ; le sol de la rue, inégal, était parfois pierreux ; au milieu, la pluie avait formé une petite rigole le long de laquelle la terre était meuble ; c'est pourquoi il fallait être vigilant, sauter quelquefois d'une pierre à l'autre pour ne pas glisser et, surtout, les dimanches et les jours de fête, ne pas salir ses chaussures ;

je ne comprenais pas comment, chaque fois que je devais traverser cette partie devant leur maison, ces quelques trois-quatre marches, elle apparaissait, de façon impensable, c'est-à-dire qu'elle franchissait l'espace avec une rapidité inattendue, descendait les escaliers comme le magicien qui hantait nos contes ou, plus exactement comme une fée qui, partout où elle passait, rassemblait les enfants perdus, incorrigibles ou sans toit, les jetait dans le sac pendu sur son dos, croisement de bédouin arabe, de palestinienne basanée et de mage adorateur du soleil, puis elle prenait la fuite, sans un mot, et partait se perdre dans des pays lointains ;

c'est ainsi qu'elle se cachait, du moins je le pensais en ce temps-là, un peu plus haut, derrière leur grande porte presque toujours ouverte, prête à un assaut soudain ; ce qui m'oppressait, ce n'était pas vraiment de la peur, ni ce trouble inquiétant qui me saisissait quand je passais devant la maison qui se trouvait au coin du champ, en bas, la maison mystérieuse et inhospitalière de celui qu'on appelait l'idolâtre, dont la porte était toujours close et qui était ensevelie sous le lierre et les liserons ; l'idolâtre avec sa tête enturbannée et son silence était comme une présence occulte, effrayante mais lointaine, liée au vague souvenir d'un culte archaïque du feu, le rire d'Arevik, lui, venait d'un lieu très proche, très intime, il semblait dire quelque chose que je ne comprenais pas mais que je sentais comme, dans le sommeil, la main tâtonnante perçoit la chaleur du feu ; je n'entendais jamais le bruit de ses pas, son élan, son bond du seuil de la porte jusqu'au tronc de l'eucalyptus, elle n'apparaissait pas plutôt derrière lui qu'elle m'avait déjà saisi, capturé, soulevé du sol, approché de son visage, elle se penchait, m'embrassait, me serrait tout doucement, me berçait, écrasait mon corps, mes yeux, toujours sur ses gardes de peur que je ne réagisse, que je ne tire sur la croix pendue à son cou avec l'émeraude bleu-vert en son centre, je sentais son souffle très proche, sa respiration, les gouttes de parfum qu'elle s'était mis derrière l'oreille,

eh bien ! on appelle ça du parfum,

elle répétait,

du parfum,

qui pour moi, en ce temps-là, ne s'écoulait pas d'un flacon mais émanait de sa peau, de son nom, comme la cristallisation de toutes ces choses précieuses qui, je le croyais, étaient siennes, autour d'elle, avec elle, en elle, pleines de son contact, de sa couleur, de sa lumière ;

j'entendais presque la modulation rythmée de sa poitrine, la palpitation tiède qui animait ses seins fermes, ils devaient être collés à mon corps, à mon cou, ils me pressaient, me semblaient brûlants, une chaleur de matinée fraîche, comme celles où je me réfugiais sous la treille du toit avec Zevart, suivant d'en haut, de loin, le quotidien ralenti et poussiéreux du quartier, comme les enfants qui s'ennuient cogitent et trouvent un jeu nouveau et inattendu, une nouvelle malice ; le visage d'Arevik s'inclinait pour s'enfoncer dans ma nuque, elle me chatouillait du nez, des lèvres, elle riait et, de la caresse de sa peau tendre, elle faisait passer le long de mon dos, un frisson, j'allais dire voluptueux si j'avais connu ce mot à cette époque, en tout cas agréable, puisque maintenant j'étais si près d'elle que je n'avais pas besoin de tendre vers elle, de la convoiter, maintenant, je pouvais moi aussi toucher les frisottis de son front, les cheveux qui descendaient au-dessous de sa nuque, des épaules jusqu'aux reins, leurs boucles, je pouvais enfin toucher son corps qui me charmait.

Elle percevait sans doute le plaisir que je prenais à ce contact ; d'un léger mouvement, elle m'écartait de sa poitrine tandis que ses lèvres poursuivaient leur babil absurde – à peine des paroles, plutôt un vague bourdonnement – tout en continuant à m'embrasser, m'embrasser encore, triomphante, sans retenue ; sentant probablement qu'elle m'avait subjugué, que j'étais déjà désarmé, avec peut-être le plaisir de se moquer de mon consentement, de ma soumission, comme si elle ne m'avait pas seulement pris, volé, envahi, mais qu'elle affirmait sa convoitise, son caprice de fille gâtée, elle qui aimait imposer à chacun sa volonté, elle criait, elle se moquait parfois, parfois elle dardait ses yeux sombres au fond de mes prunelles en s'approchant, en s'approchant au point que son front touchait le mien, je voyais alors ses grands yeux en amande, le jeu étincelant de ses pupilles que, je ne sais pourquoi, je trouvais inconvenant, peut-être simplement en remarquant, dans le charme de son regard, l'un des mots impudents qu'on lui lançait et elle répétait cette parole si incompréhensible pour moi à cette époque, car celle-ci, comme toutes les allusions qui renvoient à un domaine pour lequel nous ne sommes pas mûrs, qui nous est extérieur mais dont l'étrangeté nous reste cependant quelque part intelligible, qu'au fond nous comprenons et à l'écho duquel nous répondons, donc par ce mot ayant pris la chaleur d'une caresse, d'une cajolerie, on aurait dit qu'elle me communiquait un secret, sans le dire, sans le formuler, silencieusement, dans un chuchotis, peut-être même sans que les lèvres profèrent une sorte de formule conventionnelle,

mon fiancé ! mon fiancé !

C'était un jeu, non ? et moi j'étais un enfant, comme quand mes tantes me berçaient sur leur sein tiède, – oh ! mon bébé ! donne-moi un baiser pour voir, mon bébé ! – elles rugissaient, elles m'embrassaient avec les transports des filles jouant à la poupée, puis elles devaient me caresser avec le ton de celle qui redresse, qui arrange quelque chose, elles devaient dire – eh bien tu as grandi ! oho ! tu es devenu un grand garçon ! – ainsi, je grandissais en leur sein, en retournant une fois encore dans leur giron ; tandis que pour Arevik, j'étais sans doute un jouet, seulement un jouet et les paroles jetées au milieu de la rue étaient étrangement inaudibles sauf pour moi et quelque peu pour les femmes et les filles des maisons voisines ;

on dit que seul celui qui sait déjà comprend et seul celui qui sait peut décider ; et moi, j'étais incapable de décider, d'être d'un côté, d'être quelqu'un qui est ici ou là. Moi, là, j'étais avec Arevik, avec sa moquerie ;

en même temps, j'étais sans doute dehors, un peu, dans une infime mesure. Elle, au-delà de moi, s'adressait à quelqu'un, à un autre : cela se produit souvent lorsque nous disons le fond de notre pensée, notre désir, notre colère, en dehors de tout contexte, à quelqu'un d'extérieur à notre environnement et nos paroles demeurent, pour notre auditeur du moment, inintelligibles pour toujours. Dans les bras d'Arevik, j'étais quelqu'un d'autre, le masque d'un autre, sa peau, son corps, son âme, je portais peut-être même son nom :

mais, à ce moment-là, celui-là n'avait pas encore de nom, comme s'il n'existait pas, même s'il était une ombre invisible derrière ou à côté d'Arevik, une présence sans consistance qui était plutôt le fruit de commérages, dans la mesure où chaque fille déclenche derrière elle un lent regard qui s'élève du talon à la nuque, et auquel elle semble se livrer ; cependant, celui-là, à cette époque, était, pour moi, quelqu'un sans visage ; un être capable d'éveiller en moi une crainte trouble, suggérant une probable privation à venir. Quelqu'un d'autre. Oui. Car moi-même je n'avais de nom que,

mon fiancé,

moi qui seul entendais, voyais, inscrivais en mon esprit cette voix, cette sensation, oui, cette sensation en image sonore, dont le désir se formant lentement, se développant et s'approfondissant est le début de toute parole.

On ne garde souvent des évènements qu'une vague impression qui peut se creuser, s'étendre, se détailler et restituer l'intégralité du moment, un peu semblable, un peu différent, presque métaphorique, mais seulement si une couche de sensation lui reste attachée, réticulée, tissée, suspendue et flottant dans notre corps, de même que la cicatrice d'une plaie devient un signe[1], se relie à un évènement complètement effacé, aux visages, aux noms dont nous avions depuis longtemps chassé l'existence de notre conscience ;

les sensations, sourdes et denses, peut-être aveugles, tâtonnantes, demeurent, alors que le sens, la réalité sont déjà détruits, résonnent et

---

1 Le titre arménien de l'ouvrage « Nechan » est polysémique et presque tous ses sens sont utilisés ici. Il se rapporte à la fois au prénom, au mot « signe » dans toutes ses acceptions propres et figurées, aux fiançailles (se fiancer, fiancé/fiancée,), au saint Signe (apparition de la Croix). Les notes sont de la traductrice.

s'imposent avec leur intensité, leur force, leur relâchement, leur vibration et je ne peux rien faire d'autre à présent que les aligner, les entasser non pour donner une complétude improbable à ce qui n'était pas complet, non pour articuler, combiner, harmoniser les données, offrant la continuité de l'histoire ou une signification à ce qui est fragmentaire, parce que celles-ci forment un ensemble chaotique, incohérent, bigarré qu'un sismographe intérieur a inscrit, laissant entre eux des vides, des failles et des espaces, mais pour voir, pour entendre, ne serait-ce qu'une fois cette image intermittente, de celui que je fus, que je suis peut-être resté à jamais pour Arevik, celui que, avec son expression étrange et son halo sonore, une parole résume,

mon fiancé !

2

Chaque jour que Dieu faisait, il fallait que mère et fille se disputent dès le matin, dès que Marie, madame Marie (le « madame » faisait partie du nom, j'ai longtemps cru que « madamemarie » était son véritable nom) avait bu le café matinal de Nano ; ayant à peine commencé à dévider la pelote des cancans, abandonnant son patois au profit de l'arménien de ville, frappant les pierres du sol de ses savates, elle montait à toute allure les escaliers d'Hermine, répétant,

mes gamelles !

le regard vers le haut, vers la porte ouverte, devant, à droite du prunier offrant une ombre agréable à cette heure-là, une ombre très agréable qui, à cause de l'inclinaison du tronc, se propage vers notre maison, si fine, si légère, si fraîche que, lorsque mon père s'y réfugie par la chaleur estivale, il évoque les mains habiles de monsieur Khatchadour, qui, quelle que soit la plante qu'il touchât, la faisait germer et fleurir ; à peine revenu de Jérusalem, monsieur Khatchadour s'était fait faire une carte d'identité, *État du Grand-Liban, Carte d'Identité*[1], une feuille de papier, des lignes en français et en arabe sur deux colonnes, une photo au centre, au-dessous une signature ou l'empreinte du pouce et il avait aussitôt acheté ce terrain, au coin de la rue, entre les maisons d'Ardachès l'Emmerdeur et de Maritsa *khanem**, il l'avait acheté à Monsieur Bernel par l'entremise de Haroutioun Bezdiguian qui ne pouvait résister à quelqu'un comme monsieur Khatchadour, le tromper, lui dire – oui, peut-être – et lui extorquer un pot de vin, comme il avait l'habitude de le faire ou comme on racontait qu'il le faisait ; franchement, pourquoi aurait-il été locataire ? non, au diable loyer et propriétaire, lui, monsieur Khatchadour, était un visionnaire, il pensait au futur, mais oui, mais oui, tout ça c'était la fierté de madame Marie, d'Arevik et de toute la famille, ils n'allaient pas vivre comme des vagabonds, ils devaient toujours avoir un foyer pour vivre

1 En français dans le texte.

comme des êtres humains ; l'argent ? l'argent, on ne savait pas d'où il le sortait, si ça se trouve, de Jérusalem, toujours est-il qu'il avait payé rubis sur l'ongle, disait madame Marie, Khatchadour ne faisait pas les choses à moitié, il voyait grand, il n'aimait pas avoir des dettes,

les dettes, c'est comme une chemise brûlante,

c'était ses mots, sa règle d'honneur et de conduite, résumant sa sagesse, c'est-à-dire force et puissance, quelque chose dont était dénué le plus grand nombre dans le quartier, ceux qui vivaient à crédit, avec des intérêts, ceux qui vivaient avec de lourdes ardoises, pour parler de façon plus populaire, dépendant de tel ou tel notable qui, chaque début de mois, apparaîtrait sur le seuil de la maison comme un ange funeste – alors, où on en est ! – il répéterait le montant de la dette, crierait, exigerait son compte, injurierait, écrirait sur un feuillet tiré de sa poitrine l'intérêt supplémentaire et, dans mon esprit, se formait la longue silhouette, maigre, sinistre de Haïg *agha**, qui n'avait jamais eu l'occasion de traîner devant la porte d'Arevik.

Selon la légende, monsieur Khatchadour avait monté les murs tout seul, fait le toit, réalisé trois pièces, une maison plutôt plus grande que la moyenne de celles de la colline, comme devant toutes les autres, il avait formé un petit jardin indûment gagné sur la rue : pouvait-on envisager une maison sans jardin ? avoir un logement sans arbres ni plantes ? ce n'était pas possible ! il y avait le monde et, à côté de lui, devant lui, il devait y avoir, de façon indispensable, obligatoirement, le paradis ; de sorte qu'il était allé chercher des plants de citronniers, de pêchers, d'abricotiers, de mûriers et d'autres arbres locaux dont il n'avait jamais vu la floraison ni la fructification, comme si toute la sève de la terre était passée dans ces quelques pieds de vigne qui, à présent, croulaient, grimpaient le long du mur et formaient une belle treille sur le toit, mais une des tiges grimpantes tombait toujours, essayait d'accrocher une boucle au-dessus de la grande porte, se pendait sur le fer à cheval de façade que madame Marie avait fait poser pour faire obstacle à la méchanceté du monde, là, sur le seuil de la porte, tous les « yeux maléfiques » s'aveuglaient, tous les six mille *djinns**, les diables et les démons s'enfuyaient en enroulant leur queue, et allaient s'enfermer dans une fosse sous une pierre épaisse et dure, comme elle disait, esquissant un début de conte, puis elle se signait, ayant ainsi mis la fortune de la maison entre de bonnes mains, tout le reste étant l'œuvre de Dieu.

L'œil de Marie était fixé sur l'ombre de cet arbre, mais les mots de sa bouche, plus rapides que l'œil, allaient être, à distance,

mais enfin, ma fille !

elle obliquait, à gauche, sous le pêcher maladif, ramassait sur la nappe blanche les plats en aluminium qu'elle devait laver, lessiver et rincer de nouveau pour les disposer dehors, au soleil ; il fallait absolument qu'ils sèchent au soleil, c'était son rite matinal, le premier évènement suivant le café… mes gamelles ! les gamelles qui allaient être remplies, puis superposées, bien fermées, un linge serait mis dessus en guise de protection et les employés portant en ville les repas dans leurs récipients allaient les aligner devant eux et les porter : derrière eux, madame Marie, l'œil vert de l'ange gardien ; mais, de l'autre côté,

mais enfin, ma fille !

elle appelait de nouveau, vers elle, qui était derrière la grande fenêtre à barreaux ou, du moins, non loin d'elle, un miroir rond à la main devant lequel elle restait inclinée ;

sans répondre, Arevik allait orienter le miroir, – cherchant une position plus commode, s'approchant des barreaux – le suspendre à la barre horizontale, chercher quelque chose à sa droite, sur la petite table collée au mur derrière laquelle il y avait des étagères vitrées, pleines de livres ; puis elle se penchait davantage, de plus en plus près, elle avait tiré ses cheveux aux petites boucles en arrière sur la nuque, les avait attachés avec une barrette, avec, à la main, comme elle aimait à le dire, à le répéter avec le désir d'utiliser et de faire apprendre le mot arménien, la petite chose fine, en métal, non, elle n'aurait pas dit le mot français *pince*[2], jamais, jamais, avec la vanité de celle qui vend son savoir aux filles pubères, elle devait dire la « pince à épiler » : en un mot elle cassait les efforts de monsieur Haïgazoun qui aimait tirer les oreilles et tentait de faire entrer dans nos cervelles le nom de cet outil en métal, mais il parlait des pinces du poêle, il grattait son menton pas rasé depuis deux-trois jours – les enfants, on dit pincette pour une petite pince – alors qu'Arevik, aspirant toujours à faire valoir ses connaissances supérieures, extrayait de la rangée de livres de l'étagère le grand dictionnaire, venait s'asseoir sur les marches devant la maison, ouvrait le volume au creux de ses jambes, articulait des lèvres l'ordre alphabétique pendant que ses mains feuilletaient l'ouvrage et, soudain, mettait le doigt sur le mot

2 En français dans le texte.

écrit avec un sourire victorieux ; elle fondait sa connaissance de la langue arménienne un peu recherchée, pédante, – ne puis-je dire maintenant scolaire ? – sur ce lourd volume inaccessible pour moi, au point que si sa mère s'adressait à elle un instant dans son beau dialecte, avec ses mots et ses sons réellement savoureux,

que fais-tu là, ma fille, et le rra… ssin ?

Arevik ne laissait pas échapper l'occasion de réprimer, de menacer, de toujours faire la leçon,

mais enfin, maman, quand vas-tu corriger ton langage ?,

comme si elle avait honte des mots qui sortaient de la bouche de sa mère, ces parents pauvres que, bien sûr, elle méprisait,

mais qu'est-ce que ça veut dire « cisailles » ! disait-elle quand Marie lui demandait les ciseaux,

elle,

appartenait au même modèle que nos enseignants qui, occupés à la grande œuvre d'édification de la nation, ne cessaient de corriger notre prononciation, en se moquant et en combattant par des piques ironiques les consonnes incorrectes qui s'échappaient de nos lèvres, notre élocution provinciale, aspirant toujours à former la nouvelle génération, comme ils disaient, toujours attentifs à tout uniformiser au point que j'avais honte de cette appartenance basse, infâme, vulgaire, molle, comme ils nous le répétaient, comme d'une espèce de mauvaise odeur de pieds ou de chaussettes sales émanant des chaussures et suivant nos pas avec entêtement ; je balbutiais avec une peur sourde, incompréhensible, il fallait que je masque, que je voile cette origine trouble, incertaine, inavouable, car je devais transférer de l'école à la maison cette langue orthodoxe et rance, en bannissant progressivement les vestiges de turc et de dialecte natal, et cependant, quelque part, dans ma prononciation, avec la lézarde du balbutiement pas tout à fait disparu, devaient se conserver involontairement leur couleur et leur accent imprononçable ;

moi,

insistait la voix d'Arevik, elle souriait de sa grande bouche, elle écoutait sa mère – c'est-y possible qu'y manque de l'encens à l'église ? –

moi je suis allée au lycée Djémaran, et alors ! qu'est-ce que tu croyais ? mais… papa….

c'est-à-dire jusqu'au grand désastre, jusqu'à la mort brutale de monsieur Khatchadour, qui ne lui avait pas permis de poursuivre ses études ; ces reliquats de mots arméniens et français apparaissaient dans sa bouche, parfois à propos, souvent de façon incongrue, quand elle se sentait obligée de montrer que, bien qu'elle ait grandi ici, elle, elle était savante, elle connaissait parfaitement l'orthographe et la grammaire correctes, elle avait une rangée de livres dans l'armoire fermée, ceux qu'à cette époque je regardais avec envie et convoitise et dont on pouvait lire les titres à travers la vitrine – Le forçat, La caravane, Les mystères du Bosphore, Garabed, Le pont des soupirs, Renaissance, La tsarine Catherine, La clef des songes, etc. –, leur papier de mauvaise qualité ayant acquis une respectabilité par les reliures aux lettres dorées, si proches par leur inaccessibilité que mon imagination les avait assimilés à la légende ; ils m'apparaissaient comme des livres à lire, à lire absolument, des livres par lesquels j'allais entrer dans un monde insaisissable et enchanteur, et, à ce souhait, se mêlait sans doute le désir d'atteindre quelque chose d'interdit, car les filles pouvaient lire seules certains livres, se les échanger en douce, murmurer des mots, éclater de rire, les cacher comme les odeurs qui rôdaient sous leurs jupes et elles gardaient les volumes hors de portée, toi, toi, tu es encore trop petit, morveux ! alors qu'Arevik semblait promettre

non, non, tu les liras quand tu seras grand,

elle dressait un obstacle, rendant plus désirable la bibliothèque et la rangée de livres et ainsi jusqu'au jour où le quotidien publia à nouveau l'un de ceux-ci sous forme de feuilleton ; enfin je pouvais le lire sans l'interdiction canonique, seuls Antika, madame Loussine, la Marie de Hadjagha, madame Veronica et Arakel formaient l'auditoire de cette partie-là du journal, tandis que Pilibos et Samson préféraient s'occuper à des tâches plus viriles, selon eux, comme celle de commenter les évènements du jour, interpréter les manigances et le zèle du Saint Siège d'Etchmiadzine, c'est pourquoi ils se levaient en pétant, passaient à la boutique en grommelant, abandonnant l'espace de la fiction aux femmes ; mais, à ce moment-là, lorsque l'action commençait et allait prendre un tour intéressant, bien des choses m'échappaient sans doute et je voulais sauter les descriptions pour atteindre les passages donnant de l'air et de la respiration, les dialogues, Antika, muette jusqu'alors, interrompait ma lecture d'un geste de la main,

je ne réagissais pas, je regardais son visage, perplexe, puisque j'étais chargé pas seulement de lire mais de lécher pour elle toutes les colonnes du journal, gare à moi si j'en laissais échapper le goût et l'odeur ou un faire-part de décès, une messe de repos des âmes, si je négligeais la moindre allusion concernant Erzeroum et ses citoyens, le monde en aurait été bouleversé et voilà que c'était elle qui reculait devant un danger imaginaire, qui voulait éloigner un malheur d'elle ou de moi et elle menaçait

dégage !

passe de l'autre côté ! elle avait rendu sa sentence et porté un coup définitif ;

des années après, lorsque pour satisfaire la curiosité aiguisée par l'obstacle et cet ancien désir enfoui en moi, j'allais prendre et ouvrir librement l'un de ces volumes, allait surgir en moi l'exclamation dégoûtée, voire humiliante d'Antika, son mépris envers ces romans d'un goût discutable, une réaction très étrange tant ce qu'elle aimait, ce qui lui plaisait ne me semblaient pas si différents ; ce mépris, c'est-à-dire essentiellement ce « dégage ! », accompagné d'un geste de malédiction devait durablement rester lié à ces livres, de même qu'allaient subsister en moi le respect envers leurs couleurs, leur volume, leur taille, mon admiration envers eux que m'avait communiqués Arevik ; son élocution, l'ouverture douce, délicate, naturelle de ses lèvres, l'éclat poli de sa peau et sa beauté s'étaient diffusés sur ces histoires, rendant équivoque leur style futile, léger, innocent, j'allais dire aujourd'hui littéraire, car je résistais, comme Arevik, à Antika, à son goût douteux, avec le savoir de celui qui apprécie, comprend différemment et plus profondément une chose apparemment vulgaire, comme plus tard j'allais aimer d'un amour inavouable Cinecittà, les péplums de série B d'Hollywood ou les westerns, les mélodrames musicaux indiens, où l'effroi et la fièvre de la vie, la faim et la condition d'orphelin, s'ils n'étaient pas complètement absents, étaient, du moins atténués par l'image et la couleur, les coups de feu et les chants, par les happy-end ; j'étais si emporté par les péripéties pathétiques et je les vivais si fort, dans un état proche de l'engourdissement de la lecture que l'angoisse croissant dans ma poitrine devenait insupportable et, la nuit, éveillé, je me repassais intérieurement le film de bout en bout ; peut-être que les histoires interminables d'Antika et de Nano m'avaient plus impressionné par leurs désastres, leur succession d'épisodes guerriers et leurs fins triomphales que par leur lamentations sanguinolentes ; n'étaient-ce pas leurs variantes domestiques que j'allais lire dans les romans ventrus d'Arevik, avec le trouble de celui qui vit un plaisir secret ?

Maintenant, là, à l'ombre de l'arbre, elle avait dirigé le miroir du côté lumineux de la fenêtre, les traits de ses joues, de sa bouche avaient abandonné leur crispation, l'œil dirigé vers l'extérieur rejoignait presque l'autre ; devant cette surface ronde, encadrée de métal, son visage avait pris un air sérieux, son regard s'était enfoncé, était devenu plus songeur, absent, comme si elle réfléchissait et se parlait à elle-même, à quelqu'un qui semblait être là, que je ne pouvais voir, de même que jamais on ne peut voir quelqu'un pleinement tel qu'en lui-même, dans son intimité, on ne peut jamais s'identifier à ce recueillement, à cette immobilité, à ce point focal où émerge, de son obscurité, le regard de la conscience et là, derrière les barreaux, quand Arevik tournait légèrement le miroir, imperceptiblement, avec un mouvement sur lui-même, la lumière scintillait soudain, disparaissait, l'ombre revenait, alors que ce visage s'était tourné à moitié et apparaissait de côté, d'abord le nez et, plus loin, dans l'air, à nouveau le miroir, un peu de biais, reflétant la partie invisible de son front, le jeu des muscles de sa bouche se propageait depuis ses joues, de leurs petites fossettes jusqu'au lobe de l'oreille, Arevik semblait pour un instant vulnérable, totalement abandonnée à mon regard comme dans une photo dont le spectateur pense dominer le visage, voler le secret alors que ce qu'il a en main est une trace, une image plus ou moins dégradée ; car je ne vivais que dans une illusion, puisque sur cette surface, Arevik était plus opaque, plus étrangère que si elle avait tout à coup fermé les yeux et s'était absentée de son corps comme elle le faisait pour se recueillir, se recentrer, devenue totalement elle-même, une présence charmeuse et inaccessible qui essuyait sa joue avec du coton, frottait sa peau, sentait sa plénitude, trouvait peut-être son être propre et le cachait dans la vanité du miroir, cette espèce d'instrument du diable, comme le criait en vain Marie, avec une peur ancienne, archaïque, de ce nid de sorcellerie et de péché.

Déjà Arevik avait approché la pince de son sourcil droit, de sa ligne ouverte un peu courbe, elle fixait, elle saisissait, non elle corrigeait, pinçait le duvet irrégulier du haut, celui qui avait dû pousser depuis hier, comme si le sommeil n'était rien d'autre que la croissance permanente de la végétation du corps, de sa pilosité contre laquelle cet instant matinal, ce rite, était un combat incessant, qui, par sa régularité semblait harceler le temps, empêcher, nier sa progression quotidienne, le relâchement et le ressaisissement, les déformations ainsi provoquées, s'affligeant d'on ne sait quelle destruction plus grande ; et le voilà ce sacripant, près des tempes, au-dessus des paupières, dans les petites rides que les doigts tentaient de lisser avec une légère couche de crème ; elle bougeait la tête, elle ouvrait plus grand les yeux dont les pupilles tiraient vers le marron – elle, toujours digne, avec la précision de celle qui découvre une nuance rare, disait « couleur de miel » –, c'est-à-dire un mélange des yeux verts de Marie et des yeux noirs de Khatchadour ; elle vérifiait la longueur des cils, leur courbure qui lui semblait si importante, elle fronçait de nouveau les lèvres puis prenait sur la tablette un petit instrument qui n'avait absolument pas de nom et pour lequel son imagination n'en avait pas trouvé, elle qui, souvent, réussissait à nommer les objets domestiques par les termes les plus étranges, donc,

elle était la seule de tout le quartier à posséder celui-là, elle avait dû l'acheter à Marvels qui, selon la publicité, était une boutique de bibelots hollandais et italiens, de produits de maquillage, juste en face de la mairie, ou dans une des boutiques donnant dans la rue à côté de l'église des Capucines, important toutes sortes de marchandises européennes et américaines et les vendant très cher ; cet endroit était l'un de ses préférés, un royaume des dernières nouveautés, de la mode, des flacons multicolores de parfums, dont elle était peut-être une des clientes les plus fidèles,

on ne peut me comparer à madame Sursock,

pouvait-elle dire avec une modestie feinte, mais elle ne cessait d'être l'une des clientes les plus exigeantes de la boutique, toujours à l'affût des nouveautés qui sortaient en matière de maquillage, de vêtement etc., elle prenait, caressait la lingerie, les soutien-gorge, les chemisiers, les soutaches qui les ornaient, comme elle aimait à le répéter, les franges colorées, les tresses et les galons, il y avait encore les crèmes pour le visage, les cosmétiques, les huiles, les parfums de vétiver, de violette et des pâtes irréprochables, des bigoudis. Ce véritable instrument de beauté, rare même chez les coiffeurs, faisait partie de tout ça : à l'occasion de l'habillage d'une mariée ou la veille de fiançailles, les filles ou les mères venaient du haut et du bas du quartier, s'arrêtaient devant la maison, enjouées mais avec un regard inquiet qui faisait progressivement place à un bruissement flatteur, elles transmettaient la nouvelle – notre Astrik se fiance demain, eh ! que faire ! l'occasion s'était présentée –, bredouillaient-elles avec l'embarras intérieurement étudié de celles qui viennent emprunter quelque chose,

ce sera bientôt ton tour, mademoiselle Arev,

elles la priaient de le leur prêter, de bien vouloir se séparer cinq minutes, une heure, de cet instrument miraculeux, à qui devait être attribuées par la suite l'ouverture et la beauté exceptionnelle du regard de la mariée ou de la fiancée, ce qui, dans la grisaille de leur vie ultérieure, deviendrait non pas un moment inoubliable, mais le sommet de leur vie de jeune fille après lequel allait commencer le déclin vers leur vie de femme ;

maintenant les doigts d'Arevik étaient passés dans les anneaux de préhension et, avec les deux demi-cercles se rabattant l'un sur l'autre, elle imprimait aux cils comme un éclat brillant, elle accentuait l'ouverture des paupières, elle allait en souligner les bords avec un crayon noir, agrandir l'ovale des yeux, l'allonger vers les tempes et les taches de rousseur qui y étaient cachées, si la voix éraillée de Marie, en une sorte de cri soudain dans le marmonnement persistant, ne l'avait interrompue,

maintenant ça suffit, espèce de dévergondée !

Je ne savais pas comment elle parvenait à suivre la séance de maquillage de sa fille : depuis l'avant de la maison, de la petite fenêtre de la cuisine du fond ou du petit jardin à côté du prunier, dont elle creusait la terre avec une pioche et où elle arrachait les mauvaises herbes autour des plantations d'arums ? peut-être aussi, ce qui me paraît plus probable, depuis la maison ou du dehors, n'importe où mais hors du champ de vision d'Arevik ; comme une pendule au tic-tac entêtant qui ignore tous les évènements, tous les incidents, tous les bouleversements qui forment la vie, emplit souvent l'espace d'une pièce et poursuit toujours le même point, Marie continuait son monologue intérieur, d'où jaillissaient à l'improviste, comme involontairement, des éclats de paroles inattendues, dénuées de mesure, traduisant toujours la même colère, la même révolte, toujours la même protestation stérile, rapidement rejetée,

ma fille, ma fille !

parfois sur un ton de réprimande, parfois sur celui de la prière ou de la lamentation, on aurait dit que le monde était arrivé à sa fin, comme si, à l'image des pluies d'hiver qui ruisselaient depuis la colline jusqu'aux lointains rivages du fleuve, l'impudence (selon le mot de monsieur Haïgazoun) devenait un torrent, débordant de toutes parts.

Mais l'intervention était inopérante et inadéquate. Hermine, l'oreille tendue vers le voisinage allait sortir de la chambre de Garbis, regarder dans la rue pour vérifier, hocher le menton, tourner du côté de la cour de Negar de Sivas qui, elle, avait déjà posé la lessiveuse sur le feu fumant, installé en face d'elle Artine le Fou qu'elle nourrissait, et participait de l'oreille à la dispute matinale, tandis que Marie et Arevik, sans pudeur, sans vergogne, continuaient comme si elles avaient été seules dans le quartier, avec leurs garçons, leur vaisselle, leur Khatchadour et la tombe de celui-ci faite ou à faire, et surtout le barbouillage de cette garce, de ses sourcils, de sa bouche comme disait celle de Sivas avec une aversion démonstrative quand elle ferait la description de la scène plus tard ;

oh ! oh !

à quel point ces femmes avaient rétréci la vie, avaient ramené, modelé et accommodé ses frontières à deux rues et quatre maisons où elles devaient diriger, enfanter et marier leurs fils et filles, allaient vieillir et étouffer toute vie, utiliser le même moule pour tous, mesurer chaque chose à leur aune, comme si tout avait été détruit, annihilé, rasé jusqu'aux fondements et qu'elles étaient restées, avaient fermé la porte et s'étaient réfugiées derrière, leurs oreilles encore aiguisées vers un évènement se produisant au loin qu'elles allaient fouiller avec leurs mots, éplucher, émietter, de même que le café juste torréfié et chaud, qu'elles moulaient et remoulaient, le moulin pressé sur leur ventre, presque bercé, dont elles tournaient le bras en se lamentant d'une sorte de catastrophe ; comme le Djémaran et le monde étaient loin ! comme s'ils n'existaient pas dans ce monde étriqué, invivable qui était une chose se construisant et se défaisant par morceaux, à coup de murmures et de ragots !

Ne me mets pas encore les nerfs en pelote, ça suffit !

Arevik se retenait, essayait de se mordre les lèvres, mais comment attacher la langue de Marie, longue comme une babouche, longue et venimeuse qui, pas plutôt dit « bonjour », commençait déjà à vitupérer, autrement dit se disputait avec son ombre et maintenant criait à pleine voix une opinion courante avec le manque de clairvoyance de celui qui ne peut se retenir

regarde toi ! c'est les putes qui se peignent comme ça de toutes les couleurs ! tu ne sais pas ce que c'est que la honte !

Arevik levait les yeux au ciel comme, dans les tableaux, la Vierge Marie qui ne s'en remet qu'aux cieux,

Mon Dieu ! mon Dieu !
puis, brusquement, en bas, la voix reprenait presque son cours normal,
Mon Dieu ! mon Dieu !
sa colère s'était dissipée avec une plasticité incroyable ; maintenant, elle pouvait mettre le café sur le feu, inviter tout le voisinage, parler et rigoler.

Je devinais cet instant, celui de la transformation immédiate, je le connaissais, la voix opérait d'un coup un saut, une octave plus haut ou plus bas, comme une soprano – elle est folle –, disait ma mère, elle pourrait « voler », passant d'une gaieté extrême à la tristesse avec une rapidité incroyable, comme cette fois où elle avait joué le rôle de la fille révoltée dans « Pour l'honneur », son unique rôle sur la scène de « Azadamart » ; était-ce pour cela qu'elle continuait à jouer le jeu de la brusque transformation dans la vie quotidienne ? À ce sujet, il y avait eu aussi un article dont j'avais tant entendu le contenu par la bouche d'Arevik que je le connaissais par cœur :

> « Mademoiselle Arevik Khatchadourian, sœur de l'intellectuel réputé Abraham Khatchadourian, n'est pas seulement une force nouvelle inspirant de l'espoir pour la scène arménienne, qui a besoin de figures aussi exceptionnelles, mais une jeune actrice maîtrisant parfaitement sa voix et ses gestes et faisant honneur à la nouvelle génération. Nous nous plaisons à souligner le naturel du jeu de la jeune actrice, la fermeté de ses expressions et son charisme naturel. »

Bien longtemps après cette représentation, comme une actrice se penchant sur le miroir de son passé, qui apprécie les caresses intellectuelles et les cajoleries très flatteuses, combien, combien de fois Arevik allait lire ces deux phrases emphatiques, avec plaisir, fierté, mentalement, puis à voix haute en jetant de rapides coups d'œil vers le balcon de Nano puis d'Hermine, vous avez vu ? vous avez entendu ? mais, après la lecture de ces louanges, sa voix baissait, devenait plus pensive, elle souhaitait comprendre parfaitement le conseil, on aurait dit qu'elle n'avait pas saisi l'avis proche de la critique que ce genre de personnage n'hésite pas à adresser à l'acteur, au metteur en scène, à l'écrivain ou au sportif ; mademoiselle Khatchadourian devait seulement apprendre à améliorer sa prononciation, corriger sa respiration, contrôler sa riche émotivité, etc. etc. quoi ? quoi ? elle était la première récitante dans les représentations scolaires, la première récompensée qui avait mérité l'attention et l'encouragement de monsieur Tcharek ; cependant, après cet unique rôle, telles les reines de la scène arménienne ne trouvant soi-disant pas de partenaires à leur niveau, qui font la fine bouche et pensent punir le public en refusant toutes les propositions, elle s'était retirée de la scène ; aux répétitions elle ne supportait pas le comportement de monsieur Mirak : cet abruti ne la laissait pas libre sur scène, ne la laissait pas respirer, – dis-le comme ci, fais le comme ça, mademoiselle Arev, je t'en supplie, le théâtre n'est pas la rue, marche comme ci, parle comme ça, avec naturel, oui, vulgairement, non –, et tout ça avec l'autorité d'un grand metteur en scène ; il ne faisait que commander, ce trou du cul qui s'approchait doucement d'elle, à petits pas maniérés, lui indiquait la façon de se tenir, lui apprenait à parler, affamé, cherchant la femelle comme un mâle en chaleur, il la touchait ou essayait de la toucher, oh ! et ces poils sur les mains ! et brusquement, il tombait dans une longue logorrhée, il bredouillait pour expliquer je ne sais quoi et elle trouvait tout cela insultant envers elle, mais surtout, par-dessus tout, elle considérait qu'il y avait de la partialité, des différences, de la discrimination entre les compliments prodigués à mademoiselle Marie Kheroumian et les critiques qui lui était destinées.

Eh bien, maman, vous n'avez pas encore fini de dire du mal de la voisine d'en bas ?

Arevik, modifiant son timbre à nouveau, rendant sa phrase plus rapide, plus violente, plus mordante,

qu'est-ce que tu me veux encore ?

ses joues avaient soudain rougi, sa poitrine s'élevait et s'abaissait rapidement, allait-elle s'enflammer, allait-elle s'opposer ? elle était ainsi, un impulsion soudaine la saisissait, puis elle se calmait aussitôt, elle se moquait du qu'en dira-t-on, seulement, non ! non ! ça n'en valait pas la peine, elle avait décidé de ne pas s'énerver ; elle avait pris le crayon, l'avait posé sur un grain de beauté de la taille d'une tête d'épingle, complètement invisible au naturel, et situé sur le haut de la joue gauche ; le soir, quand elle venait s'asseoir à côté de la machine de ma mère, les jambes croisées, elle disait, allez, lis ta leçon pour voir, tandis que, de temps en temps, je levais la tête de mon livre ; j'aimais la contempler de près, d'un regard en biais ; dans l'obscurité de la pièce la peau semblait plus sombre, moins vibrante et on aurait dit que ce grain de beauté disparaissait, devenait une moucheture de la peau, alors qu'Arevik ressentait la nécessité de l'agrandir, elle le frottait avec sa salive, avec du coton, elle portait son doigt à la bouche, répétait son geste, appuyait le crayon, comme en écho à la couleur marron changeante de ses yeux, le grain de beauté saillait d'autant plus, il rayonnait du plus profond avec les reflets d'une petite étoile sombre ;

ce point terminait, concluait la cérémonie matinale, aussi canonique que le rite du café de Marie, Hermine et Nano, quand les garçons, Apo, Djanik, Jeannot étaient partis les uns après les autres à quelques minutes d'intervalle, l'un prenant un *service**, les deux autres, fous de vélo, descendant en ville sur leur machine tandis que sur la terrasse, dans le plateau, demeuraient les tasses vides que madame Marie allait se dépêcher de ramasser et de laver, cette fille n'était pas du genre à approcher ses mains de l'eau – que vont devenir mes mains, mes ongles ? – allait-elle s'exclamer sur un ton artificiel comme s'ils risquaient de se dissoudre, et il n'y avait rien à attendre d'elle, rien du tout, elle qui à peine le visage lavé, la serviette étendue sur les cordes, avait commencé à

s'emplâtrer le visage

comme aimait à le dire la Negar de Sivas alors qu'elle-même était occupée à la préparation du repas sur le feu, avec dans la bouche une odeur d'ail ou les paroles d'une rengaine toujours aimée « je me languis, je me languis... is », un peu comme un disque rayé ; inévitablement, l'odeur des haricots secs se répandait dans l'air, ils devaient cuire des heures, bouillir et rebouillir jusqu'à ce que la préparation, accompagnée d'un morceau de viande fondante, devienne proche de la purée ;

elles se réveillaient le matin de bonne heure, enfilaient une robe usée ou défraîchie, et, soit pieds nus, soit chaussées de pantoufles avachies mais inusables, elles couraient vers le cabanon qui tenait lieu de cuisine, allumaient le feu pour le café rituel, puis, chassant les chiens errants et puants de la rue, elles lançaient un bonjour à l'un ou à l'autre, elles saluaient les hommes venant de la vallée pour aller travailler, faisaient des tentatives stériles de bavardage, appelaient Boutros le laitier qui, son ânon devant lui, ayant donné une inflexion souple et lisse de signes arabes à son cri, allait de porte en porte, faisant jouer son bâton dans les airs, essayant de vendre un litre, un demi-litre ; la première, voire l'unique préoccupation de la journée était le repas, c'est pourquoi la première question qu'elles se posaient les unes aux autres à voix haute était – qu'est-ce qu'on va manger aujourd'hui ? – ceci étant une façon d'entamer la conversation puisque, souvent, les repas suivaient le cours répétitif de la semaine, du riz aux lentilles ou des *keuftés**, l'hiver des *dolmas**, des variantes de haricots, l'été des variantes d'aubergines, à côté, des préparations au yaourt ou du *djadjekh**, bref, huit ou neuf sortes de préparations qui revenaient à intervalles réguliers et rendaient rhétorique la question quotidienne, qui était le prétexte, l'amorce des commérages, parce que, d'autre part, cette séquence de nourriture n'occupait pas une grande place dans leur vie, c'était une sorte de futilité indispensable qui leur donnait l'occasion, un sac de toile sous le bras, de courir au magasin de Pilibos ou de Kegham ou, quand, vers le coin d'Antika, elles entendaient l'annonce chantante et fanfaronne des marchands ambulants arabes, l'éloge ondulant et criard de leurs fruits et légumes à vendre, de se dépêcher, de rôder autour des charrettes, d'examiner les carottes, tripoter les tomates, les remettre en place, méprisant d'une grimace les bananes, hochant la tête, dépréciant la marchandise – les bananes n'étaient pas assez grosses, pas à point, il fallait qu'elles soient tigrées pour être mangeables ... le raisin n'était pas juteux, il était cher, d'ailleurs il n'était pas béni –, mais elles commençaient à discuter, participaient à la négociation, oh ! de Marie ou d'Arevik, laquelle savait le mieux marchander, rendre fou le marchand ? non ! elles n'en voulaient pas, c'était fini ! elles n'en avaient pas besoin ! elles reculaient, de sorte que le marchand les suivait jusque devant leur porte, voire jusque dans l'entrée,

ça va, madame, c'est pas cher !

si elles pouvaient, elles prendraient la marchandise pour rien, disait ma mère, toujours prête à se montrer injuste, alors qu'elle-même adoptait une attitude semblable dans la même situation ;

la voix de ces marchands interrompait immédiatement la dispute, mais, pour l'instant, ils n'avaient pas encore parcouru le quartier et Arevik n'avait pas achevé sa toilette, le soin des lèvres, la lèvre inférieure plus grande, « exquise » comme disait le dictionnaire, plus épaisse, charnue, et à qui, je ne sais pourquoi, j'attribuais un caractère non seulement physique mais sexuel, surtout lorsque ces chairs présentaient une opulence, un éclat luisant, non une plénitude, mais une vibration, un jeu troublant, alors que les lèvres d'Arevik étaient d'un rose vif, d'une nuance très proche des roses destinées à la confiture, naturelle comme le voulait Arevik, ce rouge à lèvres qu'elle cherchait et trouvait sans faillir quand elle allait dans ses marchés, ses boutiques, comme elle disait, pour le choisir avec une méticulosité maladive, elle sommait le commerçant de lui apporter le tube de la nuance exacte, elle répétait la marque et la caractéristique la plus importante de ce rouge, selon elle, et elle redisait ça à toutes les gamines qui tentaient de se peindre les joues et les lèvres et se fourvoyaient souvent, confondant maquillage et enduit, eh oui ! bien sûr ! cette caractéristique était le naturel, puisque dans le maquillage, le fard, selon son goût, devait souligner ce qui existait, apparaissait déjà tout en étant terne, invisible, et donc, pouvait être amélioré seulement s'il était accusé, exprimé par une touche légère et à condition que la couche ajoutée, le trait, le rouge, le noir ou le fard à paupière ne soient pas discernables, comme si le maquillage devait être une matière évanescente qui suspendait le désastre des années, les lentes accentuations et la destruction des traits, les plis causés par le temps, donnant au visage une présence veloutée, exempte de taches et de traces, riche d'elle-même ;

ma fille, c'est presque midi, après ta figure va ressembler à une aubergine !

parmi d'autres choses, c'est d'elle que j'avais appris cette expression qu'elle sortait des strates les plus intimes de son dialecte et de son terroir, pour ridiculiser, réprimander, blâmer ; mais Arevik continuait à se pencher sur son miroir, tandis que Marie, relevant son nez fin et rougi, ne pouvait que se ronger et se miner, chercher à qui s'en prendre, ferrailler contre l'innovation quotidienne et durable dont elle attribuait l'invasion chez elle à cette école lointaine où Khatchadour, ayant opéré un pas révolutionnaire dans les habitudes de la colline, avait, à l'époque, inscrit sa fille pour qu'elle suive des études secondaires ; dans son pays les femmes étaient éduquées, elle prenaient aussi les armes comme madame Khanem, Rahel, Elisapet, Sultane, et alors ! qu'est-ce que tu croyais ! c'était des héroïnes, monsieur Khatchadour était un homme audacieux, ne craignant rien ni personne, il ne prêtait pas attention aux commérages des uns et des autres, de sorte qu'il ne s'était pas contenté de l'instruction primaire de la colline, de l'école proche de Lazare Tcharek, où Arevik avait brillé, amélioré ses talents et pris la tête de la classe ;

oui, à la fête de fin d'année – et comment ! – elle était montée sur scène, avait d'abord dansé en solo une danse arménienne, gracieuse, avec une pudeur un peu démonstrative, un peu affectée, dans le style de ce temps-là, une couronne triangulaire avec des perles scintillantes sur la tête, habillée d'une jupe en soie dorée couverte d'un tablier à fleurs, sous une tunique longue en mousseline légère qui couvrait le corps, comme le montrait une vieille photographie, deux longues tresses descendant au-dessous de la nuque, les yeux droits vers l'objectif du photographe, se remettant à lui d'un mouvement étrange, comme plus tard, Zevart sur la scène de la salle « Ararat », mais le regard exagérément écrasé, presque anéanti par la lumière ; au-dessus des jambes, le buste, les épaules, les mains se livraient dans un mouvement d'abandon général vers cet appareil magique qui embellissait toute chose, la rendait présente ; ensuite, en tant que talent le plus prometteur de l'école, elle avait déclamé une récitation scolaire : je l'imagine, je vois sa façon de s'incliner, les mains dans le dos, les jambes légèrement croisées, le visage penché, les yeux d'abord baissés, puis se relevant peu à peu, allant se focaliser au-dessus du public, vers l'entrée de la salle ; je connais bien ce brouhaha, l'odeur de la salle vide, les coups de balai de l'intendante et la fraîcheur de l'eau répandue, l'entrée de l'ancienne directrice pour vérifier la salle ; l'école élémentaire de la colline était, comme le quartier, un monde clos sur lui-même, la même peinture sur les murs, les mêmes livres sur des bureaux identiques, la même intendante, presque la même directrice ; seules les institutrices, peu ou mal payées, changeaient sans cesse, tous les deux ou trois ans, et les nouveautés pédagogiques ou non-pédagogiques arrivaient là avec beaucoup de retard ;

alors que le Djémaran, dont Marie ne connaissait ni l'emplacement ni le bâtiment, auréolé du prestige et de la crainte qu'éveillent les choses lointaines, était pour elle un domaine de danger et de malheur, « païen », selon ses propres mots, non pas un lieu de pèlerinage, comme le disait l'hymne du collège, mais surtout un temple païen d'où la prière et la religion avaient été chassées, expulsées et voilà que sa fille était devenue une chose bavarde et desséchée, alors qu'elle, Marie, s'était mis en tête d'en faire une bonne ménagère, pour illustrer la formule traditionnelle de son pays – la fille est la gardienne de la famille – : en un mot, l'antithèse du rêve de monsieur Khatchadour ; mais monsieur Khatchadour était parti, il n'avait pas vu, il n'avait pas voulu remarquer qu'après avoir fréquenté ce nid de malheur du Djémaran, il y avait eu chez Arevik, des changements progressifs dans ses mouvements, sa tenue et surtout sa façon de parler comme cela se produisait tant le franchissement de frontières invisibles de la colline vers le Hripsimian[3] ou d'autres collèges ou ateliers de la ville était une entrée en terre étrangère, le début d'un ailleurs ; celui qui en revenait rapportait avec lui des changements d'abord infimes puis significatifs et visibles, parce que ce qu'on appelait la ville, en contrebas de la colline, n'était pas seulement une concentration de rues et d'immeubles mais un pays étranger éloigné, toujours attrayant, repoussant, le vestibule de ce grand univers qu'au-delà de la mer, formaient les lointaines Amériques.

Je ne sais durant combien d'années Arevik avait fréquenté le lycée, mais, quel que soit leur nombre, la seule fille des quatre enfants de madame Marie était devenue une étrangère, s'était écartée de la mentalité générale, moyenne en quelque sorte, s'était singularisée, particularisée ; et, à présent que l'école et l'éducation de la ville, comme la mort de Khatchadour, semblaient appartenir à un passé lointain, leur empreinte demeurait gravée, les signes se manifestaient, continuaient à apparaître, à devenir plus saillants ; envers l'école, Arevik n'était qu'admiration, avec un émerveillement trempé de nostalgie : pour ce passé perdu, peut-être aussi pour les possibilités de connaissance gaspillées, elle avait cette antienne à la bouche

si j'avais étudié, serai-je encore là mon petit ! qu'est-ce que je fiche là entre ces quatre murs ? je vais me dessécher, m'épuiser,

mais naturellement, elle ne faisait pas le pas attendu, déterminant et, au moment où elle semblait dégoûtée de tout, même des médisances, elle ouvrait l'armoire, en sortait un de ses romans ou un numéro défraîchi de l'hebdomadaire « Nouvelle vie », le feuilletait, rêvassait, son regard vers les lointaines Asmahan, Martine Carol, Ava Gardner et autres, ces visages qui hantaient les films américains dont nous voyions les photos à l'entrée des cinémas de la ville quand, main dans la main, nous passions devant eux ;

lorsqu'un jour, il fut décidé que je devais, moi aussi, fréquenter le Djémaran, Arevik avait pratiquement commencé à préparer mon cartable, elle était plus enthousiaste que moi à cette perspective, décidant qu'il fallait ceci ou cela, participant d'avance à ma rentrée, ouvrant mentalement devant moi le chemin sinueux de la place Debbas jusqu'à

3 Collège arménien de filles réputé de Beyrouth.

la côte raide de St Signe, avec, à gauche, les bus surgissant de Basta auxquels il fallait faire attention, près du sommet, la rédaction de « Le messager » à gauche, à droite le Sérail, semblable à un palais, comme pour recomposer ce jour de rentrée des classes apparemment fatidique, le regard de madame Marie se leva comme un couteau de l'aubergine qu'elle pelait

toi aussi tu vas pourrir
en bougonnant
...païen et Satan, païen et Satan

pour elle, moi aussi, à compter de cet instant, dans ce « lontaine », très lointain, selon la prononciation inhabituelle de son dialecte, collège, j'avais perdu par avance la grâce du Saint Chrême ; elle s'est tue, a détaillé son aubergine, a lancé les épluchures dans le plateau, comme si elle avait trouvé une chaussette sale dans l'eau et qu'elle la rejetait.

Dans le grommellement et la récrimination permanente, on n'entendait pas seulement la protestation contre ce maquillage devenant invisible, une protestation qui semblait s'éloigner au fur et à mesure que midi approchait ; il y avait encore la question du vernis à ongles, la présence de ce flacon sur la table basse ou n'importe où ailleurs dans la maison : on aurait cru que c'était intolérable, au point que si madame Marie s'était montrée envers sa fille aussi libre qu'avec ses fils, elle l'aurait sans doute pris et jeté par la fenêtre. Je ne parvenais pas à comprendre ni sa sévérité ni ses reculades devant Arevik ; bien que les mots de prostituée et de bordel soient très présents dans son langage, ça semblait sans conséquence ; d'autant que, là aussi, Arevik mettait en œuvre son sens esthétique : elle choisissait avec soin non pas une teinte rouge ou rose vif, mais celle avec cette nuance brillante, nacrée, un blanc, selon ses propres termes, « immaculé », possédant une certaine transparence ; elle essuyait le pinceau chargé de vernis sur le col du flacon, puis, avec un mouvement de la main très précis et aussi délicat que celui d'un peintre, elle étalait le vernis sur ses ongles taillés, polis ; oh ! les ongles d'Arevik ! ses doigts n'étaient peut-être pas la plus belle partie de son corps, si différents de ceux, longs, semblables à des serres, tout rouges et tout brillants de Marie Tomboulian ; est-ce parce qu'ils étaient un peu plus épais, comparativement plus polis ? quand, par hasard, elle portait ses mains à ses lèvres, l'association de la nacre, du rose pâle de ses joues et du noir de ses cheveux devenait un ensemble attrayant; Arevik était belle, elle n'avait peut-être pas le corps élancé de Marie, ses muscles souples et fermes, ses jambes, ni surtout sa démarche, coulée dans une jupe noire et serrée à vous remuer le cœur, à droite, à gauche, un ondoiement! un peu retenu, un peu ostentatoire, en tout cas enchanteur, fascinant mais intimidant en même temps; on ne pouvait comparer Arevik à la beauté de notre rue, non parce que la fille de Serop Tomboulian était à présent complètement souillée du fait de son amoureux arabe, plus précisément musulman, mais fondamentalement parce que toute beauté est éphémère, mortelle; c'est ainsi que madame Loussenag l'avait formulé, dans un de ses quatrains, avant de le recopier sur une page d'album; les femmes s'étaient extasiées devant son talent, son savoir-faire et surtout sa délicatesse, toutes avaient compris qu'elle faisait ainsi allusion à la beauté arrogante, passagère mais aussi un peu triviale de sa belle-sœur.

Sur la colline, cette beauté n'était pas une notion abstraite, mais toujours une chose circulant d'un individu à l'autre, d'un visage à un autre, d'un nom à un autre, variant avec chaque fille, disparaissant soudain ou soudain prenant forme; on ne sait pourquoi cela apparaissait tout à coup sur le visage de Zemrought, la sœur de Coco, les cheveux de Achghen des Garmirian; un an, deux ans, et c'était déjà passé, cela avait changé de lieu, de couleur et de visage, c'était quelque chose comme un jeu de hasard; alors que la beauté, la beauté d'Arevik était plus sereine, plus courante, moins expressive, moins exceptionnelle mais redevable, en partie aux soins, en partie aussi à sa propre nature; elle était pérenne, continue, c'était presque un état commun qui, pour moi, était depuis longtemps entrée dans la permanence. Peut-être que mon imagination attribuait toujours la même beauté à Arevik, inapte que j'étais à remarquer les très petites, très légères transformations, souvent imperceptibles, qui déforment, défont une peau, un éclat, une ligne, détruisent de l'intérieur, de sorte que l'aspect général devient lentement autre; cette violence intérieure se déroule au fil des années, nous ne la percevons pas et l'image demeure pour nous ce qu'elle était lors de sa première apparition; j'étais incapable de m'éloigner de cette première image : quand avait-elle existé et quand avait-elle disparu? il était difficile de recomposer ce moment, d'atteindre son point d'origine, pour moi Arevik avait toujours existé, de toute éternité.

Nettoyée, lavée et maquillée, Arevik devait se trouver inévitablement face à sa mère quand elle sortait de la chambre pour traverser le couloir, elles allaient se disputer, madame Marie, les poings sur les hanches, semblait prête à déchirer de haut en bas cette enveloppe de maquillage tout en étant intérieurement sur la défensive, dans une attitude de retraite, de recul accompagnée de cris,

mais enfin, où est-ce que tu vas encore à cette heure-ci ?

et où pouvait-elle aller ? nulle part maman ! s'exclamait-elle en essayant de repousser cette agression, en faisant vibrer la corde sentimentale, ce n'était pas encore – maman, maman, qu'est-ce que ça peut te faire ! de quoi tu te mêles encore ! –. mais une esquive ; quand on se lave la figure le matin de bonne heure, c'est bien pour aller quelque part ou, je suppose, pour se retrouver soi-même, prendre conscience de son existence, de son individualité et voilà, comme tous les jours, devant le monde entier, ces querelles, cette chamaillerie, on aurait dit qu'Arevik s'efforçait de rompre, de couper un nœud qui l'étreignait, se frottait à elle, l'agrippait, l'enveloppait et l'emprisonnait, cette langue, ce caquetage incessant et exaspérant qui ne laissait pas d'échappatoire sans cris ou larmes ; ce qu'elle ne pouvait sans doute faire avec ses fils, Marie essayait de le faire avec sa fille qui, malgré tous ses efforts n'était pas comme elle, n'était pas sa semblable ni son sosie, mais quelqu'un de différent et qu'elle essayait de maîtriser avec d'autant plus d'intensité que l'autre semblait avoir dépassé la phase critique.

Allaient-elles encore se disputer ? Arevik avait toujours quelque chose à faire, non, elle n'attendait rien de ses frères, elle avait déjà coupé les boutonnières de deux ou trois chemises, ses mains étaient très rapides ; cependant, les initiales de leurs propriétaires n'étaient pas brodées, c'était sa spécialité, elle devait les broder avec des fils de couleur, elle avait un plein cahier de modèles de lettres latines à partir duquel elle réussissait à travailler en copiant ; pour monsieur Tradine, c'était un grand T, droit comme le fléau d'une balance à qui il manquerait les deux plateaux ; celles de monsieur Pharaon étaient une double lettre, PH bleu foncé, la seconde lettre devant entrer dans la première, laissant l'impression d'un signe à peine compréhensible. Ces ministres d'une république quelque peu féodale, ces cheikhs, ces fonctionnaires, ces notables, toute cette classe hétéroclite de voleurs, voyous, escrocs, homosexuels, caïds écorcheurs, juges corrompus, on aurait dit que nous les connaissions d'après leur nom, dont les initiales allaient pousser sur leur poitrine comme une marque ; ces lignes courbes ou droites, épaisses ou fines, dansantes ou ailées, masculines et féminines n'indiquaient pas seulement un goût et une préférence mais un caractère et une identité : voilà ce qu'étaient ces hommes ; Arevik penchait la tête sur le tissu tendu, son aiguille hésitait dans la trame, elle tentait d'étirer la boucle du fil bleu ou vert foncé, on aurait dit qu'elle cherchait mentalement quelque chose, elle se concentrait, elle percevait ma présence, levait un peu la tête du canevas et, satisfaite, me demandait d'une voix un peu fatiguée de lire ma leçon, de répéter encore et encore ma lecture en français ; je ne pense pas qu'elle restait attentive très longtemps et qu'elle remarquait mes erreurs ; quand elle n'interrompait pas la lecture, quand elle ne rectifiait pas, là un accent, ici une erreur de prononciation, qu'elle ne m'intimait pas d'un brusque mouvement de tête de revenir au début de la phrase, je savais qu'elle m'avait oublié, elle flottait, elle était transportée ailleurs, j'avais l'impression qu'elle était derrière une fenêtre, séparée par un voilage, à la fois très proche et très lointaine, comme quelqu'un qui nous accompagne, marche et nous regarde, mais, en silence, captivé par un monologue intérieur et nous ne percevons pas les mondes parallèles où il est entré se réfugier inconsciemment, un vide temporel s'est ouvert entre nous à cette occasion, sa voix ne fait pas autre chose que remplir cet instant jusqu'à ce que, soudain, ce temps ainsi aboli fuse, Arevik, allez ! se lève.

Elle devait aller en ville livrer son travail à ses patrons, rapporter une nouvelle commande. Jusque-là, elle avait encore le temps de balayer les pièces, jeter un seau d'eau sur les marches du seuil, étaler l'eau çà et là avec le balai, lancer un coup d'œil vers le balcon de Nano, vers le champ d'Abou Tanios, le jardin de madame Alice où le soleil avait déchiré les ombres fraîches au-dessous des arbres ; puis, de l'intérieur de la maison, je savais qu'elle allait dresser l'échelle de bois, grimper à la terrasse, prendre l'air, étendre du linge, traîner sous la treille, discuter avec les jeunes femmes grignotant des pépites sur les balcons ou les terrasses d'en face, papoter, oui, bien que… qu'est-ce qu'elles sont donc celles-là ? pour elle, c'était des femmes vulgaires, des épousées venant de l'autre côté du fleuve, mettant bas tous les deux ou trois ans, regardant, le matin, leur mari partir au travail, attendant son retour, le soir, se disputant toute la journée avec leur belle-mère, tricotant, fumant en cachette, disant pis que pendre de l'une ou l'autre ; celles-là ? condamnées à une vie médiocre, qui semblaient vivre de subsistances allouées par de lointains protecteurs, privées de toute perspective, méprisables, repoussantes, repoussantes, disait Arevik, à plaindre pour cet effort que font les gens qui essaient de sortir d'une impasse sans savoir comment, et que quelque chose toujours continue à retenir, à entraîner, à occuper dans cette impasse même ; et voilà que, d'en bas, pour la énième fois, parvenait la voix criarde

eh ben, ma fille, descends ! le temps passe !

elle grognait sous cape, ah ! celle-là, elle a vraiment un sale caractère ! décidément, la nature des gens ne change pas, ainsi était la sienne qui, avec cette peur de l'au-delà qu'elle avait contractée au cimetière – où Khatchadour l'avait trouvée – et qu'elle avait traînée jusqu'ici, car Marie ne serait pas montée, elle avait une peur terrible de cette échelle, de ces barreaux en bois souple, c'est pourquoi elle ôtait les repas du feu, remplissait les gamelles, les apportait, les posait d'un côté du seuil, loin du vent, des fourmis, des insectes, elle s'asseyait à son tour auprès d'elles, les pieds couverts par sa jupe à la couleur défraîchie, les mains sur les genoux, le regard vers le balcon de Nano, où une tranche de soleil avait fait fuir la femme vers l'atelier de Garbis, à l'ombre du néflier, à côté, Hermine penchée sur son ouvrage, tirait la langue à chaque aiguillée comme si elle se léchait les lèvres puis elle tirait à nouveau l'aiguille et l'enfonçait ; de ce côté de la fenêtre, il y avait la Negar de Sivas, à présent debout, qui avait donné son repas à Artine le Fou, avait rincé l'assiette, avait accompagné le petit homme, et gagnait l'angle du jardin avec la satisfaction du bienfait accompli, vers les cabinets, avec, dans un seau, un peu d'eau à verser sur le buisson de loufa ;

et voilà ce qu'était le monde : un morceau de ciel, deux rues, un jour de la pluie, un jour du soleil, le matin, les garçons sortaient un à un de la maison, le soir ils rentraient, ils étaient les trois anneaux de sa chaîne, différents les uns des autres, l'un sage et respectueux de l'ordre établi, l'autre débrouillard et fou de travail, le troisième, ah le troisième ! le plus fou, le plus faible, dont elle pouvait tout espérer, le bien et le mal, le bonheur et la destruction, depuis ce jour où il s'était fourvoyé,

et la voici, elle, toujours à l'affût des pas, où étaient-ils passés ? les livreurs de repas allaient maintenant apparaître au coin de la rue, elle allait les saluer de son arabe malhabile, on aurait dit qu'elle laissait tomber par mégarde des mots échappés de son dialecte d'Ourfa, les hommes souriraient, elle répéterait sa rengaine, – qu'ils fassent attention, qu'ils ne secouent pas les gamelles, c'était des plats en sauce, c'était chaud, très chaud, que ça ne refroidisse pas, qu'ils ne les laissent pas refroidir, il fallait qu'ils commencent par livrer à ses fils, l'un à Jeannot au souk des bijoutiers, l'autre à Djanik, de l'autre côté –, Apo ? non, depuis longtemps, c'est-à-dire depuis qu'il avait postulé ou qu'il avait été promu comme secrétaire du Comité du quartier, il avait fait cesser l'habitude de se faire envoyer depuis la maison ses repas, dont peut-être le goût et l'odeur lui manquaient ;

pendant ce temps-là, Arevik, là-haut sous la treille où elle était montée sous prétexte de prendre l'air, semblait se pavaner devant les uns et les autres, contempler le monde depuis là-haut, du bout de son nez, parce que personne ne trouvait grâce à ses yeux, elle n'acceptait personne ; rencontre ? présentation de fiancés ? tous les prétendants proches ou lointains d'Ourfa s'étaient signalés par des entremetteuses pour venir la demander en mariage, venir en visite, en deux mots, pour faire savoir qu'eux étaient prêts ; il y en avait de plus proches, des camarades de travail de ses frères, des amis d'associations, « frère » Kevork, le délicat chef scout Sempad, surtout Pacha Vartkès, dont le père, marchand de tapis, monsieur Yervant, le plus grand notable sur la place de Beyrouth avait déjà acheté pour son fils unique un appartement dans le très bourgeois quartier Sioufi, ce qui levait l'obstacle majeur pour la question difficile du mariage ; que dire encore au sujet de ceux qui écrivaient des lettres d'Alep, de Marseille, des lointaines Amériques ?

des prétendants réels ou imaginaires ? il y en avait de toutes sortes dans la liste, des gens riches, très riches, moins riches, des beaux, des virils, des instruits, des en uniformes, des cyclistes, des mal foutus et des amoureux ; parfois les plus audacieux, sous un prétexte ou un autre, venaient frapper à la porte, parler, blaguer ; de leur voix, de leur façon de parler, on pouvait déduire ce qui n'était pas dit, mais je ne comprenais rien à ces choses-là, Arevik avait depuis longtemps tout foulé aux pieds ; non seulement ses frères ne s'emportaient pas, ne lui interdisaient rien, mais on aurait dit qu'ils l'encourageaient, qu'ils lui passaient ses caprices, c'était leur sœur unique et puis comment Arevik, avec tous ces prétendants, ses jupes un peu courtes, son maquillage voyant, ses vêtements transparents, ses jolis doigts et ses yeux profonds pouvait-elle finir vieille fille ?

3

L'échelle était si raide qu'il semblait que de son sommet on aurait pu, soit s'envoler, soit chuter ; c'étaient deux troncs bruts d'eucalyptus, à peine dégauchis, avec, cloués dessus, plus ou moins parallèles, des barreaux horizontaux ; je grimpais ainsi jusqu'au toit-terrasse ; l'échelle était disposée dans cet espace étroit qui séparait les maisons mitoyennes de Pilibos et de Khatchadour et d'où il était possible de grimper à la terrasse de l'une ou de l'autre ; c'était un endroit tout juste de la largeur d'une personne, sur lequel s'ouvraient des fenêtres de chaque côté laissant l'impression d'une sorte de tour intérieure ; jamais et nulle part mieux qu'ici l'adage « quand il y a de la place pour deux, il y en a pour trois » ne s'appliquait de façon si parfaite et cela semblait une conception sortie de méninges détraquées, une sorte de fantasme confus issu d'un esprit monomane qui vous conduit par tous les chemins à une anormalité radicale, à une destruction ; c'était, semble-t-il, ce que les premiers architectes de la colline avaient érigé en loi ;

architecte est un bien grand mot pour des hommes passés de l'activité de fournisseurs de pierres et de bois, de charpentiers, de maçons au niveau d'ingénieurs, des gens comme le légendaire Maître Avedis avec les conseils et les ouvriers duquel on avait construit la plus grande partie de la colline et dont les anciens tissaient les louanges, surtout ceux qui osaient ouvrir la bouche dans la boutique de Pilibos et glorifier le passé ; ils savaient que l'autre partie de la colline, plus récente, était l'œuvre du quatrième fils de Maritsa, le plus entreprenant, le plus dur à la tâche, monsieur Hagop, c'est-à-dire le frère cadet de Pilibos, à la réputation douteuse, qui s'était fait une renommée de voleur de pierre et de sable et avait reçu le sobriquet d'âne bâté, pour avoir, par économie, porté la charge des ânes et ne pas avoir laissé ce travail aux ouvriers ;

ces maître-artisans experts de la colline, parfois simples conseillers, parfois aussi gâcheurs de ciment pour les piliers ou les toits des bâtiments, n'avaient pas prévu de temps, que peut-être ils estimaient perdu, pour la réalisation de la zone des escaliers. Les premières années de construction, les terrasses n'étaient pas des espaces habitables et les gens n'y montaient pas s'y réfugier, comme Kegham et Hazervarte, les nuits d'été, dans le giron l'un de l'autre, embrasser la lune et les étoiles, dormir, rêver à la vallée de leur pays ; on étendait le linge dans la rue, poules et coqs piaillaient sur les seuils ou dans les jardins latéraux ; cependant, à mesure que les gens s'installaient, une fois tout le terrain utilisé, le besoin se faisait sentir de plus de surface, d'autant que les enfants se succédaient, allaient se marier et, pour se marier, comment était-ce possible de louer une chambre, il n'y en avait presque pas, disait Antika, et c'est pour cela qu'elle était allée s'enfermer dans le trou d'angle de Pilibos ; et puis, même s'ils trouvaient une maison à louer, cela signifiait recommencer la vie à zéro, du nomadisme, une permanence dans le temporaire, pour eux qui n'avaient pas ménagé leurs efforts pour s'établir, pour ne devoir rien à personne, comme disait ma mère, s'ils n'avaient pas de pays, ils avaient de l'honneur, c'est pourquoi chacun essayait de se débrouiller par ses propres moyens ; à cette époque, ce n'est que lorsque le jardin avait disparu et que les latrines avaient été nettoyées et intégrées à la maison qu'on commençait à songer à utiliser le toit, ils avaient ainsi accommodé des escaliers dont la base allait parfois prendre appui sur le sol de la rue ;

je m'étais habitué à cette inclinaison donnant le vertige ; dans la chaleur de l'après-midi, quand le soleil brûlait l'atmosphère, je montais à l'échelle, pieds nus, en silence ; Pilibos, monsieur Dadjad et les autres étaient allongés sur les divans, les sofas du salon, Arakel était affalé sur un matelas jeté à même le sol, livré à un ronflement profond dont le rythme était plus régulier que la cadence de son violon ; là-bas, portes et fenêtres étaient ouvertes comme pour saisir le moindre vent venant de la mer ou des montagnes ; à droite, c'était la petite fenêtre des Khatchadourian, poussiéreuse, s'ouvrant sur l'obscurité de la cuisine.

En haut, au niveau du toit, au-dessus de la chambre d'Antika, l'eucalyptus et surtout le mûrier étiraient leurs branches, couvrant en partie le sol ; au-dessous d'elles, il était possible de suivre les allées et venues ; à la saison des mûres, on chipait les fruits blancs, gros comme le doigt, attentifs à ce qu'ils ne tombent pas sur les poivrots et les babillards de la boutique de Pilibos qui allaient regarder en haut en criant – c'est qui ? c'est qui ? allez descendez ! –, et déranger nos jeux et notre solitude. Toutes les tentatives de Maritsa pour avoir une vigne avaient échoué – on appelle ça un manque de veine ! –, et elle regardait avec envie la croissance des plants de monsieur Khatchadour qui montaient le long des murs, avaient atteint et dépassé les combles, en saillie, s'étaient transformés, avaient acquis l'abondance vigoureuse des lierres et formaient une belle treille sur les piquets ;

les « rra…ssins »

comme disait madame Marie, n'étaient pas ceux rêvés par Khatchadour : à peine verts, ils noircissaient, se desséchaient, pour eux, mûrir signifiait se ramollir, et ils formaient une peau râpant le palais ; c'est malheureux ! sulfatez les, bon dieu ! conseillait Pilibos, mais ce sulfate bleu représentait un prix pour Marie ; pour qui ? pour quoi ? elle haussait les épaules, c'était vraiment une dépense inutile et donc les chenilles pouvaient pousser, proliférer, elles grouillaient et piquaient la peau en tombant ;

cependant, ce qui était agréable était l'espace intérieur créé par la vigne, le frémissement des feuilles, des rameaux frais et ombreux, leur balancement, plus que la chambre particulière dont une partie, comme au pays, servait de salon d'été lors des chaleurs estivales ; au-dessus, on avait tendu un drap usagé – ou plus précisément des reliquats de nappes multicolores mais désormais décolorées – qui protégeait de la chute des feuilles mortes et des chenilles ; par terre, tenant lieu de matelas, une paillasse faite des chiffons compressés de madame Marie ; les murs : de la verdure et du vent ; c'était là que, comme pour partir en vacances, aller à la montagne, montaient Jeannot et Djanik, soi-disant pour respirer de l'air pur, réalisant le rêve de vivre à la dure au sein de la nature, Jeannot allait libérer sa voix, ils allaient, comme les *feddayins** de Khanassor, enchaîner les chants, souvent dans le même ordre, « L'heure a sonné », « Il grêlait », « Les portes de ma prison », « Nuit sans lune », feuilletant une à une les pages de la Révolution, quelquefois déchirées par la toux, la conversation d'à côté, jusqu'à ce que, comme les lumières scintillantes, disparaissent peu à peu les routes traversant les pays lointains ; les natifs de Kayseri, Hermine et Garbis, s'énervaient mais ne disaient rien, Antika marmonnait « L'heure a sonné » ; le matin, quand les coqs de mon père commençaient à chanter dans le poulailler et que, semblait-il, quelque part, derrière les montagnes, le soleil préparait son festin de lumière, Jeannot et Djanik étaient déjà réveillés, prêts comme des élèves de gymnastique, pour le grand travail d'exercices corporels ; l'impératif d'un corps sain, d'une génération saine, comme disaient les pionniers de la nouvelle éducation, n'avait peut-être pas d'adeptes plus enthousiastes.

Il fallait cependant que je marche avec précaution sur ce ciment brûlant ; l'ouïe fine de madame Marie et surtout celle d'Arevik réagissait à ma visite secrète,

descends donc de là !

je ne comprenais pas pourquoi il fallait que je descende, j'attendais que madame Marie parte voir sa sœur qui habitait dans le quartier d'en bas, qu'Arevik s'habille, s'arrange, prenne son sac, tourne à l'angle de la rue, monte dans un *service** et parte en ville, pour faire un pas, mais, avant de partir, Arevik bifurquait vers chez nous – madame Herip, je m'en vais, surveille notre maison – et si, à ce moment-là, elle me rencontrait dans la rue – je compte sur toi, veille sur notre maison, ne fais pas de bêtises –, elle souriait, elle remuait la tête comme si elle voulait dire – je suis au courant, mais n'exagère pas – ;

je me dépêchais, je sautais, je grimpais les marches, je jetais un coup d'œil à la partie avant du toit en forme de terrasse, là où séchaient les légumes d'hiver, les rangées d'aubergines, de poivrons, de haricots ; à côté, dans de grands et larges plateaux, étaient étalées au soleil les pulpes de tomates, de poivrons tout rouges d'Alep, couvertes d'un linge léger, jusqu'à ce qu'elles épaississent, se concentrent et aillent se cacher dans la panse des bocaux de madame Marie ; derrière, entre notre toit et celui de Pilibos, il y avait un rabicoin en triangle, presque invisible des maisons d'en face, un espace abandonné où se trouvait les cordes à linge ; là, les draps suspendus, les serviettes étendues côte à côte, formaient les rideaux de nos représentations théâtrales ;

je m'allongeais sur la lirette étalée sous la treille, aux lignes parallèles de linges usés et colorés, je contemplais par-dessous les rameaux l'ouverture du ciel, j'attendais qu'apparaisse Valentine sur le balcon d'en face, ses longs cheveux noirs au vent, qu'elle examine les allées et venues de la rue, puis qu'elle lève le regard de ce côté, mais la porte du balcon demeurait fermée, les oiseaux passaient ; au loin, la voix du marchand ambulant Garabed criait – aiguilles ! fils ! dés ! – et tantôt s'arrêtait, tantôt reprenait, s'approchait et insistait ; en face, monsieur

Simon entrait tout doucement dans la chambre, il devait s'étendre à côté de madame Hranouche tandis qu'un vent fripon jouait avec les rideaux de tulle et, par la fente de la porte entrouverte apparaissaient des jambes blanches, poilues, se frottant, s'emmêlant, s'enroulant, sens dessus dessous, semblant se confondre, se défaisant soudain, s'immobilisant, pendant que le chien de garde de madame Alice aboyait une fois, deux fois ; on entendait parfois les grincements du violon d'Arakel, puis, d'une fenêtre à l'autre, sa chamaillerie avec Marie, veuve de Hadjagha, puisque c'était ça, cette dispute bouffonne, qui était leur façon de s'aimer et de ne pas se lasser l'un de l'autre.

Finalement, oiseau bondissant perché au sommet de l'escalier, apparaissait Zevart : elle haletait, elle sautait avec sa robe rouge lui couvrant les genoux, sa peau grillée par le soleil, pieds nus, comme pour me surprendre, elle contournait ou essayait de contourner la vigne, mais le ciment du toit lui brûlait la plante des pieds, alors elle courait derrière les rideaux et disparaissait ; je demeurais immobile, je ne l'avais pas entendue, je feignais de ne pas avoir entendu sa venue, je fermais les yeux, j'entendais le bruissement des rameaux, je suivais à travers mes cils l'ombre qui bougeait, les pieds qui tapaient le sol à toute vitesse ; lorsqu'elle ouvrait le vert rideau mouvant, mes yeux étaient déjà fermés, je la laissais arriver sur la pointe des pieds, silencieusement, toujours en silence, comme un animal sauvage s'apprêtant à attaquer, tourner autour du matelas, se pencher sur moi et, lorsqu'elle allait essayer de couvrir mes yeux de ses mains, son souffle s'approchant de mon visage, de mon oreille, j'avais déjà attrapé ses mains, je savais que je ne pouvais crier sans attirer l'attention de ceux d'en bas, à ce moment-là, je frottais ma tête à son cou, à ses bras, parfois je parvenais à l'étendre à mes côtés, à la renverser sur moi, souvent elle faisait une culbute, elle aimait faire la cabriole, elle sautait sur le matelas, s'échappait, elle était déjà partie et se tenait à présent sur la scène imaginaire du théâtre, dressée sur la pointe des pieds, esquissant pour elle-même le rôle de la reine Chamiram et j'étais Dikran ou un personnage du même genre, un héros échappé des livres d'histoire des Arméniens et conforme à ceux apparaissant dans les pièces d'Akevart Mirak ; nous ne connaissions que le style de jeu de mademoiselle Marie, d'Haïgaz, de Dobri, c'est-à-dire leur façon d'arpenter la scène, leurs mouvements mécaniques, leur jeu de voix, leur diction mélodieuse où il y avait toujours quelque chose de solennel, l'enchantement et la considération suscités par un dialecte incompréhensible ; nous essayions d'adopter ce style, nous nous approchions l'un de l'autre, nous commencions à parler la langue des oiseaux[1], nous pervertissions les mots connus, nous répétions sans trêve les syllabes puisque, sur scène, les acteurs, comme dans un monde musical, gazouillaient, jasaient ; même lorsqu'ils s'emportaient, qu'ils criaient, ils semblaient admirables, différents, plus réels que nous, comme les personnages de la revue « Nouvelle vie » ; un instant, peut-être une seconde, il arrivait qu'un trouble se formât au plus profond de nous, se propageât, devienne une forme aérienne invisible qui nous portait, nous emportait en elle, comme un souffle modèle la parole ; à ce moment-là, l'espace de la treille devenait une salle fabuleuse où s'accomplissait un mystère intérieur ; nous nous inclinions devant des spectateurs invisibles, nous nous regardions comme si c'était la dernière fois, puis nous tentions de tirer les rideaux, nous étions seuls à présent, complètement seuls, je l'enlaçais, je la portais, enfin je prenais sa main dans la mienne, nous marchions vers la pièce sous la treille où j'allais presser son bras, son buste, la chatouiller, elle riait, se retenait, je vais faire sous moi, disait-elle tout bas, en murmurant et soudain, je ne sais pourquoi, elle se taisait, se dressait sur les coudes, les genoux levés, la jupe entre les jambes, le visage assombri par les ombres et, avec le ton de refus des filles, me soufflait au visage

mal élevé !

ça, c'était son jeu

elle devait écarter sa jupe, s'aérer, la faire flotter, ici et là, se rafraîchir, jeter les jambes en l'air, faire jouer ses talons, comme si elle écrivait quelque chose dans l'air mais devait m'interdire d'approcher, de toucher la peau de son épaule ou de sa cuisse, elle devait se retourner, s'asseoir, étreignant ses genoux de ses bras, comme accroupie, fermée sur elle-même comme une grande fille ; je savais qu'au bord de la mer, alors je faisais tomber du sable sur elle, que je la couvrais de couches chaudes, elle avait frotté, frictionné, glissé ses pieds l'un sur l'autre ; elle avait soudain ouvert les jambes et s'était comme offerte, livrée, j'avais vu ce qu'elle ne pouvait cacher entre ses jambes, entre ses cuisses ; maintenant il fallait que j'accepte son ordre,

---

1 La langue des oiseaux est traditionnellement une langue fictive et secrète qui consiste à donner un sens autre à des mots ou à une phrase par différentes techniques, une sorte de langue d'initiés. *Cf.* également Attar Farid Al-Din *Le langage des oiseaux* (1857).

simplement je courbais la tête, je respirais l'odeur de son corps en sueur, je restais à côté d'elle, oui, je devais rester très près d'elle, mais pas plus, dans un éloignement infini : telle était la règle du jeu.

Le toit nous enchantait avec son étrange construction s'ouvrant vers le haut depuis l'étage inférieur et qu'Arevik appelait yertik[2] ; c'était l'issue supérieure de la maison des Khatchadourian que, chaque soir, Jeannot et Djanik empruntaient : ils posaient l'échelle en bas, grimpaient et entraient dans la pièce de la treille. Ébloui par le soleil, lorsque je me penchais au-dessus du yertik, je ne voyais rien, presque rien, de simples strates de pénombre où quelques rayons venus d'en haut soulevaient des volumes de poussière tournoyant et s'évanouissant comme des volutes d'encens ; je connaissais les lieux par cœur, l'espace de la partie arrière, côté à côte les cabinets, la cuisine et cette petite pièce avec fenêtre qui, faiblement éclairée, gardait une fraîcheur agréable durant les chaleurs estivales et, les après-midi, lorsque l'avant-toit était inondé de soleil, était un salon recherché : Arevik, peut-être Djanik y avaient installé une machine à coudre, plus loin, une table couverte d'un grand linge épais avec un fer à repasser, quelques plantes appréciant l'ombre, surtout un grand plant de basilic à petites feuilles auquel il était absolument interdit de toucher afin de voler son odeur, enfin une grande cruche dont seule madame Marie pouvait boire l'eau fraîche, même lorsque, beaucoup plus tard, le réfrigérateur électrique vint à son tour occuper la place ;

à présent, cet espace familier, vu d'en haut, profond, d'autant plus qu'il était noyé d'ombre, me semblait un lieu tout à fait inconnu aussi exotique qu'un puits dont je ne connaissais que le nom, puisque tous les anciens puits de la colline étaient désormais clos ; oui, exactement la fosse d'un puits sans fond, comme dans les histoires d'Antika, le puits de leur maison d'Erzeroum, où, en regardant, on voyait le fond tant l'eau était propre, tant elle sourdait des profondeurs pour parvenir en haut ; mais il y avait toujours là quelque chose d'effrayant, d'inquiétant, une atmosphère donnant le vertige ; accroupi sur le sol du toit, à mesure que je passais ma tête par le yertik, s'intensifiait l'impression d'obscurité, comme si je devenais aveugle, je m'avançais vers le vide où un rideau noir était venu occuper mon champ de vision, m'empêchant de pénétrer ; ma main restait fermement accrochée au gond de la petite porte et j'essayais

2 Le « yertik » est un trou percé dans le haut du toit des maisons traditionnelles et construit avec une charpente en encorbellement.

de me pencher, de m'incliner de plus en plus bas, je crois que je devais être pratiquement suspendu en l'air, exactement comme dans certains rêves où je m'agrippais à une colonne pour éviter la chute et la colonne se transformait en souche desséchée qui, petit à petit, s'inclinait et je demeurais ainsi dans une position instable.

Mais était-ce une clarté venant de quelque part ou mes yeux s'étaient-ils habitués à la lumière ? je perçus la familiarité des lieux, je me redressai un peu, il me semblait avoir échappé à un danger et je remarquai un miroitement d'eau accompagné d'un murmure, semblable au gargouillis d'un ruisseau qui se manifestait, s'arrêtait, produisait un écho : où étais-je ? dans un recoin obscur ? dans la grotte humide, souterraine de Jeita[3] ? des gouttes d'eau suppuraient, dégoulinaient, pleuraient, puis, un éclat très fort provenant d'un feu allumé derrière ou sur le rideau liquide a commencé à tourner avec un mouvement circulaire, on aurait dit qu'il se cognait à la surface luisante, au miroir, lançait des jets de reflets qui semblaient se heurter aux murs, aux meubles[4], aux objets qui apparaissaient, bougeaient, avaient commencé à parler ; oui, le murmure s'était transformé en une longue suite de sons répétés, c'était une large phrase, approximative, modulée, que des pauses d'une respiration sifflante entrecoupaient, puis elle se poursuivait avec le rythme monotone, monocorde d'une prière ou plutôt d'un psaume, comme la voix du diacre Hovhan lors de la veillée du Samedi saint, plate, parfois zigzagante, avançant mais comme si elle n'allait pas parvenir au bout, comme si elle s'épuisait ; j'entendais des mots vagues, peut-être des mots perceptibles par illusion sonore, je pensais un instant qu'il s'agissait de fragments de mots, peut-être rien d'autre que des gémissements ou un halètement, des cris perçant les halètements comme des appels durant l'acte d'amour, comme des paroles absurdes prononcées au milieu de gémissements, de ces mots que Vrej et Araxie murmuraient derrière la porte et qui réveillaient Nano, comme si, dans le labyrinthe d'une caverne ou sur un lit, afin d'anticiper le futur, l'angoisse existentielle se réfugiait dans les mots, non dans leur sens mais dans leur signe matériel, dans leur sein douillet, rassurant, maternel et du reste, que sont ces mots

3 Ensemble de grottes karstiques situées au nord de Beyrouth.

4 Il s'agit ici d'une séance de magnétisme, de divination à partir de formes de plomb dans l'eau, qui était une pratique traditionnelle fréquente (molybdomancie).

sinon des choses anormales, troubles, mêlées, visqueuses, semblables au flux dont un effort nous chasse vers l'extérieur ;

je ne comprenais rien, rien ne me parvenait mais j'avais soudain cette impression que, malgré moi, je participais subrepticement à un mystère, comme lorsqu'une fois, par la petite fenêtre de la maison de l'idolâtre enturbanné – si petite que c'était plus un trou servant à aérer qu'à laisser passer la lumière –, j'avais entendu la célébration d'un rituel le crépitement du feu sur l'autel et du sacrifice, peut-être un rite de mort et de naissance un culte dont la signification m'échappait mais dont les particularités laissaient deviner dans une certaine mesure une essence lointaine, inaccessible ; qu'y avait-il ? que se passait-il plus bas, dans le noir ? on aurait dit que mes yeux étaient restés figés, collés à une membrane opaque au-delà de laquelle s'ouvrait un monde fantomatique, multiplié par des miroitements d'eau, d'autres lieux s'étendaient, d'autres arbres et d'autres cieux grandissaient, des forteresses et des palais à colonnes imprimés sur des cartes postales ; mais j'étais dehors, de ce côté, comme quand, dans l'entrée du cinéma Schéhérazade, depuis la caisse, on entendait les dialogues du film projeté, la musique puissante et le son difficilement compréhensible des évènements, attirant, captivant le spectateur, le conduisant vers le défilé des images qui, bien sûr, étaient d'autant plus troublantes et parlantes qu'elles étaient invisibles.

La voix s'interrompait brusquement, les flammes du feu tremblaient, mais le mouvement s'était arrêté ; l'obscurité semblait s'être dissipée et, là-bas, une vague silhouette était assise, toute droite, en tailleur, au milieu du salon, dans la pénombre, une espèce d'amas de formes massives, immobile, du moins qui me semblait immobile ; c'était sans doute sa voix qui posait une question à quelqu'un d'autre qu'il n'était pas possible de voir sans se suspendre à nouveau au gond, on pouvait juste distinguer son bras et son épaule ; je crois que la voix répétait sa question, sur le même ton, puis un peu plus fort, plus grave, plus net, elle avait une nuance plus solide et, après un long silence, on allait éteindre le feu ; la voix, basse, virile, presque mélodieuse, gutturale, comme un remous perdu dans un passage souterrain,

c'est toi qu'il veut…

et, comme en écho

oui… oui…

fallait-il supposer que l'interlocuteur réagissait ou plus probablement émettait un doute ? et la voix grave insistait –oui, oui, confirmait, pour ajouter de suite après

madmazel... madmazel...

tranquillisante ou réprobatrice, taisant sans doute ce qu'elle avait au bout de la langue et gagnant du temps, proposant peut-être une autre série de suppositions,

mais... madmazel...

une toux profonde,

donc... il ne l'aime pas...

qu'est-ce qui me poussa à faire un mouvement involontaire ? peut-être mon corps fatigué avait-il changé de position, dérangé l'environnement tranquille de l'obscurité ; j'avais dû faire du bruit ; le murmure recommençait, plus rapide, il semblait que quelqu'un se cachait ou sortait de sa cachette, un bruit de mouvement, de changement de position et, soudain, la voix qui se révélait être celle d'Arevik, légèrement rauque au début, puis ironique et agressive

qui est là ?

plus acerbe, plus gênée,

qui est-ce ?

le jeu était terminé, je m'étais déjà éloigné de la petite porte, je courais en hâte vers le toit de Pilibos où il y avait une autre échappatoire que l'échelle, je devais glisser au bas du poteau électrique proche pour arriver à côté de la boutique de Maritsa, me trouvant enfin dans la rue principale, très éloignée des lieux de la scène, presque parallèle à elle.

Naturellement, il fallait ensuite faire le tour de la colline et déambuler, monter au-dessus du champ, c'est pourquoi je n'allais pas voir l'homme à tout jamais sans visage dont la voix profonde et caverneuse continuait à résonner en moi et à répéter « madmazel ... madmazel ... » tantôt comme un appel, tantôt comme un ordre, à résonner comme l'écho d'un rythme obsédant, qu'on ne peut oublier autrement qu'en s'installant, en habitant en lui ; la rue était étrange ; il n'y avait personne devant la boutique de Pilibos, les oliviers d'en face étaient les mêmes, toujours derrière leurs barbelés, à droite, jusqu'au tournant en haut de la rue, on aurait dit que les maisons à un ou deux étages s'étaient quelque peu rapprochées, celle de Loris, du grand Ardachès, du repasseur Khatcho, d'Aram, du petit Ardachès, de Boutros, côte à côte, les balcons semblaient en carton-pâte avec un ou deux pots de fleurs, des cordes à linge, en surplomb de la rue comme des forteresses construits en cartes à jouer ;

il y avait peut-être des arbres mais je ne les voyais pas, les arbres n'étaient pas là ou peut-être y étaient-ils, fondus dans les murs, comme dans les décors dessinés par Haïgaz où il était difficile de distinguer l'arrière-plan de la surface ; les gens étaient là, devant les maisons, les chambres ou sur les balcons ; chaque chose se réduisait à son apparence, décolorée, le crépi des murs était effondré, la peinture des portes et des fenêtres écaillée ; le soleil était passé sous une couche de nuages et semblait traverser la première fraîcheur de l'automne ; rien n'avait changé : c'était les mêmes hommes, attablés au tric trac, juste devant la boutique d'Abou Khalil, à côté des sacs de lentilles, de haricots, de blé ; les mêmes pions, les mêmes dés allaient et venaient ; j'avais l'impression de m'être juste réveillé et de marcher encore dans le même rêve là-bas, tout au bout ;

il y avait quelque chose, quelque part, dans les maisons sales et grises, un vide derrière elles, un trou, une fosse dans laquelle j'allais tomber ou dans laquelle j'étais déjà tombé et dont j'étais revenu, j'essayais de remonter, de grimper la rive escarpée ; un instant, à peine une seconde, il m'avait semblé frôler l'autre monde, j'avais posé mon doigt sur un point, sur le verso des choses, et, dans mon esprit s'était ouverte, avait miroité l'énigme ; les gens, les maisons, le ciel étaient autres, plus sombres, plus profonds, plus lointains ou plus proches, les vivants vivaient, naissaient, mouraient d'une autre vie, dans un pays parallèle avec moi, à côté de moi, mais ailleurs au même moment. En même temps, en des jours différents, des temps différents ; de la même façon, je devinais qu'existait non derrière l'apparence, le familier, mais en eux, derrière la page d'un livre, une autre page, derrière la page un autre livre ; ici et là, dedans et dehors, sur chaque cercle, sur chaque anneau, les gens se transformaient, se métamorphosaient, ils pouvaient donc prendre des noms différents, avoir parfois des âges différents, ils échangeaient leur voix, leurs positions, leur regards comme s'ils n'avaient pas d'identité, à la fois l'un et l'autre, doubles ou multiples et moi je ne pouvais jamais passer de l'un à l'autre, sentir, toucher l'autre qui les composait, qui les habillait comme un moule ; cet autre était là avec une intériorité étrange et malgré cela, demeurait inaccessible ;

je ne sais quel trouble, quelle fissure, quelle déchirure s'était ouverte en moi, une chose magique avait-elle soudain perdu de son charme ou était-elle devenue plus séduisante ? le soleil avait commencé à briller de sous les nuages, les lambeaux du rideau faisaient des plis ; au loin, de l'autre côté de la vallée, sur la petite colline, comme à peine sorties de terre, c'était notre maison et, à côté, celle d'Arevik dont la treille semblait encline à occuper, à couvrir les bâtiments ; à gauche, la maison de Garbis, adossée à celle, de plain-pied, de Negar, et ainsi encore l'une derrière l'autre, comme un croquis hachuré de lignes, de murs, de toits, aussi détaillé qu'une description scolaire, chaque chose était à sa place et on aurait dit qu'après avoir fait le tour de la colline, je revenais d'une promenade au point de départ ;

au moment de traverser le champ d'Abou Tanios, j'arrachai un épi d'orge ; depuis des années ils continuaient à pousser et à dégénérer naturellement ; on ne pouvait en mâcher les grains ; j'allais le jeter, je ne sais si je l'ai fait ; si Arevik m'apercevait depuis son seuil, elle allait croire que je revenais de loin ; rien n'avait changé, rien ; moi, j'étais différent comme cela se produit peut-être pour un muet qui, par miracle, commence à parler comme s'il avait toujours entendu et partagé la langue des hommes et qui, à présent, pénètre dans leur monde, se heurtant à la réalité dure, effrayante et attirante ; car telle était mon impression, chaque chose appartenait à un passé, un passé qui, désormais, était le mien, indivisible, irréfutable.

Arevik a-t-elle jamais su que j'avais percé son secret, si c'en était un, je n'en suis pas sûr à présent ; elle ne fit aucune allusion en ce sens, et si même elle en a fait, je ne m'en suis pas aperçu ; néanmoins, après cet incident, la petite ouverture du yertik devait rester toujours close ; j'évitais d'entrer dans ce salon profond, je faisais en sorte de regarder vers le bas ou de chercher quelque chose par terre comme si la scène était restée telle quelle : l'homme, en face, au pied du mur, Arevik, et entre eux un récipient d'eau, du moins je le suppose ; plus tard, quand quelqu'un suggérait qu'il n'y avait ni lumière, ni souffle de vent et que ce serait bien d'ouvrir la fenêtre du haut, l'air circulerait, il ferait plus frais à l'intérieur, Arevik, avec un ton abattu et fatigué, neutre, semblant ne s'adresser à personne, s'opposait,

mon âme n'a pas besoin qu'on la scrute,

je n'ai pas eu de sentiment de culpabilité, de transgression d'un interdit, de péché ; seulement il me semblait être lié à Arevik par la pénétration de ce mystère ; d'ailleurs, qui ne connaissait sa curiosité maladive envers le tirage au sort du jour de l'Ascension[5], la Clef des songes qu'elle étudiait comme une lecture édifiante, ou le fond des tasses à café, les cartes, les tarots qu'elle ouvrait ou faisait ouvrir par Nano, puis par tous ceux qui passaient, bohémiens, gitans, chiromanciens, tourneurs de miroirs, fondeurs de plomb, oniromanciens pour qui, en l'absence de sa mère et de ses frères, la porte était toujours ouverte ? personne ne comprenait comment, ils s'installaient sur les marches de l'entrée, commençaient à discuter et Arevik,

entrez, entrez !

elle préparait le café, amer, oui, amer et léger, elle l'apportait, l'offrait à la bohémienne assise,

mais enfin, Arev ! tu as encore fait rentrer cette voleuse !

disait ma mère à mi-voix, plus avenante que nécessaire pour ne pas la contrarier, sans vouloir se mêler des affaires des autres mais en même temps mécontente que ces pratiques et ces femmes passent dans les parages de notre maison,

est-ce que c'est digne de toi !

mais Arevik haussait les épaules, comme pour dire – je sais ce que j'ai à faire –, à la fois sérieuse et joyeuse, n'ajoutant, soi-disant, aucune importance à tout ça mais écoutant les conseils des voyantes, bien sûr elle répondait parfois aux questions, le sourire du début s'effaçait progressivement de son visage, le menton reposant sur la main déclenchait une grimace tandis que son œil bigle avait encore plus tendance à s'éloigner de son point de départ ;

dans ces allusions, ces suppositions, ces paroles approximatives, il y avait un point fixe, comme une image ou une couleur récurrente dans les rêves, une sorte de thème qui revenait, j'allais dire comme un lieu commun, auquel habituellement on n'accorde aucune foi tant cela faisait partie d'une situation courante, d'un jeu humain ; quelqu'un, oui – la bohémienne hochait la tête, baissait la voix –, il y avait quelqu'un ; son sourcil faisait un mouvement, à présent sa parole avait trouvé une prise ; cet autre sans nom, qui apparaissait sans cesse dans son univers de chance, demeurait anonyme, c'est la chance, c'est la chance, on ne sait jamais.

Arevik attribuait-elle des pouvoirs surnaturels à tous ces diseurs de bonne aventure, ces devins, sorciers et pythies, menteurs et pourris,

5 Jeu de jeunes filles qui consistait à leur prédire l'avenir.

voleurs, simulateurs, à ces savants de pacotille, comme disait ma mère ? pour Arevik, tout était exact ; non, elle n'avait pas peur, pas peur du tout, de cette peur vague que peuvent ressentir ceux qui n'accordent pas grand crédit à ces pratiques surnaturelles mais appréhendent en même temps de les approcher ; – oh ma pauvre, tu me fais pitié, tout ce que tu as à faire c'est de te trouver un garçon, ta chance sera ce qu'elle sera – ; tandis que les prestidigitateurs de l'avenir faisaient jouer le futur entre leurs mains comme des grains de chapelet, semblables à des romanciers à l'imagination fertile, manipulant le temps, jouant avec lui, présentant une histoire conforme à tes désirs ; c'est pourquoi ils écrivaient des cartes, tiraient les cartes, attachaient les cartes, ils demandaient une mèche de cheveux de l'être aimé, une rognure d'ongle, un morceau, un fil de chemise ; avec quelques paroles archaïques, magiques, inintelligibles, ils en faisaient un paquet à aller jeter dans la mer ou au fond d'un puits profond ; ils croyaient que ce qui était écrit n'était qu'un début, l'amorce d'une phrase dont ils pourraient organiser la fin comme ils le souhaitaient, ils le pouvaient et ils régnaient, ils maîtrisaient les forces supérieures et inférieures gouvernant l'humanité, les anges et les *djinns**, ils tiraient les fils, mettaient en scène les marionnettes jusque-là où il le fallait, jusqu'à l'épisode arbitrairement arrangé, exigé par le jeu de la vie, au-delà de toute nécessité, de toute causalité, dans un univers élastique, qui offrait des possibilités infinies à la pensée et à l'imagination, niant en même temps le prosaïsme de ce qu'on appelle le quotidien, c'est-à-dire la réalité violente et brutale.

Je ne sais pourquoi, dans tout cela, à cette époque, je ne voyais pas l'angoisse cachée sur le visage d'Arevik, peut-être une peur qui la rongeait, un manque, un désir de connaissance de soi, qui lui conférait sans doute une épaisseur, une densité, – j'allais dire une dimension pour lesquelles je n'étais pas prêt, que je ne décelais pas et qui faisait pourtant son charme – mais une curiosité inhabituelle, énigmatique ou une recherche absurde ; étrange ! étrange ! elle qui se considérait comme une fille instruite, ayant un haut niveau scolaire et qui aurait dû, au moins en partie, être vaccinée contre les superstitions, croyait-elle être ensorcelée ou sujette à la magie d'un talisman qui éloignait sa chance de cet autre anonyme et mystérieux ?

4

Était-ce pour échapper aux chicaneries de sa mère ou pour se mettre à l'abri de toute critique

mets tes chaussure, allez ! on y va !

Arevik devait m'emmener avec elle ; sinon, comment une fille de cet âge aurait-elle pu descendre seule en ville ! surtout que si les chauffeurs desservant la colline étaient connus, sûrs, on ne pouvait en dire autant, marmonnait l'assemblée des experts assise sous les mûriers, à propos des gens des marchés, tous ceux qui encombraient les rues sinueuses, une sorte de populace bigarrée, un mélange, un magma où, venant des villes et des villages du sud, des montagnes, parfois de Syrie, des gens de toutes races, de toutes couleurs, de tout type, principalement des hommes, se rassemblaient, s'amassaient depuis la place Debbas, devant les entrées des cinémas, des cafés, les boutiques de comestibles, de tissus, de mercerie ; ils fumaient ou, lorsque nous marchions sur le trottoir, ils venaient de loin nous heurter, Arevik particulièrement, sans s'excuser, volontairement, comme si sa démarche, ses cuisses pleines, sa chemise rose à manches courtes, légèrement transparente, sous laquelle on pouvait distinguer le corset serré, le flottement de ses cheveux, les ondes de parfum émanant de sa nuque, de l'arrière de ses oreilles, étaient une provocation pour eux ; on entendait des mots dégradants à mi-voix, des mots pareils à des jurons, comme ceux que prononcent les hommes au moment de l'orgasme, lors de caresses ou de viol

chienne !

à quoi elle répondait, naturellement à mon adresse,

regarde-moi ces fils de chiens !

Arevik me serrait la main, me pressait à son côté, ne permettant pas qu'un autre insolent, un sauvage, un péquenot, comme elle disait, rompe le lien de nos mains, il heurtait notre chaîne, l'affreux, et à ce moment-là, il criait fort, jurait comme si c'était nous qui l'avions blessé, brutalisé, cogné, mais, finalement, infléchissait son chemin, Arevik se retournait, souriait, inculte ! brute !

me faisait un signe de son œil bigle, je savais que ce ne serait que sur le chemin du retour, quand la cohue serait moindre, quand la plupart de ceux-là seraient entrés dans les cinémas, voir et applaudir des westerns ou des films érotiques plus ou moins censurés, que nous pourrions alors traîner devant la boutique de César Amer, à côté de la pâtisserie ; là, elle me permettrait de contempler derrière les vitrines, les merveilleux costumes de déguisement, les chapeaux, les chaussures, surtout les masques, que peut-être les riches utilisaient lors de leurs bals masqués, tandis que les autres aimaient les mettre le jour de la Sainte Barbe, aller de maison en maison, en groupe, récitant un quatrain ; lorsque nous rencontrions un groupe, on attendait qu'il avance, on le suivait, il y avait toujours quelqu'un, un homme tenant un bâton à la main qui devait défendre d'une attaque surprise les garçons vêtus comme des femmes ou les filles déguisées en garçon contre les fripons comme nous, puisque nous voulions voler ces masques, non pour voir ce qu'il y avait ou qui se cachait derrière mais pour, comme eux, mettre un instant les masques sur nos visages pour voir les entours à travers les deux fentes des yeux, d'où devait certainement apparaître un univers complètement différent car, je l'imaginais, les masques avaient la capacité merveilleuse d'effacer les rues et la poussière, d'ouvrir un espace de formes et de couleurs rayonnant depuis les miroirs d'un kaléidoscope ; le bâton menaçait et il ne nous restait donc qu'à regarder les filles et les garçons qui chantaient une chanson incompréhensible, frappaient le sol de leurs pieds, répétaient les phrases « on avait mis le blé dans la caverne, le blé avait commencé à pousser » ; je suppose qu'il s'agissait des vestiges d'un rite agraire dont je ne sais à quelle saison de l'année il se manifestait le soir et que les chanteurs étiraient le long de la côte jusqu'à l'église de la Mère de Dieu, puis, de là jusqu'aux immeubles perchés sur les hauteurs de Sioufi, nous laissant un instant fugitif de transformation inattendue et joyeuse.

Cette promenade en compagnie d'Arevik était plus agréable que les visites en ville avec ma mère ou Antika ; elle me surveillait moins, elle faisait plus cas de mes attirances ; pour ma mère et Antika, ces lieux éloignés étaient des lieux d'exil merveilleux mais dangereux devant lesquels on devait passer, que je devais juste regarder sans jamais pouvoir m'en approcher, les toucher, les caresser ; tandis qu'avec Arevik, je pouvais traîner un peu devant les boutiques de pâtisseries, regarder avec admiration ces espaces intérieurs un peu sombres, pleins de pénombre mais frais, oh ! si frais ! les grands plateaux de pâtisseries à côté des alcools, des boissons rafraîchissantes, parfois des pyramides de fruits ; quand Arevik était dans de bonnes dispositions, c'est-à-dire, je pense, quand ceux qu'elle appelait ses patrons lui avaient donné son salaire – parce qu'ils ne la payaient pas toujours immédiatement, je savais qu'ils la faisaient tourner en bourrique ; ces gens-là étaient ainsi, ils prenaient l'âme de l'ouvrier avec son travail, mais ils devaient se méfier un peu d'Arevik, dont le refrain « je le dirai à mon frère Apo » la protégeait ; le cas de ma mère était différent, elle n'avait pas pour la défendre une personnalité aussi remarquable et puissante qu'ils auraient pu craindre, et donc ils la roulaient facilement –, elle me disait

tu veux ? viens, allons prendre une glace,

elle attendait que je me décide, on rentre ici ou plus loin, après le café Ronda, vers la gauche ?

Je ne comprenais pas pourquoi on attachait aux noms de Marie et d'Arevik une réputation d'avarice, de cupidité ou de mesquinerie : elles entassaient soi-disant grain par grain, piastre par piastre et, de plus, elles faisaient du crédit – 25 livres, 50 livres libanaises – c'est-à-dire des sommes énormes avec des intérêts élevés, un taux si haut qu'en quelques années le débiteur multipliait sa dette, disait-on, d'ailleurs on ne pouvait y échapper. Les femmes de l'association de tontine aussi prêtaient de l'argent au même tarif, toutes deux en étaient membres ; tous les lundis il y avait une réunion chez l'une ou chez l'autre, l'une d'elles étant présente ; aucun homme, bien sûr, même pas le propriétaire ou les garçons de la maison, ce jour-là était le jour des femmes, le jour de vacance des femmes, et dès le matin commençait la préparation de la réception – sirop, *khourabiehs** ou gelée aux fruits, comme le voulait la mode –, jusqu'à ce que l'après-midi elles viennent par groupes, l'une s'asseyait sur le fauteuil, l'autre sur le divan ; ma mère me faisait de l'œil signe de sortir, de ficher le camp, ce n'était pas ma place, mais je connaissais la règle : d'abord elles devaient donner leur cotisation hebdomadaire, l'une la sortait de son sein, l'autre de sous son tablier, une troisième d'une petite pochette ; elles allaient boire le café, retourner leur tasse ;

puis elles passaient à la seconde partie de l'ordre du jour ; probablement faisaient-elles le portrait matériel et moral du débiteur ; Arevik, Marie étaient les plus sévères, on prête ? on prête pas ? la présidente de séance, madame Marguerite, assise à l'extrémité du sofa, le carnet de comptes ouvert à son côté, la jupe légèrement retroussée, le corps épais, un flot d'or aux bras, une paire de boucles aux oreilles, écoutait, le léger goitre de son cou tremblait, de temps en temps elle sortait son mouchoir pour s'essuyer les lèvres d'un geste involontaire ; comme une économiste, une trésorière, elle réfléchissait avant d'émettre une décision ; il n'est pas besoin de dire qu'elle était l'épouse de l'homme le plus riche de la colline, monsieur Yervant, et que donc, tout le monde la respectait, la caressait dans le sens du poil, comme disait ma mère, on la choyait, la dorlotait puisque d'elle dépendait l'argent qu'on devait emprunter ; en se levant, elle donnait le signal de la dispersion, c'est-à-dire de l'épanchement bigarré des ragots ;

l'avarice attribuée à Arevik n'était pas justifiée : combien de fois étions-nous entrés, nous étions-nous assis dans les pâtisseries du centre-ville où nous rencontrions parfois des femmes qu'elles connaissait, plus rarement des jeunes gens avec lesquels elle aimait bavarder, et, dans mon esprit, la topographie de la ville était composée de ces lieux, et je voyais souvent l'environnement avec les yeux d'Arevik, c'est elle qui connaissait le beau et le sale, le cher et le bon marché, les lieux fréquentables et infréquentables et, pendant longtemps, alors que je n'avais pas de raison de flâner dans les marchés avec Arevik et que même j'allais avoir honte de me promener avec elle, de ce rôle passif de protecteur de fille, le centre de la ville conserverait l'image créée par son goût.

Mais à présent, ce n'était pas le moment de s'arrêter devant la boutique de César Amer ; d'abord nous devions traverser la ligne de tramway devant laquelle Arevik allait marquer un temps d'arrêt, attendre que passent les voitures, principalement les *services**, quelques camions ou voitures à chevaux, surtout le tram bruyant venant de Fern El Chebek, que descendent les gens accrochés sur les côtés, des jeunes gens indisciplinés que j'enviais pour la rapidité avec laquelle ils sautaient sur la plate-forme arrière ou en descendaient, qui jouaient presque à cache-cache avec le contrôleur de billets tandis qu'Arevik regardait les cinémas, cinématographes selon ses grands mots, les panneaux en carton, les paysages grand format du Dunia, du Roxy, du Radio-City qui donnaient à peine une idée des films qu'aimaient raconter Vrej et Araxie, les « jeunes pousses de la colline », comme disait le journal, cette jeunesse qui, en dehors des clubs, de l'église, de la chorale, les délaissant presque, avait commencé à fréquenter les lieux de perdition de la ville, les salles de bal à demi obscures, les parties de rumba et de slow organisées dans les maisons, les cinémas ou, plus bas, les rues dont on ne parlait qu'en murmurant ou par allusion, puisque le bordel avec son grand portail métallique était désormais un passage ouvert.

Au tout début de nos promenades, quand nous passions du côté des librairies, cela signifiait que nous devions nous rendre auprès du patron d'Azarieh, au 3e ou 4e étage, près du Grand théâtre ; à la suite d'Arevik, j'essayais de ralentir devant les échoppes vendant des journaux, des magazines, des livres nouvellement parus, des espèces de bouquinistes installés à l'entrée des immeubles, à côté, d'autres étals proposaient du café, de l'eau à la réglisse ou des rafraîchissements, dans une agitation permanente, le tumulte, les odeurs de sueur et de tabac, le moindre recoin était loué, vendu, exploité et, de tous côtés, des marchandises et des images, des cris et des conversations, des odeurs d'urine et de café offraient un univers riche, captivant, incompréhensible qui s'ouvrait soudain sur la Place des dattiers, à côté de laquelle, disait ma mère, se trouvait autrefois la mer qui, à présent, s'était retirée peu à peu, se cachant derrière le cinéma Rivoli ; les tramways surgissant de tous les côtés nous contraignaient à marcher lentement comme si je devais apprendre à chaque pas, à regarder plusieurs fois à droite et à gauche, à éviter de marcher trop près de la chaussée.

Ce jour-là, nous devions traverser la place vers la gauche ; le vieux café d'angle était plein de consommateurs assis aux tables, de lecteurs de journaux, de fumeurs de narguilé, de clients exclusivement masculins ; de là, nous allions prendre la première rue, je ne sais pourquoi Arevik évitait la porte principale à côté du cinéma Cristal devant laquelle, surtout vers la droite, s'amassait la foule, elle préférait les entrées latérales du marché des orfèvres où on passait plus librement et peut-être plus inaperçus ; elles aussi étaient bien sûr encombrées, aux portes métalliques étaient accrochés des sacs, des ceintures, des chaussures, des fleuristes vendaient leurs plantes, nous marchions jusqu'à l'entrée du labyrinthe qu'on appelait le marché aux poissons et où, au mitan de la rue s'écoulait un flot glissant de sang et d'eau sous une nuée de mouches ; avant d'arriver là, Arevik se pinçait le nez et je l'imitais involontairement, tant elle était habituée à ces lieux, j'allais dire familière ; ce qui me paraissait si inhabituel, inattendu et mystérieux formait pour elle un environnement quotidien, non pas un décor que je parcourais avec ma mère ou Antika et où je pensais que tout le monde nous regardait, mais un monde normal, vivant, accessible.

Elle avait brusquement lâché ma main ; là, sur la chaussée formée de grandes pierres, la foule était moins compacte ; des groupes clairsemés, quelques femmes, des hommes arrivés de villages éloignés, venus pour acheter des bijoux en or en vue de fiançailles ou de mariage, un chien errant autour de la fontaine, du monde jusqu'au fond des ateliers de bijouterie, les boutiques s'ouvrant sur les trois côtés d'une sorte de cour étaient moins luxueuses ; du matin au soir, les devantures éclairées ressemblaient à de petites scènes sur les étals desquels étaient présentées, offertes, éblouissantes, des rangées de diadèmes, de bracelets, de colliers, tantôt en rangs serrés, côte à côte, tantôt seuls, comme délaissés et, sous les voûtes en arcades du marché, ces cellules scintillantes semblaient, la première fois qu'on les voyait, comme des fenêtres devant lesquelles, sur une ligne horizontale, s'ouvrait un rêve de parures, de brillance, de couleurs masquant un autre arrière-monde plus magique ; je croyais qu'au-delà de ces cellules angulaires, étroites et profondes ou de ces pièces, devant lesquelles souvent des hommes chauves, le col de chemise ouvert, ayant tiré une chaise, assis, buvaient le café, se rinçaient la bouche à l'eau froide, crachaient, fumaient ou discutaient, le monde visible se prolongeait dans une sorte de masse montagneuse ; les mots du conte d'Ali Baba avaient à peine dévoilé une partie de leur secret, préservant l'intégralité de l'énigme ; j'essayais de m'arrêter, de transpercer, derrière les vitres, à travers les fentes des rideaux en velours noir, bleu ou vert foncé, comme à travers un trou, ce lointain dédale que reflétaient les miroirs latéraux, j'imaginais des passages secrets qui conduisaient à des escaliers, des étages, des portes, des couloirs humides et sinueux qui, au-delà des écrans, menaient aux fosses de cinéma, aux rues passantes qui, à leur tour, rejoignaient les parties profondes, sombres mais toujours animées de la ville où il était possible d'entrer, où je pourrais entrer quand je serais grand. Plus tard, quand j'ai franchi cette frontière, je devais comprendre qu'il n'y avait rien au-delà qu'un autre réduit, rien au-dessus que d'autres cellules avec des fenestrons et là, travaillant, transpirant pour un maigre salaire hebdomadaire, des garçons ne rêvant que d'argent et de mariage, qui voulaient garder pour eux le secret de leur savoir-faire, comme une espèce de droit à la vie que chaque homme devait arracher à je ne sais quel maître sans visage. Cependant, à présent, debout sur le petit trottoir, Arevik m'avait pris la main, me tirait comme pour m'interdire cet endroit et m'en sortir,

allez ! allez ! ne soyons pas en retard !

elle souriait, le grain de beauté de sa joue parait son visage comme un joli bouton de fleur, elle saluait à droite, à gauche, comme si elle connaissait tout le monde, elle me tirait en avant, elle devait absolument me présenter, on aurait dit que je venais chercher du travail et qu'elle éprouvait le besoin de me recommander,

c'est le fils de nos voisins,

neutre, un brin lointaine et, en cela, son attitude avait d'emblée quelque chose de gênant ; il était clair qu'elle n'était pas venue jusqu'ici toute seule, elle était accompagnée, elle n'avait rien à cacher à ces hommes qui, assis derrière des tables ou debout devant la porte de leur boutique, hochaient la tête, remarquaient et, parfois, scrutaient le corps d'Arevik, fixaient son cou, son décolleté ou ses cuisses, les narines frémissantes, comme s'ils allaient fondre sur une proie facile et ils l'invitaient parfois à l'intérieur, pour se reposer, prendre un café, boire un soda,

je vous en prie, entrez, mademoiselle Arev,

non, merci, Jeannot nous attend,

d'une voix franche, assurée, Arevik se balançait sur ses jambes, la croix d'or étincelait à son cou et, dans la vitrine, sa silhouette de taille moyenne semblait élégante, du moins aussi élégante, « accorte » selon ses mots que celle des femmes s'exhibant, écrasant leur nez contre les vitres, examinant tout, leur visage couvert de poudre de riz et de rouge, avec leur escorte, maris ou « neveu » – je comprendrais plus tard le sens de cet euphémisme –, toujours parées, un sac à la main, les chaussures assorties au vêtement.

C'était une entrée d'immeuble d'où il fallait monter, Arevik toujours devant moi, comme si elle m'ouvrait ce labyrinthe sinueux qui conduisait aux cieux, tant la construction semblait étrange, la ligne des escaliers hypothétique. Cet immeuble provisoirement destiné à des ateliers était cependant malcommode, compte tenu de sa construction plus récente que ceux du centre-ville, du début du siècle ou peut-être de la fin du siècle dernier, les immeubles de style méditerrano-levantin, à arcades, à colonnes qui avaient été peu à peu reconvertis en ateliers ; portes ouvertes, hiver comme été, humides, ne voyant pas le soleil, les couloirs dans la pénombre souvent pleins de poussière et de fumée, dans le bruit des limes, des rabots, des polisseuses, les odeurs de différents produits chimiques piquant les yeux et le nez ; nous évitions de nous frotter aux murs où je pouvais lire des graffiti, des bouts de phrases en arabe, en français, en arménien, nous nous dépêchions, mais il fallait saluer les visages se montrant à toutes les portes et les fenêtres, sales, enfumés, tantôt interrogatifs, tantôt saluant, refuser les invitations – venez, je vous en prie !... dis à Jeannot que vous devez venir chez nous un soir, mademoiselle Arev... chez nous aussi ! chez nous aussi !– d'étage en étage fusaient des paroles allusives, équivoques – regardez-moi donc cette tournure ! que j'aime tes manières adorables ! comme se houspillant les uns les autres – arrête de baiser avec les yeux ! retourne à ton travail ! ces cuisses ont un propriétaire ! – et encore un autre, craignant sûrement la réaction possible de Jeannot,

mademoiselle Arev
en tenue d'Ève !

mal élevé ! raclure ! voyou ! avait dit Arevik, comme en une énumération, mais elle n'avait pas reconnu la voix, l'avait oubliée, n'avait pas non plus raconté l'incident à Jeannot, peut-être aussi avait-elle occulté cet épisode désagréable ; c'était évident, Jeannot aurait pu hurler – viens ici fils de chien !, enfoiré ! tu as mal parlé à ma sœur – je suis sûr qu'il aurait pu prendre le couteau qui lui tombait sous la main, – mon garçon fou ! mon garçon fou ! – répétait madame Marie devant ses brusques embrasements, réprimandant, calmant son fils qui, comme un caïd arabe peureux, s'enflammait tout à coup davantage, s'enhardissait ou essayait d'élever la voix ;

il valait mieux que nous montions rapidement par des escaliers de plus en plus étroits, là-haut où, voilà, on est arrivés, haletait la voix d'Arevik, nous entrions dans l'atelier,

Jeannot !

criait Arevik, on aurait dit qu'elle n'avait pas vu depuis des semaines, des mois, son frère qui, assis derrière sa table avec une grande pièce de cuir sur les genoux, levait les yeux comme s'il n'avait pas reconnu le bruit de pas, les paroles lancées ici et là et portant loin d'Arevik ; il s'arrêtait de travailler, me souriait légèrement, puis ses yeux gris-verts se tournaient vers Arevik, inquisiteurs, interrogatifs, semblant chercher quelque chose et ne le trouvant pas, tandis qu'Arevik s'approchait déjà du fourneau, du garçon mi assis, mi debout,

Nechan !

avec l'accent minaudant, chantant, familier, celui d'une petite fille qui veut quelque chose sans en avoir l'air et le garçon,

grand, large d'épaules, les cheveux bruns coupés en brosse, les paupières lourdes et sombres, silencieux, presque toujours silencieux ; parfois il haussait les épaules d'un mouvement involontaire, se levait et se rasseyait sans cesse, mal à l'aise ou peut-être soucieux de l'or qui fondait, un morceau de chewing-gum à la bouche qui lui faisait tordre la mâchoire quand il le mâchait, il riait comme quelqu'un qui, n'ayant rien à dire, préfère trouver des prétextes pour ne pas parler, puis allait brusquement sortir de son silence, comme à son habitude,

un café, un soda ?

Nechan avait déjà appelé un commis traînant plus loin ; il y avait dans sa voix un fort accent arabe, kurde ; tantôt il accentuait les mots de travers, tantôt il rendait les consonnes plus sonores, comme un homme peu accoutumé à notre langue et, d'ailleurs, mère et fils étaient arrivés de Kamichli depuis peu d'années : madame Marie avait fait écrire lettre sur lettre, avait insisté, s'était emportée et, finalement, avait convaincu sa sœur, madame Aroussiak, qui, une fois veuve, avait compris que s'ils restaient là-bas, son fils allait devenir kurde, comme les gens de Sassoun et d'Ourfa, qu'il allait enlever une fille kurde et que les ennuis allaient commencer ; et donc ils étaient venus, d'abord chez les Khatchadourian, ils avaient vécu quelques mois ensemble, disait Arevik avec, dans la voix, l'excitation de celle qui raconte un souvenir d'enfance et, dans un silence, la nostalgie inévitable de ces jours où ils étaient comme ci, ils étaient comme ça, puis madame Aroussiak, avec l'argent qu'elle avait retiré de la vente de la maison et des terres de Kamichli avait acheté ici quelques acres de terre, fait construire une maison dans le quartier d'en bas, à l'orée de la vallée, c'est-à-dire, selon

Arevik, un endroit affreusement sale où, obligatoirement, sa mère et elle devaient se rendre et c'est ainsi qu'il était resté de Kamichli dans la langue de Nechan ce relent d'arabe aussi différent du dialecte local que de l'arabe claudiquant, instable de Jeannot ; de sorte que Nechan, hormis sa spécialité en soudure et en fonderie, apportait également le vocabulaire indispensable au métier de bijoutier.

Pour moi Jeannot et Nechan étaient comme des jumeaux bien que l'un fût plutôt blond, l'autre très brun et obstinément taciturne tandis que le premier, les soirs, emplissait le quartier de ses chants révolutionnaires ; Jeannot était un des membres stables du club, comme auraient pu le dire les journaux et les correspondants s'ils avaient daigné s'intéresser à de tels hommes, qui n'étaient ni des responsables du Comité du quartier, ni des donateurs de parti, ni des postulants à des fonctions permanentes ; durant l'époque dangereuse, c'est-à-dire lorsque ce qu'on appelait le soi-disant gouvernement avait fermé les portes de son théâtre de marionnettes, ils fixaient leurs armes à leur ceinture, n'attendaient pas les ordres, allaient se jucher sur des positions stratégiques de la colline, comme des aigles – c'est ce que dit la chanson – pour surveiller les Rouges des quartiers situés au-delà du chemin de fer, la ligne de démarcation ; ceux-là ne se tenaient pas tranquilles, ils faisaient toujours des incursions, disait Jeannot, ils traversaient par les escaliers de la minoterie, par des passes secrètes de la vallée, les collecteurs d'eau et je ne sais encore par quels trous réels ou imaginaires, ils espionnaient, maintenaient les jeunes en sentinelle dans un état d'inquiétude, jusqu'à ce que dans l'obscurité, quelques invectives, quelques escarmouches déclenchent une bagarre.

Puis, un jour, Jeannot disparut ; ce devait être après les évènements de 58[1] ; il n'était nulle part ; c'est-à-dire qu'une nuit, il n'était pas rentré à la maison ; ensuite, un tapage s'était produit dans la rue, Marie et Arevik avaient commencé à gémir et à se lamenter jusqu'à ce qu'Apo arrive pour confirmer l'arrestation de son frère : maman, il faut que tu comprennes, ce type est un général, on ne peut rien faire en sous-main ; et il n'avait pas été possible d'intervenir, d'utiliser le canal du parti et puis enfin, est-ce qu'on arborait des armes sur la place des Canons, en plein jour et ça, juste en face de la gendarmerie ! sans blague ! ce qu'il a

1 Sur fond de crise politique libanaise, il y eut, durant les années 1957-1958, une confrontation armée entre Arméniens hentchags et tachnags qui ne s'acheva que par l'intermédiation du ministre de l'Intérieur libanais, Raymond Eddé. Les gens de la colline sont tachnags.

fait, c'était de la provocation, mais enfin ! ils avaient interdit le port des armes depuis longtemps ; je l'avais lu dans le journal, il y avait eu quelque chose comme une réconciliation nationale, à nouveau les « grands ânes », comme disait Pilibos à ceux de la cour participant aux séances de lecture sous le mûrier qui, après la fermeture soudaine des marchés de la ville, avaient des raisons supplémentaires de s'asseoir, de fainéanter, de parler à tort et à travers, d'analyser les nouvelles du jour, d'essayer d'en dégager un sens, et donc, « les grands ânes », les présidents étaient allés et venus, étaient arrivés à un accord, ils allaient éjecter Camille Chamoun quand le temps serait venu, ainsi la Constitution ne serait pas transgressée, hé ! qu'est-ce que c'est que la Constitution ? mais la loi ! affirmait Pilibos, la loi ! avec un effort pour faire comprendre ça à cette tête creuse de Samson le Russe, et après le départ de Chamoun, l'ordre et la loi militaires ; même si tu te crois un caïd invincible et querelleur, tu mets pas ton arme à la ceinture pour te promener, jouer le play-boy, regarde-moi ! regarde-moi donc ! prêt à tirer si on te marche sur les pieds ! ça suffit comme ça ! on a été suffisamment persécutés, c'était pas la peine d'en rajouter ! c'est ainsi qu'on l'avait arrêté en plein Bourdj, qu'on lui avait passé les menottes et maintenant il était en prison pour six mois, et voilà, comme une tuile n'arrive jamais seule, là-bas Jeannot s'était amouraché de la sœur de Dieu sait quel vaurien et cette amourette avait reçu l'estampille d'une chose non pas naturelle mais dérogeant quelque peu aux règles morales de la colline, d'un évènement scandaleux, surtout grâce à Marie et Arevik, que dis-je scandaleux ! il s'agissait d'une tragédie, puisque… puisque cette fille était arabe ; c'était la seule chose qu'elles savaient, peut-être qu'un jour Jeannot l'avait avoué, parce que qui donc avait vu, qui pouvait avoir vu cette femme forcément mal famée, aguicheuse, piège à garçons à laquelle immédiatement elles avaient accolé l'injurieux

putain !

un seul mot et voilà que toute la colline s'était braquée contre cette femme inconnue, donc suspecte, vicieuse et dangereuse qui, on ne sait par quel procédé de langage, de doigts, de corps, avait attiré, s'était appropriée, avait ensorcelé le fils incomparable du légendaire monsieur Khatchadour… mais, ce n'est pas un péché de le dire, – Antika et celle de Sivas s'opposaient en fumant leur tabac, Maritsa, comme toujours, devait s'abstenir – le garçon non plus c'était pas quelque chose de propre, louchant sur les femmes, coureur de jupons, qu'il soit militant, ou ce qu'il veut, c'est du pareil au même ; d'ailleurs ce nom français qu'elle porte, Rosalie, disaient-elles, Rosalie, c'était en soi-même un point soulevant le doute bien avant l'apparition du visage de la femme ; même si ça avait été une jeune fille discrète et convenable, pour la colline, c'est-à-dire pour madame Marie, Apo, Djanik, Arevik, mademoiselle Anna, elle était semblable à toutes celles qui, du côté de Sioufi ou du quartier des Sursock, s'asseyaient et se balançaient dans les fauteuils à bascule, sur les balcons, exhibant pieds et cuisses, dos et fesses ; nous, nous traînions dans la partie basse de la rue, jouions de l'œil et du sourcil, elles nous répondaient avec des paroles équivoques, n'ayant honte de rien, et en fin de compte parfaitement attirantes.

Assis dans la chaise en osier raide et étroite, je sirotais un soda, livré à cette boisson si voluptueuse et, pour nous si inaccessible, tandis qu'Arevik circonvenait Nechan avec qui elle aimait bavarder, elle devait plaisanter, ils devaient rire ; bien sûr, s'ils avaient été à la maison, Arevik aurait aussi entrepris des jeux de mains, Nechan aurait rougi, se serait troublé, aurait demandé une cigarette, mais là, dans l'atelier, peut-être à cause de la présence de Jeannot, il semblait plus sérieux, il se taisait, lorsqu'il se trouvait dans une situation embarrassante il réagissait incontinent en fixant son attention autre part,

eh bien ! tu le bois ce truc à la fin !...

il ne finissait pas sa phrase, il ne finissait jamais ses phrases, il était bègue, d'un bégaiement à peine perceptible qui se manifestait cependant dès qu'il s'émouvait ou s'emportait et on aurait dit qu'il se transformait en un petit garçon qui, comme nous, parlait le langage des oiseaux, entrecoupait les mots sans jamais être méchant ;

à ce moment-là, Arevik s'était tournée vers Jeannot qui, penché sur sa table, ayant mis sa lime de côté, examinait à la loupe par dessous ses sourcils épais la bague qu'il avait à la main, puis elle se dirigeait vers Nechan, s'inclinait sur la table de celui-ci en poursuivant la phrase commencée, interrompue, la main droite en l'air, elle l'interrogeait d'un mouvement de l'œil, du sourcil, il me semblait, je n'en suis pas sûr, qu'elle souhaitait obtenir des informations de Nechan, qu'elle voulait comprendre ou éclaircir quelque chose, elle faisait un signe du menton ; elle ne remarquait pas que je suivais son jeu, aujourd'hui encore je ne suis pas sûr que Jeannot était totalement étranger à tout cela et ne s'en rendait pas compte, simplement il se taisait comme quelqu'un qui souhaite s'isoler de la foule, rester à l'écart du bavardage, de cette tempête qu'Arevik apportait chaque fois avec elle, emplissant l'atelier d'un environnement de couleurs, de sons, de vagues d'odeurs, une sorte de courant de paroles, de cris, de plaisanteries, d'exclamations étonnées, de rires, de discussion querelleuse, de blagues, de jaillissements brusques, de paroles équivoques et de silences que je ne comprenais pas, dont je ne savais à qui ils étaient destinés, à Nechan ou à Jeannot ? quel était ce jeu, si c'en était un ? plus tard seulement, je devais comprendre que dans cette conversation, il y en avait d'autres, qu'il y avait des remarques à un autre niveau, des allusions ; c'était une spirale donnant le vertige, on aurait dit que je m'enfonçais en elle, ahuri, je regardais Nechan, Jeannot, Arevik qui, emportée par l'exaltation ? l'inspiration ? s'était métamorphosée ; était-elle prise de vin à ce moment-là ou très excitée ? toujours est-il qu'il y avait quelque chose de dérangeant dans son attitude, elle était légèrement penchée vers Nechan, par la large ouverture du chemisier apparaissait une sorte de blancheur ombreuse qui s'étendait jusqu'à ses seins comme chez ces actrices de cinéma de l'époque, disait-on dans les pages de « Nouvelle vie », son regard plein d'on ne sait quelle promesse pour celui qui la regardait, le grain de beauté de sa joue donnant différemment profondeur et style à sa peau lisse, le rose de ses lèvres s'ouvrant comme une fleur ;

soudain, une coupure d'électricité infime, le temps d'un clin d'œil, presque imperceptible, interrompait le monologue déjà affadi, vide et sans intérêt mais peut-être était-ce moi qui, dans le flot de paroles entendait une phrase compréhensible,

mets-toi donc au travail !

indiquant à Nechan que le soufflet s'était arrêté dans ses mains tandis que le charbon fumait,

ici c'est pas Kamichli, c'est Beyrouth,

c'était sa blague habituelle, une remarque répétitive qu'elle aimait faire à Nechan, comme pour lui rappeler non seulement son origine mais aussi son niveau, une petite claque, dans la même veine que ses remarques habituelles – assieds-toi comme ça, va là-bas, ne parle pas comme ça, enfin ! – on aurait dit notre institutrice de maternelle, mademoiselle Takouhie qui nous faisait répéter plusieurs fois chaque syllabe de l'alphabet et chaque mot qui en était composé ;

je m'étais levé de ma place, approché du feu de la forge sur lequel était posé le minerai à fondre ; j'aimais regarder l'or, qui avait la couleur d'un métal ordinaire, dorer peu à peu, son flot lent et âcre s'écoulant dans le moule en terre noire,

ne te brûle pas les yeux … mon fiancé !

et le même éclat de rire jaillissait de sa bouche, ironique, nerveux, un peu forcé, j'avais dû rougir

ma sœur !

Jeannot avait relevé la tête,

t'as pas honte !

il regardait dans ma direction, tandis que Nechan, bouche bée, souriait d'un sourire niais, bête, que je n'avais jamais apprécié, lui conférant un air vaniteux de garçon gâté, choyé, lui tordant les lèvres, un sourire faisant vibrer leur ombre velue, semblable à celui qui apparaissait chaque fois que, d'en bas, un client, un apprentis montait, voulait quelque chose, donnait quelque chose, on aurait dit qu'il était heureux, qu'il était quelqu'un d'important ;

quand est-ce que tu rentres à la maison ?

voilà que mon frère me fiche à la porte !

Arevik s'attendait-elle à cette question ?

si tu veux, tu peux dormir là, mais …

non mais, pour qui tu prends ta sœur, je ne suis pas venue pour faire du gardiennage,

alors, j'allais te dire de porter ce sac à la maison

et, cherchant un prétexte mais la tête inclinée sur son ouvrage,

moi, je rentrerai tard,

Arevik avait déjà changé de place, s'était penchée sur l'établi de Jeannot : à la rapidité de son mouvement, on sentait qu'elle s'attendait à une telle réaction, qu'elle y était préparée ; elle frappait du talon par terre, elle pouvait marmonner – moi je sais, je sais ce que j'ai à dire –, tirer le fil des mots du nœud que mère et fille avaient bien formé quand, ayant abandonné dispute et discussion, comme elles le faisaient quand le problème concernait la famille et l'honneur, elles fermaient portes et fenêtres et s'asseyaient, en tête à tête, examinaient toutes les facettes de la question et, maintenant, il semblait que l'occasion était venue d'aborder le sujet longtemps tu :

où est-ce que tu vas encore ?

en quoi ça te regarde ! Mais qu'est-ce que ça peut te faire ! qui tu es, toi pour me poser cette question ?

les lèvres de Jeannot s'étaient crispées, pincées, réduites à une seule ligne, sa mâchoire s'était relâchée et la lumière tombant d'en haut avait jeté une couche d'ombre sur sa bretelle sale,

qui t'a envoyée ?...

sa voix, plus affirmative qu'interrogative, était parvenue au comble de la fureur ; les yeux de Jeannot brillaient de cet éclat inhabituel qui était les leurs quand, le jour de sa sortie de prison, il avait salué tous les garçons qui étaient venus l'accueillir et, durant un instant, était passé dans son regard cet éclat et il avait porté son bras devant ses yeux ; alors qu'à présent,

vous vous acharnez tous contre moi ;

sa voix avait légèrement baissé, s'était allégée, l'émotion était passée du summum de la rage au silence, ses joues avaient pâli ; il y avait, entre son pouce et son index, une lime en saillie qui tremblait très légèrement ; quand il s'en est rendu compte à mon regard, Jeannot a baissé la tête, il a commencé à limer la bague ; comme si rien ne s'était passé ; peut-être avait-il tout dit, tout était simple, quant à Nechan, il était rentré dans un trou, avait quitté sa place, s'était penché sur son four, l'examinait, tentait d'attiser le feu avec le soufflet,

puisque c'est comme ça, je pars,

agitée, mais un ton plus bas,

salut, Nechan ! n'oublie pas de venir !

une bourrade, pour que je la suive

il fallait que je saute les marches pratiquement deux par deux pour rattraper Arevik qui descendait, bille en tête, sans prêter attention aux visages qui apparaissaient hors des portes, aux sifflets s'enroulant de haut en bas ou aux toux, et la même voix indistincte, anonyme de quelqu'un qui, à coup sûr, nous suivait depuis je ne sais quelle lucarne,

oh ! qu'elle est adorable !

on avait à peine repris notre souffle à côté de la porte de la cour, j'avais l'impression soudaine que nous avions réussi à émerger d'un puits fermé, étouffant, pour prendre pied sur la terre ferme ; l'eau de la fontaine clapotait dans la petite cour sale où pourrissaient les écorces de pastèques et sans doute aussi d'autres détritus ; le bruit avait augmenté, l'effervescence sur la place s'était accentuée, il semblait que c'était la dernière heure des marchés avant la fermeture, lorsqu'ainsi l'air se remplissait brusquement de tumulte, au loin les bus faisaient retentir leur klaxon bref et impatient au passage, les agents sifflaient, essayaient de régulariser la circulation, des rues latérales parvenait un vacarme indéterminé, vague, et les pas d'Arevik sur la chaussée résonnaient, accéléraient, je devais presque courir pour la rattraper alors qu'elle s'arrêtait devant le grand portail en fer, sortait son mouchoir de son sac, s'essuyait les tempes, les joues, les plis de son nez, j'ai remarqué que son menton, pris d'un mouvement nerveux, tremblait sans cesse, que ses lèvres se crispaient, elle n'avait pas dit un mot jusque-là, mais je voyais se dessiner sur ses yeux et ses lèvres, l'entrelacs d'un soliloque intérieur réprimé, tel un portrait que sa vitre brisée retient tout en le morcelant ;

soudain, elle s'avança vers la rue et, ayant à coup sûr oublié ma présence ou semblant s'adresser à la femme qui passait devant elle et lui barrait le passage, elle cria en arabe, grossière, comme une injure à l'adresse de quelqu'un d'anonyme

la pute !

5

Selon l'antienne d'Arevik, il était mort il y a longtemps, lorsque j'étais petit,

hé oui ! tu étais tout petit !

de sorte que pour moi, monsieur Khatchadour était une ombre vague, un homme maigre et malade, assis devant sa maison, en pyjama rayé jusqu'aux talons, à côté de lui, sur la table, des flacons de médicaments, un verre d'eau, un gros livre ou un journal ; peut-être une image que je confonds avec une impression demeurée de mon père qui devait être assis dans la cour, juste là, à l'ombre du prunier ; peut-être aussi ai-je hérité de cette image, me la suis-je appropriée d'après les paroles au sujet du mort, de celles que parfois on n'a même pas besoin de répéter pour qu'elles prennent consistance, germent, s'enracinent, éclatent, poussent, deviennent images, si nettes et si précises qu'elles se consolident dans notre esprit, et tout temps intermédiaire ou qui contribue à sa formation s'abolit : les évènements se sont produits ainsi, là où nous sommes, les visages sont tels que nous nous les rappelons, en une évidence indiscutable, c'est pourquoi la présence du témoin n'est pas vraiment importante pour la confirmation de l'évènement.

Une fois par an, comme il se doit, il y avait le jour de la messe pour le repos de son âme, suivie de la visite au cimetière, ne manquait que le corps en bonne et due forme ; une semaine avant déjà, commençait le branle-bas de combat qui transformait la maison de bas en haut en une cuisine ; madame Marie attelait au travail non seulement Arevik mais le trio de ses fils : ils devaient apporter ceci ou cela du marché et d'autres commissions encore, mère et fille devaient préparer le repas en l'honneur du défunt mais d'abord l'agneau ou le coq du *madagh** qu'elles devaient faire distribuer aux pauvres d'en bas, aux veuves de la maison de retraite et il ne devait y avoir, dans l'exécution de la règle ou de la tradition, aucun manquement ; ensuite elles devaient préparer les grillades à la façon d'Ourfa ; Apo, Jeannot, Djanik devaient prendre un visage sérieux, solennel comme pour un matin de Pâques, ils devaient s'habiller – chemise blanche, cravate, chaussures propres, une bague voyante à l'auriculaire – ; ils devaient recevoir non seulement la famille de monsieur Khatchadour mais encore les amis survivants, proches ou lointains, leur offrir l'hospitalité, quelle effervescence ! quelle énergie autour de la mort ! la mort qui semblait créer plus d'animation que ce mariage qui tardait, que ces fiançailles dont la date n'était pas encore fixée ;

comme lors du grand nettoyage de Pâques, la pièce qui se trouvait à la gauche du couloir et qu'on n'utilisait durant l'année qu'à des occasions officielles, devait être ouverte ; Arevik devait fixer les rideaux, laver et frotter le sol, monter sur la terrasse le très fin tapis avec deux têtes de dragon sur fond bleu foncé et le nettoyer plusieurs fois par jour avec le balai brosse, le battre, le secouer et l'étendre à nouveau ; elle ôtait les éternelles housses des fauteuils, prenait la poussière des petites tables, essuyait les fleurs et les plantes artificielles du grand vase dans le coin, elle faisait briller de haut en bas le lustre en porcelaine, puis, debout sur le seuil de la porte, avec, sur le dos, une vieille frusque de travail, elle examinait chaque chose, bien qu'elle sache qu'après la cérémonie, les invités allaient affluer sans rien remarquer, ils allaient franchir la porte après s'être essuyé les pieds et avoir frappé la pierre du seuil ; tous vieillissaient au long des années, leur nombre allait diminuant mais on aurait dit que le noyau demeurait, persistait, une sorte de passé exotique étonnamment vivant et résistant, qui, venant du labyrinthe diffus de la géographie de la ville, à l'occasion des deuils, des célébrations, des mariages, se manifestait, occupait sa place sur une scène imaginaire comme de rares vétérans survivants d'un combat très sanglant, formait un front à l'occasion d'un anniversaire significatif ou d'une journée du souvenir, parlait, racontait, s'attristait, regrettait, surtout regrettait l'oubli des jours anciens, du passé sans retour ;

je m'étonnais de ces noms rares qu'Arevik ou madame Marie prononçaient avec respect comme s'il s'agissait de figures dernières et sans descendance d'une classe noble ou royale, une trace, parfois l'unique et dernière branche d'une race, d'un moment, d'une histoire qui, d'ailleurs, s'était arrêtée il y a longtemps, chacun dans son genre étant un héros singulier, sérieux ou ridicule, madame Mendouhie, madame Oknayan, monsieur Athanakiné, madame Sultane, monsieur Tsavak, monsieur Luther, madame Djénovébé, monsieur Soukias, de lointains descendants de la famille des Yotnerparian, des membres de l'association compatriotique d'Ourfa à Beyrouth, des représentants de celle de Gamourdj à Alep, des vieux vétérans anonymes, tous les membres nouvellement élus de l'éphorie de l'église qui se rappelaient que monsieur Khatchadour était un des fondateurs de l'église et de l'école, c'est-à-dire un des anciens de la colline ; des femmes vêtues de noir, des hommes en cravate, en veston étriqué, en pantalon poussiéreux, bien rasés, la cigarette aux lèvres qu'ils avaient allumée dans la côte de l'église, ils se dandinaient, traînaient devant la porte, les premiers attendaient toujours que les suivants arrivent, chacun d'eux invitait l'autre à entrer d'abord, comme s'ils se manifestaient ainsi du respect, se grandissaient, mais lorsque la tête encore couverte d'un voile noir, madame Marie insistait,

allez ! allez ! ne restez pas plantés là comme des bouts de bois !

ils se ruaient, se dispersaient, se répandaient dans le salon, le couloir, la chambre d'Arevik, s'asseyaient dans les fauteuils, sur les chaises côte à côte, les uns sur les autres, ils tournaient les têtes, regardaient les murs, les fenêtres, s'épongeaient le cou, le front, poussaient des « ouf ! », pour le moment avec des mines tristes, comme si on venait juste d'enterrer le défunt, sérieux, respectueux envers la veuve de Khatchadour, avec une attitude paternelle envers les trois fils qui, à ce moment-là, semblaient être des orphelins et avoir besoin de l'ombre et de la protection d'un père, bien que chacun d'eux ait acquis une position, ou soit en passe de l'atteindre sur la place publique – Apo, de haute taille, large d'épaules, toujours chaussé de lunettes, Djanik et Jeannot coude à coude comme des jumeaux –, mais c'était la règle, ils se taisaient un moment, on aurait dit qu'ils restaient repliés sur eux-mêmes, ainsi qu'il se tenaient

lors du rite de repos de l'âme, au fond de l'église parce que durant toute la messe, ils étaient restés dehors ; d'ailleurs ils aimaient arriver tard, ils faisaient honneur quelques instants au rite séculaire de l'Église apostolique arménienne, un moment qui, comme une gorgée d'alcool, en contient toute l'essence, c'est ainsi qu'ils avaient à peine suivi, depuis la porte, la cérémonie qui généralement était le domaine des femmes, des filles, des enfants, eux ne consentaient pas à entrer, à allumer un cierge ; si ça n'avait pas été la messe de repos de l'âme de leur père, pourquoi du reste seraient-ils allés à l'église ? ils préféraient aller au club ou chez le coiffeur ou s'asseoir et jouer au trictrac devant la boutique de Kegham, aller siffler un verre dans l'épicerie transformée en bazar de

Pilibos, reluquer la démarche des passants, des nouvelles mariées courant à l'église, les détailler, caresser leurs chairs des yeux, cracher par terre, commencer par le discours de Nasser, commenter les combats de Zgharta dans la montagne et surtout réprimer les débordements intempestifs, amadouer les jeunes endimanchés, rasés, brillant de tous leurs feux, le revolver à la ceinture, Nersès le Nain et Joseph qui se pavanaient ici et là comme des caïds, des fanfarons, en leur intimant – ça se fait pas de jouer avec les armes, des jours de tension comme celui-là, ce général est différent, ça aurait été mieux si vous vous étiez tenus tranquilles, assis sur votre cul –, mais eux, Nersès et Joseph, tout feu tout flamme, réagissaient, jacassant, se rengorgeant comme des coqs, s'enhardissaient, se rappelaient leur bravoure d'antan – moi comme ci, moi comme ça ! – et, l'un des responsables, d'un ton paternel,

retourne à tes affaires, va-t'en, je te dis, posant la main sur la poitrine de Nersès, le poussant,

je t'ai dit d'aller chez toi, tu es timbré ou quoi ! par les temps qui courent, on cache ses armes

et, si l'autre s'obstinait, on élevait un peu la voix, s'adossant à la force invisible du Comité

va-t'en, je t'ai dit, va te faire voir, péteux, rentre chez toi, va voir ta mère…

Tandis qu'à présent, ils se raclaient la gorge enrouée par l'encens et la fumée, comme s'ils cherchaient un mot, ils regardaient vers le couloir, Nechan et Jeannot, debout, essayant d'entrer, puis la petite madame Aroussiak qui, se retenant, s'approchait de sa sœur madame Marie, lui murmurait des choses à l'oreille, se cachait derrière elle, se perdait dans l'obscurité au fond de la pièce, vers la cuisine, d'où se répandait l'odeur du repas qui chauffait ;

entre-temps, en balançant les pans de sa soutane, précédé d'une toux annonçant sa venue et suivi du chef de chœur, Der Vahan se tenait sur le seuil, le couloir encombré se dégageait, les invités assis dans la pièce se levaient en chœur, le saint homme ôtait sa capuche, entrait se reposer sur le fauteuil, posait les mains sur son giron, son regard se dirigeant à la ronde sur les présents,

c'était maintenant l'heure des rafraîchissements et Arevik entrait avec, dans les mains, un grand plateau où étaient disposés les verres et un sirop de mûres d'un rouge assez brillant, dont le suc avait été préparé l'automne précédent : Marie lavait les mûres tardives semblables à de petites gouttes de sang, on aurait dit qu'elle les caressait des yeux, elle les laissait un peu au soleil, les séchait en les étendant sur un linge décoloré comme si elles devaient se reposer, se retrouver ; elle avait déjà sorti de la cuisine son *gougoum** comme elle disait, il s'agissait soi-disant d'une chose extraordinaire et précieuse, ce large chaudron en cuivre à l'ouverture torse qu'elle chérissait comme la prunelle de ses yeux, – qu'il ne touche pas la pierre ! qu'il ne se cogne pas à du métal ! – on aurait dit que dans le cas contraire, l'ordre du monde en aurait été chamboulé ; un bouillon, deux, puis les mûres à la fois douces et acides devaient aller se dissoudre dans le sucre, fondre, s'épaissir, se décomposer, rendre, exprimer peu à peu leur couleur ; Marie surveillait ce suc visqueux avec l'attention vigilante d'un alchimiste à l'apparition de la substance rare de l'or extrait des métaux vils comme le cuivre, elle attendait des heures au coin du feu, se berçant l'âme, les cheveux couverts d'un voile léger, la cuillère en bois contenant une goutte aux lèvres, dans la position d'un dégustateur, toujours attentive à ce que ça n'attache pas au fond, que le liquide n'épaississe pas d'un coup ; on aurait dit qu'elle-même vivait intensément cette cuisson, alimentant la solution capricieuse de la flamme de ses yeux, elle donnait au suc une âme, une âme et un mystère, n'était-ce pas ça d'ailleurs le secret véritable de son travail ? jusqu'à ce que le liquide répande son léger parfum que seul un nez raffiné pouvait apprécier ;

à présent, Arevik tournait autour de la petite table centrale, son ample jupe cloche noire, resserrée à la taille par une large ceinture destinée à faire paraître sa taille plus fine, dessinait un cercle dans l'air et, au-delà, jaillissait une chemise blanche, semi-translucide, aux manches longues, mais avec des galons noirs, et se fermant au-dessus de la poitrine, sous le col ; c'était un vêtement dans un style à la fois scolaire et endeuillé qu'Arevik adoptait une fois par an, elle qui, depuis longtemps, ne portait plus le deuil de son père puisque étaient passées les sept années canoniques, au cours desquelles le noir avait fait place peu à peu au gris cendré, au bleu lapis, les couleurs sombres avaient viré vers le clair, jusqu'à ce que le blanc ait triomphé comme à présent alors qu'elle s'approchait du curé reposant sur le fauteuil, tirant, caressant ses poils de barbe, puis de chacune des personnes assises ; ils tenaient leur verre à la main, attendant que le curé donne le signal, dise quelque chose selon la tradition

Dieu ait pitié de son âme !

il s'éclaircissait la voix pour la rendre plus sonore, plus efficace dans l'idée d'affirmer son autorité ou celle de sa fonction sacerdotale ; comme toujours il avait recours à une des formules en langue ancienne incompréhensible que son ingéniosité, sa présence d'esprit lui permettaient de retrouver sans peine

et que le Seigneur lui accorde la rémission de ses péchés

la satisfaction du travail accompli s'étalait sur son visage, ses petits yeux brillaient quand il levait son verre, comme pour porter un toast ; il l'approchait de ses lèvres, émettait un murmure proche du borborygme puis posait son verre sur la petite table ;

à côté, l'un des amis de Khatchadour, monsieur Fetekh Soukias, aux cheveux blancs et drus, l'excroissance de sa hernie s'agrandissant sous son ventre, se tournait vers madame Marie,

que la lumière descende sur son âme

madame Mendouhie, un cou fort sur un buste fort, son inséparable sac sur son giron, pratiquement serré entre ses jambes, une voix grave,

que tu ne voies pas la douleur de tes enfants,

amen !

le curé pouvait à présent caresser derechef sa barbiche, puis essayait de sortir de sa poche un paquet de cigarettes, Apo, à côté de lui,

non, mon père, fumez de celles-ci !

déjà, de l'autre côté, Khatchadour, celui-là natif de Mouch, avait tendu son paquet, Apo insistait néanmoins, donnant à sa voix un accent de basse impérieux, ses lunettes au bout de son nez, tranquillement,

ça ne se fait pas, mon père, ça ne se fait pas !

Le signal de la tabagie était donné, Apo dégageait son col, les hommes s'offraient mutuellement des cigarettes, la fumée s'élevait et voilà que commençaient les blagues du curé pour alléger l'atmosphère ; de l'autre côté, madame Marie, ayant tiré sa chaise vers la porte, vêtue de noir, les mains repliées, le regard absent, l'oreille tendue, je l'aurais parié, vers les allées et venues d'Arevik, vers sa voix tentant et réussissant à être sérieuse, sortait par instants un mouchoir de sa poche, s'essuyait les yeux qui, de façon surprenante, n'avaient pas changé, semblables aux yeux de la même femme dans la grande photo ayant trouvé sa place sur la radio, le teint clair, les cheveux noirs ou châtain, séparés en leur milieu par une raie droite, probablement ramassés sur la nuque, les prunelles rivées sur l'observateur, insistantes, intenses, éclairées par un rai de lumière qui se remarquait sur les cils, sans ce bleu, cet éclat de couleur qui lui était si spécifique et dont Arevik aimait à faire l'éloge, chaque fois qu'il était question d'yeux, d'arc-en-ciel, de beauté, un bleu singulier, rare, non pas ce vert froid presque fuligineux du regard de Nano, ni le bleu saphir embué de Hagop le Bleu dont l'alcool avait fini par troubler et ternir l'éclat, Arevik n'avait pas hérité ce bleu sombre de Marie puisque elle ressemblait plutôt à monsieur Khatchadour qui était là, aux côté de Marie, toujours dans la même photo ; on n'aurait pu dire quand ils s'étaient fait photographier, sans doute lors d'une occasion très officielle, peut-être aussi quand les enfants décidèrent, comme pour anticiper un très grand danger, d'obtenir une photo de leurs parents et ils composèrent cet instant artificiel, une sorte de document intemporel ; ce n'était pas la peine d'imaginer une tout autre cause, comme lorsqu'après l'apparition des premiers symptômes de la maladie de mon père, immédiatement, toutes affaires cessantes, un samedi, nous allâmes en famille nous asseoir en face de l'objectif de monsieur Vahé, l'un a souri, l'autre a tenté de se composer un visage sérieux, même mon père, exceptionnellement docile, alla s'asseoir à côté de ma mère, au centre de la photo, ce qui signifiait que lui aussi percevait intimement que la fin avait déjà commencé ; lorsque chacun eut trouvé ou adopté une attitude, une pose, monsieur Vahé réussit à immortaliser cet instant d'harmonie rare, c'est ainsi qu'il me semble que déjà nous préparions la mort de mon père, accompagnions sa maladie et, si nous avons abandonné son corps à la terre, nous avons gardé les exemplaires de la photo à jamais ; il était possible de retrouver les traits de monsieur Khatchadour sur le visage d'Arevik ou de Jeannot, le front large, les sourcils épais que la fille aimait affiner et qui demeuraient si drus, virils comme on dit, sur le visage de Jeannot ;

sur la photo, le côté droit du visage est plus lumineux que le gauche où il semble que l'œil surgit d'une joue amincie, rapetissée ; monsieur Khatchadour avait-il tendu son visage vers la droite ou sa mâchoire avait-elle un déséquilibre naturel que la petite moustache, comme coupée à la règle qu'il avait sous le nez, et la maigreur de la mâchoire accentuaient davantage ? pour moi, monsieur Khatchadour était un visage blessé, dans le regard duquel le plus impressionnant était l'iris légèrement décalé, suggérant un strabisme, trait partagé par Arevik et Djanik, une sorte de signe commun qu'Arevik, aussi souvent qu'elle se penche sur son miroir, se polisse les sourcils ou se teigne les cils, ne pouvait supprimer, c'est-à-dire corriger ; parfois au contraire, lorsqu'on faisait allusion à ce strabisme, elle considérait, aimait à considérer ce signe comme propre à leur race, leur lignée, leur famille, un trait hérité de son grand père, un attribut, comme s'ils appartenaient à une famille noble qui, au fil des siècles, avait transformé un défaut physique en un signe essentiel, un avantage, un indice d'ancienneté, même une identité, une marque désignant les Khatchadourian,

dont nous ne pouvions qu'être privés, nous qui n'étions pas d'Ourfa, nous qui ne savions même pas ce qu'il en était d'avoir participé à un combat héroïque, puisque les nôtres avaient courbé la tête sans résister, s'étaient rassemblés et avaient quitté la ville en l'espace de vingt-quatre heures pour se faire dépouiller un peu plus loin, se traîner jusqu'à Bab et Meskéné, se faire massacrer et crever comme des bêtes ; les nôtres avaient, soi-disant, accepté la mort avant de mourir, n'étaient dignes d'aucune mémoire, pouvaient simplement être oubliés, devenir une fraction négligeable du nombre total ; car, nous, les générations ratées, appartenions à une autre classe, ou plutôt à une masse, un ramassis de nomades ; Arevik devait exprimer tout cela comme une réalité simple et évidente, sans mépris apparent, avec une certaine arrogance, et ce n'était pas tant dans ses mots que dans son ton, l'accentuation de sa voix, sa façon de rapprocher deux mots,

comme s'ils étaient quelque chose !

disait ma mère avec mépris,

elle, eux, nous…

coquette, mielleuse, en singeant la façon de parler d'Arevik

leur race, je me la fous au cul !

en riant, comme je m'imagine Vergine dans le temps quand elle avait retiré ses filles de l'école, encaissant le coup mais persistant néanmoins dans sa volonté,

alors nous, nous n'étions rien, nous n'avions rien, nous n'avions rien apporté et le peu que nous possédions, nous n'avions pu le garder, même les deux morceaux de kilims de Vergine, nous les avions vendus alors que, ceux-là, on les appelle les gens d'Ourfa, ceux-là sont forts, grandes gueules, fiers, en un mot bravaches et pourquoi ? je te le demande un peu !

eux, par la bouche d'Arevik, malgré tous les désastres, disaient et répétaient, comme si cela leur donnait des droits naturels et supplémentaires sur la colline,

qu'ils avaient gardé la pureté de leur lignée, d'autant que monsieur Khatchadour, natif de Garmoudj, n'était pas allé chercher une femme à Adana, Sis ou dans une ville turcophone mais à Ourfa l'historique, l'ancienne Édesse la plaintive, – « moi Édesse, ville d'Ourha, qui ai perdu mes enfants, orpheline et veuve » comme disait la complainte – et, ainsi, Arevik, transformait son père, devenu légendaire par son histoire et sa mort précoce, en un aïeul modèle dont elle et ses frères étaient les héritiers ; ce qui était étonnant, c'est que madame Marie ne semblait pas faire partie de cet environnement sacré, comme si elle n'avait été que la femme de son père ; mais le plus grand péché de son père était justement sa femme, originaire d'Ourfa, de son cimetière, de ces enfants jetés là-bas, dont on ne sait qui l'avait trouvée et sortie de la fosse, l'avait emmenée dans le quartier turquifié, l'avait gardée et élevée puis mariée à ce grand homme considérable ; mais, quoi qu'il en soit, elle n'était pas de Garmoudj et, à ce titre, restait une étrangère dans ce culte, ce rituel qui était célébré une fois l'an, prenait l'allure d'un évènement officiel, au cours duquel Arevik ne cessait de dire, « mon père, mon papa » et, ce faisant, suggérait une intimité profonde et durable avec le mort, alors que madame Marie n'était que sa veuve.

Elle était assise près de la porte, tassée sur elle-même, le museau de travers, elle écoutait le curé, ses propos conformistes, convenables, dont Arevik n'acceptait pas, n'avait jamais accepté l'ignorance ; Der Khoren, lui, était si différent, Volontaire venu d'Amérique, passé par la Cilicie, qui avait été non seulement un homme d'épée mais aussi, par la suite, un homme de verbe ; au cours de magnifiques funérailles, il avait prononcé, à propos de monsieur Khatchadour, un éloge funèbre magistral et vigoureux comme il avait coutume de le faire uniquement à l'occasion de la mort de ses anciens compagnons révolutionnaires, combattants, le regard toujours dirigé hors de la porte de l'église vers les hauteurs imprenables des monts Taurus, il avait loué le soldat modeste qui ne parle pas de lui-même, mais fait parler de lui, celui qui avait travaillé avec Meguerditch

Yotnerparian, avait essayé avec lui de convaincre Krikor Zohrab et Vartkès[1] qui s'étaient attardés à Ourfa, de se joindre à eux et eux, hélas, avaient refusé pour aller se faire tuer, le jour suivant, dans la vallée du Diable ; quelle sottise ! dans la bouche d'Arevik c'était peut-être une expression héritée de Meguerditch, de monsieur Khatchadour, qui devaient déplorer, regretter que les grands hommes de la nation eussent joué, en de tels jours, aux chefs consciencieux et fidèles de l'empire ottoman, le peuple avait besoin de dirigeants et ceux-là s'étaient levés pour aller volontairement au sacrifice ; les lèvres de monsieur Khatchadour devaient se crisper un peu, il devait serrer les dents de colère, d'impuissance, son regard devait s'assombrir comme dans la photo où, quelles qu'aient été ses véritables conditions de création, la domination du noir correspondait pour moi à l'ancien deuil de monsieur Khatchadour ;

c'était un homme clairvoyant, audacieux, il n'avait peut-être pas participé à la résistance héroïque d'Ourfa mais, par la suite, avec le Tcherkesse Osman, en groupe, ils avaient semé la terreur chez les Turcs, de Siverek à Seroudj, pillé la poste de Siverek, il avait abattu quelques gendarmes, avait vécu ainsi un ou deux ans dans les montagnes, soldat courageux et, un jour, encerclé dans Ourfa où Osman et lui résistaient, voilà que l'autre meurt, lui seul peut s'échapper, fuir et va se réfugier dans la maison de Miss Eppé[2], dans ses caves inaccessibles ;

arriva enfin le jour attendu, notre ennemi avait capitulé et nous avons pu fouler le pays de nos pères, le cessez-le-feu a été signé ; à ce moment-là Khatchadour s'est occupé de la sainte tâche du rassemblement des orphelins ; jusqu'aux jours critiques de 1920, il était à Ourfa[3], une troupe de Français s'était installée en ville, les forces turques de Kemal s'étaient déversées sur les quartiers arméniens ; à ce moment-là, un des héros d'Ourfa, Léon Roumian avait été frappé au front sur sa position ; Khatchadour, qui commandait cette position et voyait tout cela, avait donné le signal d'un tir décisif et vigoureux, l'ennemi s'était retiré en laissant de nombreuses victimes et c'est ainsi que Khatchadour avait vengé le martyr ;

la trahison des Français était patente ;

---

1 Krikor Zohrab et Vartkès Séringulian, députés arméniens au Parlement ottoman (1908-1915).

2 Karen Eppé, membre d'une mission protestante à Kharpet en Turquie, créatrice d'un orphelinat à Alep.

3 En 1920, dans le cadre des opérations de Cilicie, les Français après un siège de 61 jours, abandonnent la ville d'Ourfa aux Turcs.

ensuite la vie de monsieur Khatchadour avait été celle de nous tous, résister, s'installer, assurer le quotidien, de la maison au travail, d'Alep en Égypte, d'Égypte en Palestine, Nazareth et Jérusalem où il voulait s'installer, il avait fait des démarches en ce sens, mais arrivèrent des jours exceptionnels, les cloches du retour avaient retenti, notre patrie avait ouvert ses portes à ses enfants, quel enthousiasme ! quels rêves ! monsieur Khatchadour avait été un des premiers à s'inscrire sur les listes de rapatriement mais la patrie refermait déjà ses portes pour une partie de ses enfants et ainsi, du fait de cet esprit discriminatoire, Khatchadour n'avait pu voir de ses yeux notre magnifique pays ;

Khatcher[4] était un idéaliste,

sur un ton louangeur,

Khatchig était un homme instruit,

intervenait un homme moustachu qui était assis entre les fenêtres, fichait sa cigarette aux coins des lèvres et qui avait, du côté droit, une grosse tumescence enflammée, ce pourquoi il rejetait sa tête vers la gauche,

vous avez raison, monsieur Athanakiné, c'était un combattant avec des idées courageuses, il connaissait la situation du pays, mais… par croyance aveugle ou en toute connaissance, il voulait se consacrer à son idéal, quel que soit le régime, ce sont nos terres, disait-il,

monsieur Luther faisait valoir sa réputation avec une phrase parfaite ; ayant prononcé une parole convenant à ce jour, il se plongeait dans le silence, le regard vers la petite table où, dans les verres posés, le rouge avait baissé jusqu'à atteindre le fond,

si ces chiens de bolchéviques l'avaient laissé rentrer au pays, mon vieux … on savait tous que Staline et Mikoyan avaient posé leurs cages, tendu leurs pièges, tous ceux qui sont partis… ils les ont crus, se sont fait avoir et se sont fait botter le cul,

monsieur Athanakiné s'asseyait, content bien sûr d'avoir écouté sa femme et d'avoir échappé à une mort certaine, lui qui, lors des derniers jours d'Ourfa avait à peine donné un coup de main aux combattants,

à combien, combien de familles j'ai fabriqué des caisses, et qui ont ramassé tout ce qu'elles avaient, leur or, leur argent, elles en ont pris !

---

4 Les diminutifs sont nombreux dans le langage oral arménien : on trouvera ici, pour Nechan – Necho, Nechik –, pour Khatchadour – Khatcher, Khatchik, Khatcho –, pour Hripsimé – Herip, Hrop –, pour Abraham, Apo. On notera qu'Arev (Arevik) signifie « soleil » en arménien.

rempli à ras bord des ballots les uns sur les autres, et la laine, et le coton, et les matelas, tous les chiffons du monde, comme s'ils savaient qu'ils en auraient besoin là-bas,

d'un autre côté,

maintenant, ils sont couchés dessus !

c'était la plaisanterie de Fetekh Soukias qui amenait une vague de rires et de moqueries amères, Apo regardait Djanik comme s'ils devaient prendre une décision, ôtait brusquement la cigarette de ses lèvres, buvait une gorgée de sirop, puis, comme poursuivant un soliloque qui, peut-être, accompagnait parallèlement la conversation politique désagréable, non, il n'avait jamais aimé ce bavardage domestique, lorsque chaque bouche baveuse, comme il disait et comme parfois il l'écrivait aussi dans ses rares articles, commençait à émettre son verdict sur le destin de la nation, l'Arménie comme ci, l'Arménie comme ça, l'étranger, l'éloignement, le génocide blanc, le parti, le rassemblement général, l'erreur du rapatriement, une histoire vaste et complexe qu'on devait comprendre d'une façon savante et impartiale, c'est ce que répétait son instituteur, monsieur Guzelian, – il disait « mon instituteur » – dont il n'était certainement pas le meilleur élève, mais dont il demeurait l'admirateur posthume,

bon !

comme s'il allait dire « vous avez assez parlé » mais la suite ne venait pas, les auditeurs attendaient, l'un jouait avec son verre de sirop, l'autre regardait le bout rougeoyant de sa cigarette, il semblait qu'ils avaient épuisé le sujet, dans le silence et la fumée un bruit sourd de chaises et de pas se faisait entendre dans le couloir, le chien aboyeur de madame Alice donnait le signal de midi ;

Madame Marie s'était levée, elle devait se diriger vers la cuisine alors que le curé se tournait vers les femmes assises à sa gauche,

Sultane !

un dos droit, des épaules maigres entre lesquelles un cou aux muscles noués supportait une tête délicate, un visage aux petits yeux, aux cils clairsemés et au large front, où, au-dessus, sur le crâne, dominait un peigne d'ambre brillant maintenant des cheveux soigneusement ramassés, qui semblait être là depuis des années dans la même position, de même qu'elle portait toujours le même vêtement, du moins chaque fois qu'elle arrivait par la rue principale jusqu'aux Maisons Blanches pour suivre la cérémonie de repos de l'âme et se dirigeait vers l'église, elle se balançait gracieusement sur ses petits talons comme une femme de bien venant visiter des parents pauvres dans un lieu de déchéance avec, au bord des lèvres, dégoût et mépris à chaque pas et qui se veut au-dessus de la foule suante, sale, bavarde qu'on appelle le peuple et qui, attroupée à l'entrée de l'église, l'empêche de s'avancer, de s'asseoir sur un des bancs de devant,

ainsi donc, tu as fait de la prison, toi aussi, tu t'es battue ?

il promenait son regard sur les présents, on aurait dit qu'il voulait montrer que lui aussi était au courant de l'histoire connue de tous,

madame Sultane avait une voix grave de contralto et une autosuffisance inversement proportionnelle à un désir irrépressible de parler vite et beaucoup,

un beau jour que j'étais en prison avec mes compagnes après les évènements, j'ai vu….

elle prenait sa respiration, se tournait vers madame Mendouhie,

Mendouhie, je t'en prie, dis-le toi,

mais elle n'attendait pas, madame Mendouhie haussait les épaules, souriait légèrement, exhibait ses canines supérieures en or, soit elle ne daignait pas ouvrir la bouche, soit elle jouait le jeu du respect,

… tout à coup, je vois une espèce de Kurde qui est là, qui veut me parler, les chiens m'avaient condamnée pour cent-un ans, pensant que je pourrirais là-bas,

elle faisait pffeu ! comme si elle soufflait en esprit de la fumée et lançait une malédiction, elle hochait la tête de gauche à droite, elle s'essuyait les lèvres avec son mouchoir en introduisant dans l'histoire déjà si connue un instant supplémentaire inattendu,

et, d'un coup, on a vu arriver les Anglais, c'est eux qui m'ont libérée, j'abrège, je suis encore en prison, une espèce de Kurde arrive, je ne sais pas qui c'est, qu'est-ce que j'ai à voir avec les Kurdes, moi ! le jour et la nuit ! si on avait été chez nous, on aurait crevé ses pareils, Meguerditch nous l'avait appris ; au début j'ai eu peur, je me suis dit – et si c'était un mouchard ? – il y en avait beaucoup au moment des évènements et même des mouchards arméniens, et ceux-là étaient pires que les Turcs, ils désignaient toutes les cachettes, tout ça parce qu'ils lorgnaient ces maisons, sans ceux-là, beaucoup d'hommes seraient restés dans ces maisons écroulées et auraient été sauvés ; Meguerditch disait, soyons prudents, c'était un très, très grand homme, il s'est battu jusqu'à la fin, et donc mon Kurde est arrivé, il me parle en kurde, mais moi je ne comprends rien, lui, il parle, moi je le regarde et qu'est-ce que je vois ?

elle riait, remettait en place son dentier avec un mouvement de la langue,

jusqu'à maintenant ça me donne envie de rire, mais, à ce moment-là j'étais terrorisée, il fait un signe du sourcil, il parle, il fait un signe, je le regarde, oui, jusqu'au moment où le gardien nous laisse et s'en va, et voilà qu'à travers les barreaux ils se met à parler dans notre langue, à ce moment-là il dit, je suis Khatcho, ne fais pas de bruit ! comment j'aurais pu faire du bruit ? je me suis réjouie, beaucoup, il n'avait pas voulu nous laisser seules et, sans craindre le danger, il était sorti de sa cachette pour venir me voir,

sans blague ! il ne voulait pas que tu restes seule, c'est pas lui qui avait organisé votre fuite ?

c'était le curé, ambigu, tentant de reprendre la main, de créer une atmosphère joyeuse, vivant avec le peuple, à l'écoute de ses soucis, avec un état d'esprit humain, il était ainsi, il avait toujours peur qu'on dise de lui qu'il ne s'occupait pas de son troupeau, il fréquentait les maisons des femmes aguicheuses aux portes toujours ouvertes, le matin pour le café, le soir pour les boissons fraîches, c'est ce qu'on disait,

les lèvres fines de madame Sultane qui commençaient à se crisper, bougeaient comme pour marmonner quelque chose, on attendait qu'elle objecte, qu'elle proteste, et juste pendant ce moment d'hésitation et de silence,

il avait l'œil sur toi, tiens !

ça, c'était Nechan, avec l'aplomb de quelqu'un qui pense tout haut, qui répète une hypothèse très répandue et devenue vérité ;

Marie avait planté ses yeux dans les yeux de Nechan qui, tout content, regardait madame Sultane, celle-ci ne réfutait ni ne confirmait ; à présent, elle fermait les yeux comme si elle patientait, comme si elle tolérait cette flèche publique, elle ouvrait les paupières, se tournait vers Marie, comme si c'était elle la fautive, elle qui, comme chaque année, lui avait fait dire en personne de venir ; du reste, quelle qu'ait été la réalité, le mal était fait depuis longtemps ; au cours de ses bavardages avec Nano et Hermine, lorsqu'il était question de Sultane, Marie, les mains sur le ventre, disait toujours qu'elles avaient été de très grandes amies et qu'elle l'étaient demeurées, – qu'on me crève un œil ! – elles étaient comme des sœurs, des sœurs, – plus proches même, qu'est-ce que c'est donc que ma sœur ! – peut-être que cette insistance, cette tentative de mettre leur relation dans un domaine normé ne correspondait pas vraiment aux allusions d'Arevik,

les anciens avaient érigé un modèle, une réputation de la femme combattante qui se répétait encore dans le journal, comme un être gardant haut l'honneur de la femme arménienne, quelqu'un qui n'avait pas eu peur de se battre, de porter les armes, de faire feu, d'apporter de l'aide aux blessés ; quand je lisais cette ligne, une onde d'admiration passait sur les visages, les dilataient et était suivie par une plaisanterie qui contrebalançait la phrase ; ils haussaient les épaules, Antika sortait son tabac, Pilibos, comme chassant les mouches, allez, mon vieux ! allez ! pour Arevik c'était un mensonge, mais enfin c'est faux ! c'est faux ! c'est une effrontée ! au début, qu'est-ce qu'elle n'a pas fait voir à ma mère ! personne ne savait les tenants et les aboutissants de la question, personne ne comprenait de quoi il retournait, mais on bavardait ;

aucune trace de trouble sur le visage de Marie mais une colère intense, retenue envers ce Nechan qui, à dire vrai, était comme ça, silencieux, muet, opérant en dessous, et, subitement ouvrant la bouche, irresponsable, montrant surtout du doigt les erreurs des grands avec sa bouche de malotru, regardez-moi celui-là, il est arrivé hier de Kamichli et aujourd'hui il bavasse, il se moque,

Nechan !

Arevik était apparue sur le seuil de la porte, les manches de sa chemise retroussées, sur un ton presque caressant, comme si elle était la responsable de son éducation, celle qui lui enseignait les bonnes manières, de même qu'elle s'efforçait, mais en vain, de lui apprendre l'alphabet que Nechan écrivait comme un élève obéissant, respectant, aimant son institutrice, mais incapable de se concentrer,

cependant, cette intervention inattendue amenait madame Aroussiak qui, dès qu'elle avait entendu le nom de son fils, avait semblé sauter du fond de la pièce jusqu'ici ; elle rejetait ses courts cheveux gris derrière l'oreille, contractait ses lèvres autour d'un mot, comme si elle balbutiait pour éloigner un fait inattendu, une catastrophe, peut-être aussi pour défendre, protéger son fils unique, non, il n'était pas unique mais ses deux autres filles ne comptaient pas, n'existaient pas pour elle, d'ailleurs elle avait rapidement réussi à les caser à Kamichli et, ayant pris Nechan, était descendu du train pour monter sur la colline, ils s'étaient installés et, devant toutes les mères et les filles qui allaient et venaient, comme là, devant chez Marie, madame Aroussiak, dès qu'elle ouvrait la bouche, avec cette même empreinte demeurée de son mari, allait dire, notre Necho !

Necho ! mon chéri !

à présent, c'était une réprimande pleine de lassitude, une sorte de cajolerie pour enfant gâté dont l'expression publique allait seulement gêner son fils qui avait déjà rougi, enfin une légère couleur était venue s'installer sur son visage brun, fraîchement rasé, ce qui était sa façon de réagir ; il se taisait, ayant dit ce qu'il avait à dire pour aujourd'hui,

ma tante !

de toute évidence, Arevik ne supportait pas cette sortie de madame Aroussiak et, comme elle disait, chaque fois qu'elle était assise à côté de la machine de ma mère, en train d'ouvrir ses boutonnières ou de broder quelques fils sur son canevas, – mais enfin, elle ne laisse pas son fils ouvrir la bouche, dire quelque chose, des mères aussi égocentriques, aussi égoïstes, on devrait en faire du petit bois –, jusqu'à ce que ma mère laisse échapper ce que dans le fond elle aimait répéter,

elle a pris le truc de son fils, elle l'a mis dans sa poche, voilà la vérité !

Arevik riait, s'esclaffait, – redis-le, redis-le encore une fois ! – mais ma mère ne se laissait pas avoir, – est-ce que je mens ? on devrait brûler de telles mères ! – elle passait sans crier gare à l'excès, l'exagération ;

à ce moment-là, alors qu'un silence moite s'était installé qui aurait pu, bien sûr, il suffit d'un mot, se transformer en dispute, Abraham écrasa sa cigarette dans le cendrier, se leva de sa chaise pour anticiper et empêcher un évènement désagréable, sa main gauche faisant un mouvement qui lui était propre, depuis son ventre dans l'espace, une attitude familière de responsable du Comité qui allait prononcer une décision, faire une chose capitale – les gars ! vous devez donner une leçon à ce monsieur Vrej ! les gars ! surveillez qui va et vient chez les Panikian ! – imposant son autorité sur les flots mouvants de la morale et de la politique ainsi que sur le flux et le reflux des questions nationales, mais donnant à sa voix, ici et maintenant, une inflexion intime et même exagérément calme, avec l'humilité d'un adolescent soumis,

maman, est-ce que le repas est prêt ?

6

Des gouttes d'eau crépitaient, s'écoulaient sur les feuilles, sur la treille, c'était la première pluie d'automne qui tombait et il me semblait être couché sous cet ombrage vert, endormi sur le dos ; les rameaux bruissaient, très proches, un léger mouvement, le frémissement d'un vent passant légèrement qui me réveillait puis m'emmenait plus au fond, apportait, emportait un bruit, un bourdonnement, une rumeur qui semblait lointaine, très lointaine, de même qu'il y avait des appels venant des oliveraies, peut-être un roucoulement d'oiseau, un grouillement, un appel, l'espace abolissait les mots, ne restaient que les cris, des échos de cris, de gazouillements, c'était des femmes qui, du haut des arbres, secouaient, essayaient de secouer les branches au moment de la cueillette des olives, c'était la chute – flip ! flap ! – d'olives mûres, une averse ; mais, au lieu de s'éloigner, les voix devenaient plus proches, c'était à présent un murmure, derrière un buisson, un mur d'un vert dense, des paroles prononcées, tantôt aigues, tantôt graves, dont je ne comprenais pas le sens et dont je ne distinguais pas les locuteurs ;

c'était ainsi quand nous nous cachions dans la cannaie, nous sautions, nous nous ébattions dans les eaux du ruisseau, Zevart posait son index sur ses lèvres, nous écoutions, au-delà du rideau dense et tacheté des feuilles, des tiges, les femmes assises sur le sable, les fichus noués sur la tête, les jambes allongées au soleil, tentant d'assécher leurs rhumatismes, leur sciatique ; elles n'osaient pas ôter leurs vêtements, elles avaient honte ; parfois elles entraient dans l'eau jusqu'à mi-jambe, elles riaient, les jupes retroussées, – hoï ! hoï ! – excitées par les caresses des vagues, elles riaient de celles qui, bravant un obstacle invisible, s'avançaient de plus en plus, s'abandonnaient au jeu des vagues et se rendaient brusquement compte que nous n'étions pas là – où sont-ils ? – où étions-nous ? dans le courant froid de la rivière qui, avant de se jeter dans la mer, serpentait, formait un bassin qui nous berçait, nous caressait, nous jetait l'un sur l'autre, nous nous battions, nous nous portions, nous tombions dans l'eau, je devais la tirer par les pieds, je devais la faire rire et, à ce moment-là, la mordre, je devais absolument la mordre à la cuisse, mais Zevart me tirait les cheveux, nous nous taisions brusquement, nous étions à moitié embourbés, elle allait, tout de go, enlever son maillot, le rincer, bien essorer ce tissu bleu, elle me faisait fermer les yeux pour se rhabiller, les gouttes d'eau s'écoulaient de ses cheveux, se mêlaient aux ombres ;

au milieu des feuilles, passait en mon esprit comme une onde troublante, une image salée d'eau scintillante, de fraîcheur, de canicule, d'humidité ; plus j'essayais de me lever, plus je m'enfonçais dans le sable, dans cette position passive, comme madame Negar sur la plage, ensablée jusqu'à la taille ou Elmone et Vergine, accablées un moment, cédant ou s'abandonnant à cette terrible chaleur ;

mon corps ne m'appartenait plus ou peut-être n'y avait-il aucune force en moi pour me permettre d'ouvrir les yeux, mes cils semblaient adhérer les uns aux autres, collés, j'étais totalement incapable de desserrer la pression sur mes paupières, mais un environnement de lumières et de transparence avait empli l'espace, diffusé par la lampe électrique pendue au-dessus de la pièce, de cette lampe qui n'avait aucune protection, ni encadrement, ni, bien sûr, abat-jour et dans l'ampoule de laquelle je pouvais voir le filament rougeoyant, fin, en zigzag, les insectes du soir tournoyant autour d'elle, s'éloignant peu à peu du centre du plafond vers les cercles d'ombre, tantôt se perdant, tantôt bourdonnant comme les moustiques se cachant dans le feuillage de la treille,

tandis qu'à présent, les voix étaient si claires, si présentes que je pouvais les distinguer dans l'espace, elles étaient deux ou trois, l'une au-dessous de l'autre, l'une coupant l'autre, la voix grave suivait sur une ligne horizontale plus basse, faisant à peine un effort, elle avançait vers le haut et retournait de nouveau à son niveau habituel, l'autre, pareille à un gargouillement d'eau dans les feuilles où descend un moineau gazouillant, voltigeant, se précipitant soudain, s'élevant de l'intérieur vers des hauteurs lointaines, se laissant tomber de haut en bas comme une alouette, une machine grinçait, c'était des pattes de poules, de dindes foulant le sol, et, de même que notre oreille reconnaît aussitôt le thème qui lui échappe, parti se perdre dans le jeu des variations, j'ai reconnu celui-là ;

c'était le bruit de la machine de ma mère, derrière, ce devait être son ombre sur le mur, se penchant, se redressant, je n'avais pas besoin de l'imaginer, je pouvais frôler les choses mentalement, retrouver leur volume ; dans le coin, sur une caisse héritée de l'armée anglaise, il y avait le caisson de la radio, de la marque « Saba » ; la publicité m'avait tant alléché à cette époque (son attrait était peut-être lié essentiellement à cette clarté ardente, nacrée flottant autour de son nom) que j'avais harcelé ma mère, – il n'y avait que celle-là à acheter –, j'avais lu et répété « dotez votre demeure de la radio Saba qui est incomparable par son écoute nette, sa solidité, la beauté de son modèle, son système antiparasitaire, Vanlian Frères »

le système antiparasitaire n'empêchait pas que « La voix d'Ankara » qu'aimaient mon père et ma mère se brouille d'un coup, que la mélopée turque devienne inaudible, l'œil vert clignotait, brillait, nous changions la fréquence, l'œil fermait sa paupière, s'ouvrait, à présent il devait être noir comme un puits profond ; et, à côté de la radio, au mur, la lampe à huile, inutilisable depuis longtemps mais qu'on gardait – on ne sait jamais, l'électricité pouvait s'arrêter brutalement et la machine devait tourner, même sous cette lumière terne et sous la suie, elle devait marcher pour que les femmes du quartier ne soient pas privées de leurs vêtements et nous de notre trousseau et de l'école – ; plus loin, vestige du mariage de mes parents, une armoire immense, peinte en vert foncé que, lorsque nous allions abandonner cette maison, ma mère déciderait non d'échanger ou de vendre, mais de casser et d'en brûler le bois avec une fièvre étonnante, nerveuse ; de ce côté, un courant d'air qui venait des deux fenêtres à barreaux donnant sur le jardin d'Aram ; là-bas, ce devait être complètement sombre, un morceau de ciel, ici, des constellations, des comètes, la Voie lactée, la grande Ourse, des planètes, peut-être d'autres mondes et d'autres pays, comme aimait à le dire et à l'imaginer madame Alice, dans ses considérations interrompant le cours de géographie, et surtout, de nouveau, des voix ensommeillées, chuchotantes, qui s'élevaient au milieu de cette pénombre du dehors, du dedans, zigzaguaient sur la scène grise de mes yeux, celles que je reconnaissais,

mademoiselle Anna,

voilà, grave, un fil coincé dans la gorge, l'épaisseur d'un fil de laine, un fil enroulé et tendu qui, parfois, se rompait et la voix semblait s'éteindre, blanchir, s'arrêtait tout à coup, reprenait souffle, elle portait la main à sa bouche, à son nez épaté, ses narines larges, elle se raclait la gorge et, à ce moment-là, sous cette respiration sifflante, j'entendais tourner la machine à coudre, le pied de ma mère devait monter et descendre sans relâche, monter et descendre sur la pédale métallique où il y avait toujours un morceau de tissu en guise de natte ou de petit tapis, pour, soi-disant, protéger son pied de l'humidité du sol à quoi elle attribuait les rhumatismes de ses doigts, de ses jambes, de ses genoux ; il arrivait qu'elle se lève d'un coup, l'élancement lancinant de son pouce la perçait jusqu'au cœur comme une aiguille, ni les eaux de Dora, ni le sable chaud d'Antélias ne parvenaient à neutraliser la douleur ; à présent, ses talons, ses doigts faisaient accélérer le rythme de la machine, puis, progressivement, commençaient très légèrement, comme de très loin, à ralentir, à tracer dans l'air une longue suite de points tout au long de la bordure, des routes, des chemins, non, même pas des sentiers mais un espace aussi vaste que possible, un horizon profond de toutes les couleurs poétiques et les points, les épingles, les ciseaux inventaient cet ancien tracé, ils n'étaient que cela, c'était bien ça, une vie, une survivance qui épuisait corps et âme,

les yeux fixés sur l'aiguille véloce, ma mère se contentait toujours de ponctuer les échanges d'une phrase conventionnelle ou d'un soupir, il semblait qu'elle ne suivait pas la conversation ; en face, observatrice puis assoupie, il devait y avoir madame Veronica,

celles-là, mère et fille, entraient dans la maison quand ça leur chantait, devait dire ma mère, jamais elles ne demandaient – est-ce que tu es d'humeur ? est-ce que tu as le temps d'écouter nos soucis ? –, il y en avait beaucoup comme ça, des couples mère-fille, la fille devant, la mère derrière, son sac à la main, exhibant sa fille comme pour la mettre en vente, elles marchaient en se dandinant, un jour chez l'une, un jour chez l'autre, pourvu qu'elles ne restent pas chez elles, paresseuses, terriblement paresseuses, elles rechignaient même à faire un café ! et celles qui, comme ma mère, travaillaient à la maison devaient garder leur porte ouverte pour les laisser entrer ; chacune offrait une véritable vision de carnaval, madame Djénovébé et mademoiselle Ardzat au chapeau de tulle, madame Hnazant et mademoiselle Zarminé, transpirant, s'éventant avec leur mouchoir, s'essuyant le cou, souriantes, se promenant et regardant dans le vide mais s'écriant comme celles qui font un grand sacrifice

on s'est dit, allons voir comment va Madame Herip !

elles tournaient dans la chambre, les yeux furetant partout, essayant de déterminer si ma mère avait acheté quelque chose de nouveau pour vite aller courir cancaner ailleurs ;

et voilà ma mère,

entrez, je vous en prie, madame Veronica, Anna, viens t'asseoir tout près de moi,

juste le contraire de ce qu'elle pensait, avec un accent si plein de sollicitude, un tel naturel que je m'étonnais et parfois me révoltais ; un langage pour l'extérieur, un langage pour l'intérieur, mais je sais ce qu'elle en disait, je le sais parfaitement – quand tu travailles sous la coupe de mille patrons, de clients, tu dois dire oui, oui à tous, tu as raison, tu as raison, d'ailleurs, aucun n'avale ça, mais tu dois leur passer la brosse, les flatter, tu dois courber la tête, dire ça va ! sinon ils te font pas vivre –, de sorte qu'elle devait sourire tout en les insultant intérieurement, dire « je vous en prie » et assumer le « bienvenue », de surcroît, je ne crois pas qu'elle voulait rester complètement à l'écart de la vie de la colline, c'est-à-dire, principalement de l'univers des racontars qui, pour des couturières à domicile comme elle, représentait le monde entier ;

sur le sofa d'à côté, mademoiselle Anna devait déjà s'être blottie dans le coin, c'était là sa position, une espèce de recroquevillement, une tentative pour ne pas tenir de place ; chaque fois qu'elles venaient ainsi, ma mère disait à Veronica ;

comment va ton Hagop ?

avec un fort coup de glotte, en bousculant la première consonne du nom, comme si elle accordait une grande importance à l'homme ; c'était sa question rituelle qui n'avait qu'un intérêt formel car elle savait qu'Hagop, celui qu'on appelait Hagop le Bleu, à cause de ses yeux très bleus, saphir, maigre et petit, arpentait continuellement la rue de haut en bas, au sein du petit triangle de ses amis que constituaient les magasin de Pilibos, du boucher Artine ou de Kegham ; il traînait devant ces commerces et, si on lui avançait une chaise, il s'asseyait, jouait une partie de trictrac ou de dames, sinon il restait debout avec, sur les fesses, le pantalon puant, venu de la fripe, mille fois ravaudé, heureux, aux lèvres une cigarette américaine apportée par sa fille et se vantant ; ni il travaillait, ni il était d'humeur à travailler,

bof !

mademoiselle Anna prévenait la dérive de la conversation, elle ne permettait pas à madame Veronica d'ouvrir la bouche, en outre, celle-ci n'était pas bavarde, plutôt mutique, depuis le jour où elle avait été accueillie au « Refuge des oiseaux », l'orphelinat de Jbeil, elle se retirait dans une position d'expectative, les mains croisées, comme soutenant ses seins flasques, son ventre – une aubergine gonflée –, elle aimait allonger ses pieds nus sur le sol, profiter de la fraîcheur de notre maison, alors que la leur, une chambre chez Ardachès, longue et étroite, sans fenêtre, était une cellule plus qu'une pièce où ils s'entassaient à quatre, enfin, ils vivaient sous un toit, avec la satisfaction d'exilés ayant trouvé un refuge ; chaque fois qu'elle venait, au moment de s'essuyer les pieds sur le seuil, madame Veronica allait essayer d'énoncer les une ou deux phrases qui lui étaient permises, en général au sujet de la fraîcheur de notre maison, du bon ordre de ma mère, – avoir réussi à ranger tant de choses dans un lieu si étroit –, puis elle n'était plus qu'ouïe, donnant l'impression d'une demeurée ou d'une infirme, regardant de ses yeux troubles atteints de trachome avec, aux lèvres, le sourire d'une idiote authentique,

qu'est ce qui arrive à ton Garo ?

la voix d'Arevik provenait de la gauche, c'était elle, oui, on aurait dit qu'elle parlait brusquement d'un octave plus haut et il me semblait qu'elles se trouvaient sur une grande et large tribune alors que je restais en bas, sur le sol ; de là, je voyais Arevik qui pouvait être assise sur la chaise basse, les jambes croisées et allongées avec une assurance exagérément théâtrale, s'inclinant parfois sur ses jambes, cherchant, trouvant et arrachant un poil, se frottant la peau, essayant de tuer une mouche ou un moustique allant et venant, puis se remettant à son ouvrage, qui était la dernière pièce de son trousseau, en dehors de laquelle tout était prêt dans la malle tandis que ce canevas ne parvenait jamais à son terme, à peine quelques points dans des soirées comme celles-ci, elle pouvait coudre deux lignes et cela si elle n'ouvrait pas la bouche, si ses lèvres demeuraient fermement closes, un fil pendant à ses lèvres mais, à présent, elle riait, d'un rire équivoque, elle riait sans presque s'en rendre compte sur mademoiselle Anna que, je ne sais pourquoi, elle tenait pour une simplette bien sage,

bof ! enfin !

ça, c'était la façon de se taire de mademoiselle Anna, ce mot répété sur la dernière syllabe duquel la voix se brisait et, après un bref silence, de nouveau, avec la même voix précipitée,

quel Garo ?... mon frère ?

non, le tien,

oh ! laisse tomber !

avec un ton déterminé, mademoiselle Anna éloignait la conversation de son Garo, pareille à ma mère qui feuilletait très vite les photos quand, après une dispute, une discussion, une partie de la famille s'était détachée de sa souche, était partie se perdre au diable, nous laissant seulement quelques regards nous contemplant depuis les photos,

une très vieille histoire, presque antédiluvienne qui, ainsi, encore une fois, surgissait au milieu de la conversation, l'unique histoire de la vie de mademoiselle Anna, le seul espoir de sortir de ce trou et son échec ; la mère de ce Garo, cette femme arrogante, prétentieuse, – si tu la voyais ! – avait fait rompre les fiançailles, avait envoyé quelqu'un pour réclamer la bague, avait dit avec des simagrées, c'est avec cette garce que mon fils est resté ? mademoiselle Anna était venue s'asseoir là où elle était à présent, avait pleuré, avait raconté à ma mère ; non, non, elle n'était sûrement pas une garce, ils n'étaient même pas allés une seule fois au cinéma avec Garo, est-ce que cette femme laisserait seulement partir son fils ? je vais te dire, madame Herip, le garçon mis à part, cette Imasdouhie *khanem** avait trouvé une fille plus riche et comme si c'était pas suffisant, elle colportait des calomnies sur Anna – elle a mauvaise haleine, sa tête est une boîte vide, sa mère est une folle, son père un vaurien, qu'est-ce que ferait mon pacha de fils avec une fille de ce niveau ! – oh ! ces mères qui n'ont qu'un fils ! les chameaux ! elles fiancent leur fils pour ensuite rompre leur engagement, pouah ! non, mademoiselle Anna n'était pas jolie, elle n'avait pas une beauté particulière, elle n'était pas laide non plus, c'était une fille banale, dure au mal, ni mieux ni pire qu'une autre, d'où elle aurait pu avoir de l'argent, une dot ? qu'est-ce qu'ils auraient pu lui donner à emporter ? son père avait grandi à l'orphelinat, s'était marié et avait déjà rempli ses obligations, il avait donné, comme une offrande, un fils et cette mademoiselle Anna à la patrie et à madame Veronica qui était des bas quartiers d'Erzeroum, peut-être même pas de là-bas, de ces gens ordinaires, de la plèbe, les épaules ramassées autour du cou, presque bossus, fréquentant occasionnellement la chambre d'Antika, n'ayant même pas appris à enfiler une aiguille, alors on était loin de la couture et des travaux d'aiguille, des jours, des broderies, de gagner six sous, une humanité dépourvue de moyens et inutile dont on ne sait pourquoi elle persévère ; de sorte que mademoiselle Anna et son frère travaillaient de ci, de là, ils ne demandaient rien à personne dans un pays plein de chômeurs, elle, Anna, appartenait à la deuxième génération de domestiques arméniennes, comme aimait à le dire Arevik en se moquant, – dis-donc, comment vont tes Américains ? – comme si elle voulait dire – tu as tapé dans l'œil du mari ? –

alors, comme ça, c'est fini ?

ben…

mademoiselle Anna se mordait certainement les lèvres après s'être mordu le doigt, puis,

mon frère,

son frère d'un côté, le monde de l'autre, mademoiselle Anna aurait donné son âme pour son frère, l'autre et à présent le seul Garo, un jeune homme terriblement sage, couvert d'acné, qui ne savait pas ce qu'étaient associations et réjouissances, gymnase et tabac, comme ignorant du monde, aspirant à quelque chose que sans doute lui-même ne comprenait pas très bien ; tous les matins de bonne heure, il descendait à pas lourds du bas de la vallée vers le chemin de fer, son repas sous le bras, à savoir du pain, du fromage ou quelque chose de similaire et, sur les fesses, provenant de ces Américains, un pantalon gris, vieux, qu'il aurait pu porter éternellement s'il n'y avait eu mademoiselle Anna et son aiguille ; et voilà que la nouvelle, incroyable, quelque peu amusante, avait fait le tour du quartier, soi-disant Garo allait se fiancer, Garo se fiance ! Garo est enragé ! Garo ne respecte pas l'ordre[1] ! Anna est encore à la maison et lui veut se marier, il est tombé amoureux d'une fille du camp de Tchartchapoukh,

est-ce que tu y penses, ma fille ! pourquoi tu permets qu'il se marie avant toi ? après… en plus, celle qu'il a choisie…

c'est moi qui l'ai décidé

la voix de mademoiselle Anna devient plus grave, plus dure,

et pourquoi pas ? combien d'années il doit attendre ? c'est pas mieux qu'il s'installe ? que lui au moins en profite, d'ailleurs, nous…

ma fille, sa future femme va te prendre pour une idiote !

de toute façon, je dois travailler, ben oui ! est-ce que c'est lui qui va nous faire vivre ? au moins ils auront des gosses, je les élèverai et je les élèverai comme je veux, moi je connais mon frère, nous…

1 L'ordre traditionnel de mariage est : les filles d'abord, par ordre d'aînesse.

si j'étais à ta place...

oui, qu'est-ce que tu ferais donc ?

qu'il attende ! c'est jamais qu'une femme ! regarde, mes frères m'ont tous dit, tu es la plus jeune, c'est seulement après ton mariage que...

tu dis ça, mais votre Jeannot...

ne parle pas comme ça, Jeannot peut vouloir ce qu'il veut, qui le laissera faire !

mais enfin, c'est un homme maintenant et toi tu le traites comme un gamin,

chaque chose en son temps,

vous êtes devenues complètement folles,

eh oui, tiens ! on va le laisser venir à la maison, cette pute à son bras pour qu'il nous déshonore devant tout le monde...

tu l'as vue au moins ?

heureusement que je ne l'ai pas vue ! si je l'avais vue, je lui aurais arraché les yeux,

sur l'écran de mes paupières, ses sourcils se froncent, une onde, un pli de colère batailleuse peut apparaître sur ses lèvres, plisser les joues, le noir de son grain de beauté vibre, s'intensifie,

je sais qu'ils se voient et ça dans le magasin de Jeannot, Nechan me l'a dit,

tu t'énerves pour rien, d'après moi, la prison...

le frère de la fille aussi était en prison et c'est là que Jeannot... maman dit que si cette salope arabe entre dans la maison, c'est elle qui en sortira,

oh la la ! vous aussi...

nous, on a de l'honneur ! si mon père était là, est ce que ça se serait produit ?

et Apo ?

il est au courant, mais il attend que Jeannot dise quelque chose, – soi-disant ce serait une jeune fille d'une famille honorable, elle n'est pas comme vous l'imaginez ! – c'est ce qu'elle a dû lui faire avaler et lui, d'ailleurs un garçon inexpérimenté, il la croit, l'autre jour, il a dit, quoi que vous fassiez, je l'épouserai, toi, occupe-toi de tes affaires ! comme si j'étais une vieille fille, et lui...tu crois que le mariage est un jeu ?

on dirait qu'elle s'est tournée vers ma mère,

madame Herip, dis-le, toi, c'est un jeu ?

ma mère restait silencieuse, l'ombre de son corps avait dû s'allonger sur le mur arrière,

c'est une pute ! elle est allée se coller à mon frère, elles sont comme ça, elles vont trouver les meilleurs de nos garçons et vite, elles...

enfin, tu n'as pas honte !

qu'est-ce que tu croyais ? c'est bien pour ça que Jeannot a perdu la tête, tous les jours, j'ai ci, j'ai ça, j'ai du travail, je dois voir quelqu'un, il rentre tard, il part tôt, il n'a jamais deux mots à dire, si tu le regardes, il a maigri, il a bruni, c'est évident ! avant, pas plutôt rentré à la maison, il se lavait, il dînait, il courait à sa réunion, on parlait à la maison, Nechan aussi venait, maintenant, c'est tous les jours le Jour des morts,

si j'étais à ta place, je m'en mêlerais pas du tout,

pour qu'il prenne cette pute et s'installe ?

eh ! qu'est-ce que ça peut te faire ? toi aussi, avale ça, si j'étais toi, je partirais de cette maison, je ferais pas le détail, je trouverais un moyen, et demain,

je t'en prie ! je ne suis pas aussi bête que toi et d'ailleurs...

elle baisse la voix,

tu y es allée ?

voir le cheikh ? oui, c'était pas donné ! il m'a dit, j'arrangerai l'affaire mais ce sera difficile, très difficile,

mais toi, tu cours après les sorts, et lui, le voyant, il a trouvé une mine d'or, il te prend ton argent et puis bonsoir,

c'était la voix de ma mère, toujours suspicieuse, toujours prudente, celui qui a de la cervelle s'adosse à son intelligence, à quoi bon tenter le diable, le réveiller, le faire enrager, il se produirait le contraire de ce que tu souhaites ; je ne suis pas sûr qu'elle ne croyait pas aux forces obscures, cependant, elle préférait peut-être les laisser tranquilles, s'efforçant de demeurer loin du mal,

allez, vous n'échapperez pas à votre destin

donc, laissons cette femme s'ôter mon frère de la tête,

ce qui est fait est fait,

la voix de mademoiselle Anna a soudain baissé d'un ton, mais du fait de l'émotion ou de la confusion, elle s'est affinée au point de défaillir, comme si elle avait perdu toutes ses forces et allait capituler,

mais comment tu sais qu'elle n'est pas une jeune fille ?

demande-le moi !

Arevik, si sûre d'elle, si tranchante que je pouvais presque voir sa mâchoire aiguë opiner dans l'air de haut en bas, ses cheveux s'étalant sur ses tempes de chaque côté du front, les jolies fossettes de ses joues et, dans ses yeux, une fixité pleine de mépris ironique, arrogante, mademoiselle-je-sais-tout, comme disait ma mère qui ne cessait de répéter – que personne ne tombe dans la bouche de cette chipie, elle n'a pas la langue dans sa poche ! –

un silence s'était installé et la machine avait pris un rythme rapide, presque fou, ma mère devait sûrement être énervée, c'était ainsi quand elle se mettait en colère et qu'elle ne pouvait ou ne voulait pas montrer son irritation, ses talons, son bras droit qui faisait tourner la manivelle, commençaient à œuvrer à une vitesse extraordinaire, puis, lorsque ces femmes partaient, à peine avaient-elles tourné le coin de la rue, elle, toujours dans le cours de son monologue parallèle, dirait – garces, satanées garces ! – mais à présent, de but en blanc, à travers le bruit de la machine, comme dans un murmure qui s'y cacherait,

la virginité...

j'avais tendu l'oreille, percevant derrière ce mot, derrière des mots semblables, des significations, des images, des mouvements pour lesquels je n'étais pas mûr mais au sujet desquels l'incertitude m'occupait d'autant plus, comme un voile embellit parfois le corps couvert et rend plus attrayante la nudité protégée,

il y a longtemps...

mais le mot ne venait pas, peut-être la voix d'Arevik était si basse que je ne l'entendais pas, et cette allusion étrange, troublante, avait aiguisé à présent mon attention, il y avait un secret caché que je voulais connaître, un secret qui hantait leurs bouches, leurs lèvres, qui apparaissait, disparaissait, c'était un son, ne provenant pas précisément d'un mot, exactement comme lorsqu'elles commençaient à murmurer des choses, à installer des silences dans leurs phrases, bon ! le citron, une cuillerée de sucre, un tout petit peu d'eau, un bouillon, voilà, non, non, un peu plus, elles préparaient une pâte étrange, se retiraient dans la chambre du fond, et criaient à Zevart, à moi, à tous les indésirables, sortez ! allez ! allez ! comme si elles nous chassaient d'une opération mystérieuse jusqu'à ce que madame Marie, pensant sans doute que nous, petits mioches, nous ne comprendrions pas, explicite le tableau, – arrête de t'épiler, éhontée ! –

... oh ! toi aussi !

mademoiselle Anna semblait confuse et aussi un peu intéressée, j'imaginais ses prunelles noires qui jaillissaient hors de ses grands yeux quand elle était emportée par quelque chose ; peut-être que comme moi, mais pour des raisons totalement différents, voulait-elle qu'Arevik continuât, celle-ci disait souvent le contraire de sa pensée ou réfutait de manière péremptoire la parole de son interlocutrice, elle attendait la contradiction, car mademoiselle Anna était vraiment une fille rouée, – comment une fille travaillant chez ces Américains pouvait-elle rester innocente ? – disaient madame Negar et Antika, qui peut-être pour la première et unique fois étaient d'accord sur le blâme caractérisé porté sur une femme d'Erzeroum ; quoi qu'il en soit, elle avait néanmoins bon cœur, était généreuse, disait ma mère, regarde et va comprendre, et, si tu comprends, comment ne pas admirer ? son frère, même avec un travail minable et un salaire insuffisant, gardait cependant la tête haute, était un garçon honnête, comme aimait à le dire et à le répéter Anna, son devoir était de le marier et de protéger sa future famille,

comment tu le sais ?

la voix était basse à nouveau, sous mes paupières la lumière devenait plus intense, forte, mais opaque, comme derrière un écran et j'approchais de sa surface plane, mais je ne devais surtout pas me signaler,

d'après ses yeux !

il devait y avoir eu une seconde de surprise dans les yeux grands ouverts de mademoiselle Anna, elle avait dû aussi porter la main droite à ses lèvres, comme elle avait l'habitude de le faire quand, soi-disant, elle devait réprimer une exclamation involontaire et elle serrait les jambes ou tirait sur sa jupe dans un geste vain pour masquer son trouble,

maman dit... ça se voit si sous les yeux apparaît une marque de sang, ça veut dire que... d'ailleurs, l'autre cheikh aussi l'a confirmé, il a regardé, il a regardé dans l'eau, la même chose sur le papier...

les paroles n'étaient qu'un murmure que je voulais suivre, comme si j'allais entendre un secret inouï, à ce moment-là, quelque chose a bougé en moi, peut-être mes cils ont-ils vibré involontairement, la lumière sur mes paupières a scintillé, ma tête s'est peut-être tournée involontairement sur l'oreiller, très légèrement ; j'aurais voulu voir les visages, il ne m'était pas possible de me contenter du son et d'imaginer les mouvements, surtout le mouvement d'Arevik quand, regarde !

peut-être s'était-elle levée et approchée d'Anna, elle voulait probablement se pencher sur son visage ahuri et ses yeux cillant à toute vitesse et les examiner,

fais voir !

mais tu es folle ou quoi !

à cet instant, la voix d'Anna s'était comme infléchie, brisée, s'était perdue au sein du silence au point de s'évanouir, elle avait pris une nuance tragique, éperdue, outragée, effrayée bien sûr de cette agression brutale qu'elle n'attendait sûrement pas, de cette intrusion en elle, dans son secret si elle en avait un, et elle allait se répéter, plus tard, en boucle, la scène demeurée cristallisée dans son esprit ; encore assise à côté de la machine, elle ouvrait grand les yeux, mettait ses deux mains entre ses genoux, les serrait ; – qu'elle regarde la poutre dans son œil ! elle s'est comportée de telle sorte qu'on aurait cru qu'elle était la plus pure au monde, yallah ! moi, je connais le diable qui est entré en elle, regarde-moi ça, elle allait me regarder dans les yeux et ça devant ma mère, elle ne connaît pas la pudeur ! – non, elle n'oublierait pas, comment le pourrait-elle ! l'affront que lui avait fait cette demi-portion de femme ! – est-ce que ça se fait, madame Herip ? est-ce que ça se fait ? qu'elle prenne un miroir et s'y regarde ! qu'elle se voit un peu ! tout le monde sait de quel bois elle est faite ! – tandis que ma mère hochait la tête, non, elle n'avait rien à ajouter, – allez, tu vas te mesurer à une folle ? – ;

et, à présent,

va donc, toi aussi !

Arevik s'esclaffait soudain, moqueuse, joyeuse, un peu méchante et blessante, sinon vulgaire, elle devait être encore assise sur la chaise, avec, à la main, son interminable canevas,

… c'était une blague ! qu'est-ce que tu as cru ?…

Elles s'étaient tues ;

la machine galopait, ma mère accélérait, je l'imaginais faisant le même mouvement de la tête, en haut, en bas, la main droite sur la manivelle, une blague ou une craque ? devait-elle se dire, c'était un de ses mots favoris, qui pouvait servir à peu près dans toutes les occasions, puis elle devait peut-être se poser la question – où est passé le père à cette heure-ci ? encore heureux qu'il ne soit pas là pour leur fermer le clapet – ; on n'entendait qu'une respiration profonde, s'élevant d'un larynx encombré qui devait appartenir à madame Veronica, probablement en train de sommeiller, assise, ouvrant et fermant malgré elle ses yeux chassieux, véritable sac de sommeil ;

la machine s'est arrêtée ;

allez, je me lève pour faire un café et qu'on le boive,

ma mère allait finalement remplir son rôle de maîtresse de maison, pourtant il devait être tard,

c'est pas la peine, on est assises,

la voix d'Arevik avait changé brusquement, la nuance enflammée, nerveuse, enragée avait disparu, elle semblait plus calme, presque joyeuse car la tension avait baissé, mais on aurait dit que la conversation était restée inachevée, suspendue, comme lorsqu'une intervention extérieure interrompt le cours de l'échange et que les interlocuteurs ne trouvent plus le fil de la parole, il semble qu'ils l'ont oublié alors que le silence prolonge la parole dans une forme de confusion, oui, vraiment, elles devaient être confuses, je suis sûr qu'elles étaient émues, peut-être troublées, mais pas au point de se battre ; elles étaient assises ensemble, complices, comme des commères fomentant un complot et qui veulent absolument séparer deux amoureux selon les règles traditionnelles de la colline, et malgré un antagonisme interne, elles étaient liées par le silence ; à ce moment-là, l'horloge du clocher a sonné dix coups et…

un autre jour,

cette salope…

la voix de mademoiselle Anna, profonde, au-dessus de sa tessiture, comme brillante, oh ! je sais comme elle devait rire intérieurement, comme elle devait se moquer pour avoir trouvé un sujet de zizanie, surtout qu'elle avait dit ce qu'elle avait à dire, oui, bien sûr, « salope » ; plus tard, mademoiselle Anna allait se pencher vers ma mère pour lui répéter – la salope ! – mon Dieu ! mon Dieu ! elle le savait que celles-là lui cassaient du sucre sur le dos, celles-là, douces épines, hypocrites, te souriant par devant, te poignardant avec la langue dès que tu as le dos tourné ; elles étaient allées jusqu'à déverser leurs commérages dans les oreilles de Hagop le Bleu lui-même, comme quoi ta fille, dans la maison de ces Américains… comme si elles possédaient l'honneur du monde, qu'elles devaient le diriger, le dominer avec l'emphase des gens d'Ourfa ; et voilà, on dit que sous la peau de celui qui s'essuie beaucoup, il y a beaucoup de crasse, quoi qu'il en soit, ce qu'il en était de Jeannot était une honte, de cette sorte d'infamie qui s'étendait sur toute la famille, de génération en génération et même jusqu'à la salope des salopes ;

si c'est Jeannot qui l'a fait...

un coup de pied au sol du côté d'Arevik, le bourdonnement de la machine s'est arrêté d'un coup, la voix tremblait, incisive,

Jeannot ne fait pas de telles choses,

c'est ça !

à présent, c'était l'ironie de mademoiselle Anna, et alors ! c'était son tour, elle était pas fille à être en reste, pourquoi je le serais madame Herip ? elle, elle peut dire ce qu'elle veut et moi je vais lui lécher les pieds ? ça, c'est pas possible !

qu'est-ce que tu en sais, tu tenais la chandelle ?

celle qui donne à un homme ce qu'il veut...

Arevik lui a coupé la parole, je sentais que son corps bougeait, peut-être se penchait-elle, j'ai entendu son souffle qui s'est approché, a jeté une couche d'ombre visible, s'est promené, telle une onde chaude ; proche, si proche, comme lorsqu'elle se penchait sur moi autrefois pour me mordre les joues, elle a semblé examiner mon visage, une légère vibration de la peau, elle m'a presque touché puis s'est éloignée, le bruit de la chaise s'est fait entendre, le corps était assis à présent et la machine continuait son cours lent dans le silence ; aucun autre bruit mais seulement une sourde sensation d'ombre, de respiration, d'existence alors que les choses semblaient soudain en suspens, aériennes et moi, flottant, étranger, vide ;

j'avais retenu mon souffle, je devais maintenant rester complètement immobile, je dormais ; Zevart s'approchait tout doucement, je voyais son ombre sur le fond des feuilles, elle se rapprochait, me contournait, allongeait les mains, je dormais, je la laissais mettre ses mains sur mes paupières, me fermer les yeux, un, deux, trois, nous courions ensemble derrière le lit haut, quatre, cinq, l'autre criait, – j'ai ouvert les yeux ! – Arevik s'approchait, nous cherchait, nous étions serrés l'un contre l'autre, retenant notre respiration, nous n'étions qu'un seul souffle, mais Zevart ne pouvait contenir son rire, absolument pas, et ainsi, en riant, en souriant, elle a revêtu une grande et large robe blanche alors que je me suis endormi, je dormais vraiment, complètement,

tu vas voir que ce minot est réveillé,

non, je n'étais pas éveillé, la fine ligne de lumière s'était éloignée de mes cils, n'était demeurée qu'une obscurité sur mes paupières ; sous la couverture, une chaleur agréable remontait de mes pieds, je descendais tout doucement, je plongeais dans les eaux, sous les feuilles, nous étions dans la cannaie, là-bas, dans le courant tiède et léger qui emportait avec lui des lacis d'algues, de sales petits chiffons, des feuilles mortes, il y avait des petits cailloux, petits comme des billes que je devais ramasser, mettre dans ma poche, je devais chasser les oiseaux avec ma fronde, je devais, tchat ! fermer son sourire, son rire, le rire de Zevart, je ne devais pas rire, mais seulement rester là, immobile, lointain, faire le mort ; nous avions vu, au fond, un noyé ballotté par le courant, puis on l'avait trouvé, sorti de l'eau, bousculé, secoué et Zevart, accroupie sur le rocher, regardait le garçon, effrayée, c'était n'importe qui, peut-être moi, non, quelqu'un d'autre et les eaux bougeaient, les ombres, les ombres des branches ondoyaient sous mes yeux, j'attendais, un piège en moi, au loin quelque chose attendait, voulait se faire oublier,

mais non, il dort,

ma mère devait jeter un rapide coup d'œil vers moi, on n'entendait pas le mouvement sec et net de l'aiguille ; je ne sais pourquoi elle avait soudain éprouvé le besoin de dissiper le doute d'Arevik, de la tranquilliser mais, de fait, le fil de la conversation était rompu comme si elles étaient parvenues à une frontière qu'il m'était impossible de traverser,

la machine avait depuis longtemps recommencé à inscrire dans le silence son tracé instable, à la fois lent et incertain ; l'aiguille montait et descendait à toute vitesse dans mon oreille, je la voyais, je voyais presque son extrémité aiguë dans l'air, le fil tendu, s'enroulant, faisant des nœuds, qui montait, se déroulait, se tendait par endroits, produisait un son aigu ; il s'accrochait aux boucles métalliques, il se défaisait, se défaisait tout doucement de la bobine, fil à fil, il galopait, grésillait, se déployait comme un ruban horizontal, un galon, de la fente de mes cils s'enfuyait une fine ligne de lumière en zigzag, blanche, rouge, vert foncé, d'abord compacte, très compacte, puis trouble, incertaine.

7

C'est encore moi qui allais devoir porter ce paquet de chemises ! le matin de bonne heure, avant même d'avoir fait le signe de la croix, le visage pas encore lavé, elles avaient commencé à se quereller,

nid de chicanes,

disait madame Negar, elle en avait marre, encore une fois on n'entendait que leur voix, ça avait surtout perturbé ce court moment quand, après le départ des garçons, après avoir rincé les tasses à café, elle allait se défaire les cheveux et commencer à se peigner avec un peigne à moitié usé, puis enrouler ceux qui tombaient et les jeter sur la terre des pots de fleurs pour que les oiseaux s'en emparent et en fassent leur nid ;

non, je ne le porterai pas, que celui qui le veut les lui porte à cette chipie

avait crié Arevik, je ne veux rien avoir à faire avec elle, Djanik avait essayé, sans élever la voix, de la convaincre que ces boutonnières, ces boutons, devaient être terminés pour demain, demain midi, – si toi tu n'as pas le temps, qu'elle les fasse, le client, monsieur Trad, le directeur de la banque était ponctuel, il enverrait son commis – ; Arevik était inflexible, – puisque elle te plaît tant, vas-y toi ! – elle, elle n'avait pas le temps, non, surtout aujourd'hui, elle n'avait pas du tout le temps, c'était pas le moment de lambiner ; à ce moment-là, Djanik, à son tour, avait élevé la voix, avec emportement et un peu d'émotion forcée, – pour papoter, pour cancaner, tu vas partout, tu arpentes les rues dans tous les sens, qu'est-ce que tu as donc à faire au café Otomatik, au Sémiramis ? de plus, c'est à cause de toi que j'ai renvoyé cette fille du boulot, elle, elle venait, mais toi – tu as fait ça, tu l'as pas fait ! –, tu l'a chassée de la boutique, qu'est-ce que tu veux, qu'est-ce que tu veux donc ? – Arevik s'était plantée sur le seuil de la maison, les mains aux hanches, le menton haut – tu n'as pas le droit de me commander ! – Djanik avait laissé son paquet sur les marches du perron ; avait enfourché son vélo et lancé à la femme qui suivait la conversation de l'intérieur et était incapable de s'interposer – maman, je pars ! – de sorte que c'était encore moi qui devais porter ce paquet de chemises

à Voski,

mais, au moment de me confier ça, Arevik était tout sucre tout miel, comme si la scène précédente n'avait pas eu lieu et que je ne l'avais pas entendue, elle se fichait d'ailleurs qu'en face, Garbis, sous prétexte de préparer le charbon pour son fer à repasser, soit entré et sorti sans cesse de chez lui, son œil tantôt sur son charbon, tantôt sur nous, toujours réservé et sévère, interdisant à Hermine, le pied sur le seuil, d'aller dans la cour de celle de Sivas qui, elle, avait enfourné le morceau de concombre du matin, le mâchait, crunch-crunch, et attendait Artine le Fou pour lui servir son repas ; l'instant observé de plusieurs côtés semblait reproduire une scène très ancienne, connue, un épisode usé dont la fin était évidente ; Garbis, en lançant un juron turc allait dire, celle-là, il lui faut vraiment un mari sinon ça va lui monter à la tête ;

et celle-là m'avait appelé d'un geste de la main, aujourd'hui elle n'était pas bien, elle était toute chose, elle avait mal dormi, d'ailleurs, sa figure était toute jaune, avec des rougeurs, elle ne pouvait pas descendre jusque dans les quartiers d'en bas, elle m'avait expliqué, répété le chemin que je connaissais d'ailleurs par cœur,

ne dis pas à cette mijaurée que c'est moi qui te l'ai donné, tu as compris ? dis qu'ils en ont besoin pour demain, n'oublie pas, sinon Djanik va me faire une tête comme ça !

puis elle s'était penchée vers moi comme si elle allait me promettre quelque chose ou me donner ce qu'elle m'avait promis jusqu'ici, sur son cou il y avait une nuance altérée, un peu acide de son parfum habituel tandis que le grain de beauté sous son œil avait disparu, ce matin elle n'était vraiment pas bien, elle était malade,

regarde qui est auprès d'elle, si c'est encore ma tante, si elle demande quelque chose à mon sujet, ne dis rien sinon ce sera ta fête !

pour moi, à cette époque, la jalousie, le ressentiment n'étaient pas une façon d'être, une souffrance, un sentiment régissant l'existence mais un jeu de voix, un mouvement, un regard sévère, dur, une phrase, une attitude qui se manifestait dans les gestes d'Arevik, sa façon de parler, ses mimiques, une tristesse qui se mêlait à un cri soudain, cri qui se métamorphosait en murmure.

Dans l'odeur de la terre, de la poussière, un soleil ardent avait déversé sur les oliviers des couches de cendres, brillantes, scintillantes tandis que les cigales vitupéraient l'espace, assourdissantes jusqu'au bout de la colline, là d'où s'ouvraient les champs, ceux dont j'avais longtemps cru qu'ils précédaient les grands immeubles d'Amérique, là où, une fois l'an, nous emmenaient en promenade mademoiselle Takouhie, mademoiselle Alice, mademoiselle Khatounik et où il était interdit d'aller seul ; à gauche, c'était la rangée des vieilles maisons, une espèce de frontière et, tout au bout, le magasin du boucher Artine ; devant, étaient assis pour leur partie de trictrac, Hagop le Bleu et Artine *agha** ; celui-ci avait délaissé le travail, la tête plus au jeu qu'aux clients qui avaient peu à peu renoncé à sa viande ayant un peu trop traîné dans le réfrigérateur et à son bagout de commerçant, et étaient partis chez Siragane, mais Artine était toujours convaincu que toute la classe pauvre du quartier reviendrait forcément un jour ou l'autre à ses pratiques de crédit ; c'est pourquoi, à présent, Artine *agha**, débarrassé de l'ombre de ces femmes impatientes et bavardes, était penché sur le jeu de trictrac, sa main gauche sur son genou, l'autre en l'air, allez, mon vieux, allez ! viens ici que … non, aujourd'hui les dés étaient du côté de son adversaire, Hagop le Bleu qui, déjà, devait être en train de ramasser ses pions en aspirant la fumée de sa cigarette, en clignant des yeux et en chassant les mouches de temps en temps … la boutique de tailleur de monsieur Akevart Mirak était fermée, comme à l'accoutumée, attendu que, comme lui-même le disait, quand il était sur scène et répétait un rôle issu des tragédies anciennes, la répétition se prolongeait jusque tard dans la nuit et il devait sûrement dormir le matin du sommeil de l'artiste, sinon il aurait été sur la scène de sa boutique, accueillant les chalands familiers avec des paroles emphatiques, puis aurait glissé dans la conversation un extrait d'« Oncle Garabed » ou de « Le marchand Artine », en allongeant les mots, chantant à moitié, parodiant un absent comme pour se moquer de son interlocuteur et de lui-même, mais maintenant, le rideau était tiré et n'étaient visibles que les lettres capitales peintes par le pinceau d'Haïgaz « TAILLEUR MIRAK » ;

plus loin, côte à côte, sur un seul niveau, c'était des maisons banales, poussiéreuses, alignées au bord de la rue, dos à dos, serrées comme les vieillards qui regardaient passer les ânes ou les mulets chargés, choisissaient courgettes, aubergines et tomates, marchandaient, admiraient et s'étonnaient des autos qui accéléraient même sur le sol fait de cailloux et de terre battue, propageant un bruit de poussière aux quatre vents, aux herbes du bas-côté, aux églantiers, aux acacias fleuris, aux pommiers sauvages ; parfois un tournesol laissait pendre sa tête ronde légèrement tendue vers le soleil ardent ;

je devais suivre cette sage rangée de maisons,

marche au bord de la route, au bord de la route, ne passe pas sous une voiture,

je prenais la rue conduisant aux quartiers d'en bas au-delà desquels, jusqu'à un endroit imprécis, à l'ouverture d'un vallon, se trouvaient des lieux familiers où se rassemblaient les protestants, avec leur porte toujours ouverte, prêts à attirer les passants pour en faire des adeptes, et, en face, la boutique de Siragane devant laquelle était pendu à une barre horizontale, dans un essaim de mouches, un bœuf nouvellement écorché ; le boucher, son long couteau sur l'étal, la cigarette aux doigts, contemplait sa victime avec la fierté voluptueuse de celui qui a accompli un acte héroïque, l'ouverture de cette viande fendue en deux fumait légèrement, le sang en coulait encore, gouttait au sol et déjà, le flot était parti s'écouler en pleine rue ; autour, des hommes troubles, oisifs, un charivari de clientes, odeurs de viande, mouches et frémissements comme au moment de la préparation du *madagh**, les veilles de fête à l'église ;

plus bas, l'arbre à poison, le mancenillier, et, dans son ombre, toujours inévitablement, Garabed – aiguilles, fils, dés ! –, sa grande boîte plate autour du cou devant lui, son visage grêlé comme un pain arabe trop cuit, toujours la même question sur son museau mal rasé – ta maman ne veut pas de fil à coudre ? nous on est là, pas vrai ! – comme pour consolider encore son hégémonie de colporteur sur la colline ; ensuite, le Nechan de Meghak Haïgouhie, sa musette d'outils à l'épaule, avec, lui aussi, toujours la même phrase aux lèvres – où vas-tu donc mon garçon ? – suivi d'un bruit de métal et de ferraille et n'attendant pas la réponse ; d'autres passants montaient la colline qui se reposaient, reprenaient souffle, m'interpellaient – tu es le fils de qui ? qu'est-ce que tu fais par ici ? allez, rentre vite chez toi, envoie le bonjour à ton père ! – ils devaient tous se montrer paternels, faisant des recommandations, me gardant dans le droit chemin, attentifs, curieux, peut-être inquiets que je m'enfuie de chez moi ;

puis, là, juste à la frontière du vieux quartier, Hagop l'Âne avait érigé le premier « nouvel immeuble », à l'entrée large, au portail en fer, avec de grands appartements qui se louaient déjà pour des loyers considérables, plus loin, le reste était un monde que je n'avais jamais exploré, parfois avec des bâtiments à deux étages, plus réguliers, alignés sur la rue principale avec des balcons plus larges où je ne rencontrais aucun visage connu comme si toute une ville s'était transportée ici de la Quarantaine, de Tchartchapoukh, plus haut et plus loin de la mer, plus aéré, pensait-on ; la métamorphose de la colline commençait ici : quand ses pentes orientales étaient en friche, vides de toute construction, y poussaient encore des caroubiers, de rares sapins ayant échappé aux haches pourvoyeuses d'arbres pour Noël, mais on aurait dit la province arriérée d'un continent éloigné, très éloigné, dont le point d'arrivée, au-delà du chemin de fer, était l'Amérique ;

c'était un long voyage au cours duquel je devais toujours marcher du côté gauche de la route, je ne devais pas pénétrer – on me l'avait interdit –, dans les sentiers de droite, aussi attirants soient-ils, je devais rester du côté habité ; au fond, un pan de mer verte, des montagnes violettes et, à l'extrémité, également à gauche, sur un petit plateau, en bas des marches, se trouvait la maison de mademoiselle Voski, esseulée, timide et secrète, comme elle.

J'aimais mademoiselle Voski, non seulement à cause de son nom précieux[1], mais aussi pour sa voix et du reste, les deux étaient confondus dans mon esprit ; l'éclat de son nom, comme la couche d'or qu'on posait autrefois sur les enluminures, formaient le fond de sa voix, celle qu'elle déployait en Mater Dolorosa le soir du Vendredi saint : au moment où, dans le chœur, fatigué par le long office, assis par terre, je m'endormais presque, tout en faisant l'effort de ne pas m'allonger sur le tapis ; après une petite agitation, le chef de chœur, Kevork, lançait aux choristes – taisez-vous ! – et, dans l'obscurité de ce silence s'élevait le chant « Où es-tu ? » puis la répétition « Mère, où es-tu ? » : c'était d'abord un soprano ténu, presque banal, une voix brute, naturelle, comme on dit, qui se réchauffait peu à peu à mesure qu'elle s'emplissait de douleur, descendait en elle, se libérait de l'inquiétude intérieure qui nouait les cordes vocales, s'amplifiait progressivement, vibrait de fièvre, déchirait les ténèbres des rideaux, brillait presque, dorait l'image de la croix, semblait tellement au-delà des larmes, une passion jaillissant du fond de la conscience

1 Voski signifie « or ».

humaine ; hors du temps et du présent, la scène du Golgotha devenait aussitôt proche, comme si ce que l'on entendait, ce que l'âme percevait, était une portion de notre réalité introduite dans le rite et la distance, n'importe quel enfant condamné à mort dans le quartier devait pleurer ainsi et chaque mère, sous la lampe de la chambre, devait répéter cette lamentation d'abandon et de solitude ; la vague d'émotion se diffusait depuis le chœur à la foule assemblée dans les tribunes, il n'était pas impossible d'entendre parfois des sanglots, des pleurs soudains venant du cœur, voire une parole lancée à voix haute ;

la mélodie, sa couleur, son envol, son déclin lent, gradué était si touchants qu'ils me venaient à l'esprit chaque fois que je posais le pied sur la dernière marche, que je voyais mademoiselle Voski par la petite porte de sa maison qui était une ouverture perpendiculaire à côté du mûrier et de la clôture formée de verts arbustes ; je ne devais pas taper à la porte, je voulais que (vrai ou faux ?) elle répète – oh ! j'ai eu peur ! – juste avec cette intonation qui était la sienne quand, à la fin du chant, sa voix calme et rauque, devenait plus grave, plus captivante, s'assombrissait ; sous l'arc long et large des sourcils, le gris de ses yeux s'intensifiait, tendait vers un vert clair, et j'essayais d'y voir, en vain, une paillette précieuse, un éclat d'or ; Arevik les avait qualifiés d'yeux de chat, voyant dans le jeu des couleurs naturellement instables une nuance improbable, sauvage, animale.

Elle se levait de sa chaise, marchant sur le sol en ciment lavé de frais et encore mouillé, des pantoufles brodées aux pieds, les cuisses se balançant légèrement, la taille serrée par une fine ceinture, les cheveux tantôt libres, tantôt tressés le long des tempes qui donnaient à sa physionomie une apparence d'adolescente, me rappelant la ligne qui descendait du nez au menton chez Zevart, surtout quand je la regardais ainsi de loin sans remarquer les détails ; elle approchait une chaise pour que j'y pose le paquet, elle l'ouvrait, comptait, examinait les chemises,

attends ! que je termine aussi ces deux boutonnières !

elle s'asseyait dans un fauteuil en osier avec d'épais coussins, sur la terrasse dominant la vallée ; tout au long de la rampe, il y avait inévitablement des pots de gardénias, des plants toujours arrosés, toujours nettoyés avec soin, je ne devais pas les toucher, je devais seulement les regarder, apprécier l'odeur blanche des fleurs aussi odorantes que les boutons blancs ou jaunes des fleurs de frangipanier ; je savais que je pouvais errer librement dans la cour presque entièrement ombragée, je buvais une ou deux gorgées à la fontaine coulant dans un petit bassin, je chassais les abeilles, les guêpes et les taons s'approchant du jet, je me penchais à nouveau ; cette eau me paraissait toujours plus fraîche, plus savoureuse, surtout lorsqu'à la saison des mûres, les oiseaux et le vent avaient dispersé les grains de fruits qui brillaient au fond ou à la surface, mademoiselle Voski ne me laissait pas les manger, non, non,

ne les mange pas, tu vas avoir mal au ventre,

elle devait m'apporter ce qu'elle avait ramassé le matin de bonne heure, les mûres blanches, longues comme le doigt, sucrées, plus juteuses que celles de Maritsa, plus savoureuses que le mastika[2] blanc que Nano mettait dans un verre d'eau ; je les dévorais toutes,

vos mûres sont les meilleures,

oh ! oh !

elle riait, mais moi, j'entendais l'envol de sa voix depuis le sommet de cette montagne lointaine, un dernier rayon après lequel c'était l'obscurité, la nuit de ténèbres qui était en quelque sorte une vallée d'obscurité, le gouffre profond du mari d'Antika où il y avait des morts innombrables, des blessés sans nombre, lamentation et divagation et, sur cet espace sans lumière où l'humanité demeurait rompue, se diffusait le fin rayon, le reflet, la gouttelette jaillissant de son rire,

je m'inclinais sur le jet d'eau, les gouttes cristallines, scintillant comme des pierres précieuses, jaillissantes, volaient comme les étoiles, je voulais continuer à boire de cette fraîcheur liquide, où apparaissait le visage de Voski, – légèrement allongé, surtout lorsque ses cheveux étaient ramassés sur la nuque, ses joues brillant d'un léger éclat rosé – sur lequel on aurait dit que je me penchais, je voulais, j'aurais voulu embrasser surtout la très jolie fossette, réellement très jolie, se trouvant au coin droit de sa bouche qui était non seulement attirante mais pulpeuse, et devait être aussi bonne que l'eau et ses reflets,

mais ne bois pas trop, mon garçon ! tu vas être malade,

puis un court silence, elle enfonçait l'aiguille dans le tissu, autour de la fente de la boutonnière, elle avait un dé à coudre couleur bronze,

après, la folle d'en haut viendra me chercher noise,

2 Gomme végétale, que l'on mâchait comme un chewing-gum.

ironique, faisant allusion à une époque où Arevik daignait fréquenter ces lieux, soi-disant pour porter du travail ou transmettre une instruction de Djanik et, chaque fois, la conversation commencée dans les chuchotements, voire l'intimité, prenait de l'ampleur, le ton montait et, tout à trac, à cause d'un fil laissé sous un bouton, une boutonnière, tournait en confrontation et en dispute qu'une parole venimeuse concluait ; mademoiselle Voski n'était pas en reste – eh quoi ! parce qu'elle est plus vieille que moi, elle me prend pour son esclave ? qu'est-ce qu'elle se croit ? qu'elle se regarde un peu ? qu'est-ce qu'elle est donc pour se prendre de bec avec tout un chacun ? et après, elle vient chez moi, fais comme ci, tu ne sais pas coudre une boutonnière, d'ailleurs tes doigts sont tordus, tu aurais pu les laver, et ainsi de suite ! qu'elle aille, elle, se laver la langue, l'âme, et qu'elle vienne après me donner des ordres ! la bêcheuse ! –

et la colère débordante parvenait d'un coup à une affirmation allant de soi, sensée, qui suggérait plus qu'elle ne clarifiait,

moi, je sais ce qu'elle veut !

ce qu'elle savait n'était pas évident mais l'expression méprisante de sa lèvre était claire, la ligne inférieure vibrait un peu comme quand, pour conserver, faire descendre sa voix, elle fermait peu à peu la bouche et continuait une mélodie, « je ne peux, je ne veux danser », elle se balançait comme les boucles au bas de sa nuque, belles, qui appelaient la caresse, tellement qu'un jour j'avais voulu, je l'en avais prié, poser mes mains sur la longueur de ses cheveux comme si, par cette caresse, j'allais toucher non pas un corps inconnu, non pas une chair (que je ne pouvais imaginer, je ne pouvais deviner une Voski telle qu'elle était peut-être) mais une sorte de mousseline, un fin voile, une gaze, une merveille de soie, ensorcelante comme sa voix, qu'on ne peut que sentir, qu'on ne peut penser, dont on peut rêver mais en aucun cas l'exprimer, et elle n'avait pas dit – mal élevé ! – peut-être l'avait-elle pensé, elle n'avait pas dit, – non, non, toi aussi, tu deviens un grand garçon ! – comme les jeunes filles ont l'habitude de le dire, c'est-à-dire détourner la tête, se rendre inabordable et rester toujours désirable, elle, pudique et, qui sait, un peu méchante, un peu dissimulée et arrogante, avait détourné l'attention ailleurs comme si elle anéantissait en moi tout désir trouble avec un grand plaisir,

va voir plus loin !

en ce lieu, à présent, je pouvais désormais oublier Arevik et ses ordres incompréhensibles et exigeants ;

mademoiselle Voski me laissait me promener dans les autres parties de la cour ; la maison, sous un couvert de rameaux emmêlés de loufa, de vigne et de chèvrefeuille, était construite tout à fait différemment des maisons de plain-pied du quartier et était l'œuvre singulière de monsieur Arménak, le ferrailleur ; comme ferblantier de la colline, pour montrer la perfection de son métier, peut-être aussi pour démontrer la solidité insurpassable à la pluie et au soleil de son matériau, il avait recouvert de tôle les murs faits à moitié en bois, à moitié en pierre et monté l'étrange toit à deux pentes au sommet duquel restait érigée une hampe, semblable à un paratonnerre mais où n'avait jamais flotté aucun drapeau ; monsieur Arménak n'avait jamais osé déployer l'insigne rouge de ses convictions hentchag[3] (être partisan signifiait avoir une couleur et les nôtres, ceux de la colline, fourraient tous les autres en dehors d'eux dans un uniforme rouge), d'ailleurs une fois, une seule fois dans sa vie, le jour d'une manifestation en faveur du rapatriement organisée par Hagop le Court, il avait fermé sa boutique qui se trouvait juste à côté de l'échoppe de ressemelage de l'organisateur, face à qui il se retrouvait chaque jour, le saluait, avec qui il jouait au trictrac, puis buvait le raki, comment aurait-il pu ne pas baisser le rideau de sa boutique durant une heure ? mais par la suite, il s'en était mordu les doigts et après cela il était parvenu à une sorte de philosophie naturelle – hentchag ou tachnag c'est bonnet blanc et blanc bonnet – et, depuis, il n'avait pas attendu que la nouvelle génération bouillante de la colline l'avertisse, il avait préféré renoncer au drapeau, à ses vieux rêves et à ses convictions inutiles pour garder la clientèle de la colline ; quoi qu'il en soit, on avait toujours besoin de plomb, de tôle, tout le monde n'avait pas les moyens de faire faire sa terrasse en ciment, c'est d'ailleurs grâce à ça qu'il parvenait à subvenir aux besoins de sa femme qui nécessitait médecin sur médecin ; madame Noémie à moitié infirme, la madame Noyème de ma mère, était une femme au corps épais et vigoureux qui s'était alitée après la mort accidentelle de sa fille cadette Arménouhie ;

(le premier avril, avec sa classe, celle-ci était partie en car dans les montagnes pour une promenade annuelle et, sur la route du retour, dans

---

3 Parti social-démocrate, l'un des plus anciens partis politiques arméniens souvent opposé au parti Tachnag et proche des communistes.

une pente dangereuse, le conducteur n'avait pas freiné et voilà que le car était allé s'écraser sur un bâtiment au bord de la route, d'Arménouhie n'étaient restées que la photo posée sur la petite table et la tristesse de Noémie)

à présent, elle me faisait signe de la fenêtre, le tatouage bleu sous la bouche, souvenir de Jérusalem, bougeait sans cesse, comme la tête de Nano, un fichu bordé de perles multicolores, aux extrémités presque tressées, attaché serré sur le crâne ; une bouche maussade de crapaud toujours prête à se plaindre que les miens ne lui rendaient pas visite ; ils étaient de la même ville, de la même génération, issus d'une même branche lointaine de la famille, du côté de la femme du cousin de mon père, etc. disait ma mère, mais ils se considéraient toujours comme parents, tout comme les habitants d'une même rue ne sont pas seulement des voisins mais ont des liens de sang, et en hochant son mufle, elle m'interpellait,

comment va ta mère ? elle a du travail ? vous allez un peu chez votre tante ? envoie le bonjour à la sœur de ta mère, dis-lui qu'elle doit venir chez Noémie, que je l'attend,

avec un fort accent turc et surtout une odeur écœurante de dents pourries et noircies par le tabac,

viens m'embrasser ! tu as encore grandi !

j'essayais de ne pas m'approcher du lit et de m'échapper de l'atmosphère oppressante de la chambre où il y avait quelqu'un de plus gênant encore que madame Noyème, Arménouhie, plus exactement sa grande photo, en face de la porte d'entrée ; je ne pouvais pas ne pas voir son portrait en entrant, ne pas rencontrer son regard où je discernais une tristesse sans fond et, au-delà de la tristesse, je revoyais la scène où, au-dessus d'une foule immense, comme des bateaux, au milieu des vagues de lamentations, d'évanouissements, de bousculade, flottaient les cercueils,

madame Noémie répétait, semblant cracher ses mots,

n'oublie pas, n'oublie pas !

quand elle remarquait que je m'éloignais d'elle, j'entendais son soupir répété, « of ! ofik ! », tandis que, libéré de cette pression, je descendais rapidement vers les marches qui conduisaient aux jardins en terrasse, ou ce qu'on pouvait appeler un jardin ;

que n'y avait-il pas là-bas ! tous les plants rampants sur les parterres, sur la terre, sur les semis : courgettes, concombres, parfois melons et pastèques dont monsieur Arménak faisait venir les graines de villages éloignés, depuis Dyarbekir et Alep et qu'il semait avec obstination et avec soin ; selon lui, tout cela croissait si bien dans leur pays, dans je ne sais quel village de Sivas, de Derendé, où tout ce qu'on jetait poussait ; là-bas, la terre était sablonneuse, chaude mais non brûlante et aride comme ici : quand on ouvrait un melon, l'odeur envahissait le monde, il fondait dans la bouche, et que dire de la pastèque dont une tranche, lorsqu'on parlait, semblait mordre avec des dents incrustées d'or et dont le goût, après tant d'années et d'épreuves sans nombre, persistait au palais ; malgré le soleil permanent et l'apport d'eau, malgré la sueur et l'amour, la production de melons et de pastèques restait maigre, les fleurs s'ouvraient au bout des rameaux et tu pouvais toujours attendre qu'elles se transforment en bourgeons et les bourgeons en fruits comestibles

ce pays est une terre pour les concombres,

il essayait d'effriter une motte de terre dans sa paume et la jetait avec mépris ; au-delà de cette nature ingrate, un plan plus bas, il y avait des orangers et surtout les meilleurs pruniers de la colline ; on aurait dit que ceux-ci convenaient mieux à cette terre et témoignaient d'un effort pour s'y adapter ; mais le paradis était plus bas, le potager où poussaient les aubergines et les poivrons vénérés par les gens de Cilicie ; il était défendu de s'approcher d'eux, de les toucher comme s'il s'agissait de plantations sacrées, de plantes inviolables destinées à l'adoration d'un dieu inconnu, ce n'était pas des choses comestibles pour moi mais la voix de monsieur Arménak veillait en haut, au coin du terrain, où il y avait un entrelacs de fils de fer barbelés, empêchant l'entrée des fripons,

non, t'approche pas !

en face, parallèle à la corniche du fleuve, c'était le chemin de fer, accroché à la colline ronde, escarpée, les habitations dénuées de crépi et de peinture avec leurs petites cours, quelques arbres de ci de là qui apportaient une nuance de vie à la grisaille et à la sécheresse bétonnée ; c'était vraiment l'endroit le plus tordu, le plus aride, le plus crasseux, le fin fond du monde, comme disait ma mère, seulement désormais les gens n'étaient plus à la rue, ils avaient un toit sur la tête, ça aussi c'était quelque chose ! quel monde entre les baraquements d'autrefois et ça ! la maison de Nechan était dans la partie la plus ancienne, voilà la cour, le figuier tordu toujours arrosé et toujours stérile, la fumée s'élevant de l'ombre de l'arbre et madame Aroussiak qui devait, comme tous les vendredis depuis son arrivée avec la régularité d'un rite, pétrir le pain de la semaine ; pour elle, ce qui sortait des fours de la colline était de l'élastique immangeable ; péquenaude ! péquenaude ! marmonnaient les voisins, madame Payladzou, la voisine Anidza, madame Marguerite, la présidente de l'association de tontine, qui se plaignaient de la fumée et de la suie qui salissait leur linge blanc comme la neige, – eh ! est-ce qu'on manque de boulanger dans le quartier pour qu'elle se mette à pétrir le pain comme une Arabe ? c'est pas étonnant quand on a vécu vingt ans parmi les Kurdes et les Arabes à Kamichli, la caque sent toujours le hareng ! et depuis, c'est toujours pareil ! mais autant parler à un mur ! – madame Aroussiak était la propriétaire de ces murs, de cette maison, de cette terre, de ce ciel, elle avait sorti une à une les pièces d'or laissées par son mari et avait payé, puis ils avaient coulé le ciment, planté deux pièces, aussi elle faisait ce qu'elle voulait, ce que disaient les uns et les autres, elle s'en battait l'œil ! elle allait pas bouger au gré de la langue des gens, non ? elle était pas une girouette, non, non ! c'est ainsi que tous les vendredis que faisait le Seigneur, pas plutôt apparue la lumière en face des montagnes, bien avant le réveil de Nechan, elle avait déjà fait lever sa pâte sur la toute petite table puis, comme les femmes arabes, sur sa main souple, flexible, rapide, elle la faisait tourner, s'élargir, l'étendait comme de la dentelle, boulangère expérimentée, elle la faisait presque voler, la lançait sur un grand coussin fariné, l'allongeait d'un mouvement expert sur la plaque ronde en métal, reprenait son souffle, elle fixait le chemin de fer de ses petits yeux myopes, les maisons plus verdoyantes se trouvant en face de la colline, le balcon-terrasse d'Arménak d'où, plus bas, à demi-penchée, sa poitrine pendante malgré le soutien-gorge, il y avait mademoiselle Voski qui appelait, souriante,

allez ! c'est fait, tu peux les prendre,

elle devait encore empaqueter les autres chemises et, à ce moment-là, elle avait l'habitude de parler, elle était toujours grave et sérieuse, elle ne plaisantait jamais, d'ailleurs ses vêtements gris, couleur cendre, indiquaient une austérité, ses lèvres se tordaient comme quelqu'un qui ravale ses mots ou mâchonne, elle penchait la tête de côté, parfois, elle renvoyait d'une main sa grande tresse de cheveux dans le dos, j'étais sûr qu'elle réfléchissait, elle avait quelque chose à dire qu'elle n'osait exprimer et, à ce moment-là, alors que j'entendais une tristesse dans sa voix,

qui t'a envoyé ?

comme si l'expéditeur n'était pas si évident, elle cherchait probablement un nom et ne le trouvait pas, ses yeux fixaient les miens, insistants, je savais qu'elle ne voulait pas prononcer le nom d'Arevik, je savais aussi que je ne devais rien dire, ma mère me recommandait – surtout ne dis à personne ce que quelqu'un d'autre t'a dit, ne sois pas comme les femmes, surtout n'ouvre pas la bouche –, elle me donnait ainsi des leçons de discrétion, de silence, autrement, je deviendrai comme Mourad, l'aîné de Madame Negar,

une femmelette !

ce mot incompréhensible résonnait comme une insulte, une malédiction, non pas un mot, non pas un qualificatif, mais un acte pétrifiant comme lorsque je tirais la langue, que je me moquais, que je répétais ce que disait l'un ou l'autre, madame Negar s'exclamait, pour me faire taire, m'emprisonner dans l'effroi,

tu vas voir ! je vais te couper ton truc !

et donc, je devais me taire, cependant, n'était-il pas possible d'induire de la question qu'elle avait un doute sur l'envoyeur, peut-être aussi voulait-elle s'assurer qu'il s'agissait bien de Djanik qui pensait à elle, peut-être que lui, peut-être qu'il…

(comme il était difficile de démêler les nœuds de la colline, il semblait, quand fonctionnait la navette des commérages, que les fils étaient si serrés, si emmêlés qu'il n'était pas possible de distinguer la trame du fil que l'on jetait et, des années après, comme à présent, ce qu'on appelle la vérité crue, l'essence de la vie, s'identifiait souvent à ce qui avait été dit ou entendu, on aurait dit que chaque recherche, chaque désir d'analyse, tombait déjà dans un réseau préétabli peut-être parce que la sensibilité était dès le début un monde cultivé, enseigné, partagé et la médisance, un dialecte propre)

Djanik lui avait-il fait des avances, comme on le croyait ? aux gens qui allaient et venaient, qui l'interrogeaient, qui le questionnaient en plaisantant, il répondait, mi blagueur, mi sérieux, « nous sommes près de la citadelle, nous approchons », est-ce pour cela qu'Arevik avait fait sa comédie périodique, sa scène habituelle, – cette fille est une chipie, une dévoyée, son travail est bon à jeter, ce sont des Rouges dans sa famille, son père est un ferblantier pas très clair –, jusqu'à ce qu'elle ait éloigné mademoiselle Voski de la boutique de son frère où celle-ci travaillait un temps avec Azadouhie, en face de la machine de Djanik ? Arevik voyait dans toutes les filles des femelles prêtes à mettre le grappin sur ses frères ; l'une était secrétaire dans la boutique d'Apo, une autre cousait des boutonnières dans l'atelier de Djanik, toutes, à de rares exceptions, étaient des dévergondées, des débauchées, des salopes toujours prêtes à prendre, à voler les garçons, à voiler leur face et montrer leur cul comme les filles arabes ; et ainsi, au lieu de travailler à la maison, elle avait commencé à aller de façon systématique à la boutique, je passais par-là, disait-elle, en s'asseyant pour bavarder avec Azadouhie qui n'était pas dangereuse puisque, selon elle, elle avait dépassé la limite des 35 ans depuis longtemps, était vieille fille quoique jolie, du moins moi, je la trouvais très jolie, et, pour ma mère, c'était une fille convenable, dégourdie, comme elle disait ; parfois Arevik interrogeait son interlocutrice de l'œil, du sourcil, celle-là, je lui barrerai la route, avait-elle même crié, plantée sur le seuil de la boutique, comme si elle adressait ces paroles à une présence inconnue, invisible, et Djanik, peut-être résigné, moins obstiné que Jeannot, avait cédé, du moins c'est ce que je pensais ; le résultat était simple à présent, il n'avait pas investi la forteresse, riaient sous cape Haïgaz et Dobri, ignorant que mademoiselle Voski n'avait jamais eu l'intention de la livrer ;

mademoiselle Voski avait refusé, avec ses manières particulières, coupantes, Djanik, le patron de la chemiserie du souk Tavil, mais pourquoi avait-elle dit non ? si elle avait refusé un homme de cette position, c'est donc qu'il y avait quelque chose là-dessous, tiens, bien sûr, bien sûr qu'il y avait quelque chose ! il y avait toujours quelqu'un d'autre, faut rien espérer d'une fille qui descend en ville tout le temps et, selon ma mère, elle avait franchi la ligne, oui, la ligne des convenances et s'était déjà donnée au premier venu, d'ailleurs, le père est un demeuré, la mère une lunatique, elle est là, elle est pas là ; de sorte que tout ça était un jeu, imprécis, nébuleux : si les personnages types étaient connus, semblaient familiers, leurs liens demeuraient incertains, contradictoires, voire imaginaires, tant dans ce microcosme chaque possibilité était une réalité, chaque réalité, romanesque ;

mademoiselle Voski, d'une voix douce, comme posant une question insignifiante,

qui t'a envoyé ?

Djanik,

ses yeux scrutaient mon visage, j'avais dirigé mon regard vers la pointe du toit : en haut, au loin, un cerf-volant planait dans le ciel, se balançait, glissait, volait, ses couleurs étaient très différentes de celles du cerf-volant de Joseph, je devais dès maintenant préparer ma réponse à Arevik – il n'y avait personne, j'ai parlé avec madame Noémie, elle est toujours alitée, il n'y avait personne d'autre, non, il n'y avait absolument personne d'autre, d'ailleurs, ce n'était pas l'heure –, c'était impossible qu'à cette heure-là mademoiselle Voski reçoive quelqu'un d'autre qu'une voisine ; depuis la mort d'Arménouhie et l'alitement permanent de sa mère, tous les voisins s'étaient progressivement faits rares, comme ça se passait quand un malheur traçait une ligne invisible autour d'une maison, de ses habitants, de cette famille : peu à peu, les fenêtres ne s'ouvraient plus, les portes se fermaient, les jardins étaient abandonnés puisque le garçon, la fille, pour vivre, pour survivre, devait s'enfuir non pas de la maison, qui ne pouvait qu'être en eux, mais du désert, du terrible environnement que composaient ragots et médisances,

si c'est ainsi, envoie le bonjour à Djanik,

le ton de Voski était un peu méfiant comme si elle haussait les épaules, toujours doux, comme le frôlement du rayon sur les montagnes, je l'emportais avec moi, je le chassais comme le bourdonnement d'un frelon entêtant, je me promettais, je me faisais le serment que la prochaine fois, quoiqu'il arrive, quiconque soit présent, j'allais sauter, courir et mordre la joue de Voski qui n'était ni belle, ni jolie d'autant que, parfois, elle avait, sous les oreilles de petites cloques que couvraient ses bouclettes ; il y avait cependant, masquant et faisant oublier cela, sa voix qui, avec sa mélodie sinueuse et coquette, créait un cercle enchanteur et puis son comportement, généralement une espèce d'attitude libre, gracieuse, tranquille, une manière de si bien contrôler ses gestes et ses paroles, de se dominer, celle-là même que possédaient les femmes qui venaient voir ma mère, aux épaules et à la poitrine opulentes, aux hanches larges, aux cuisses fermes, aux vêtements semi-transparents, dont les hommes qui pouvaient en venir à bout étaient si rares, disait ma mère, qu'il n'en existait même pas, une race de femmes appréciant ce qu'elles avaient et heureuses de leur vie ; chacun de leur pas dans la rue était la confirmation d'une énergie, d'une vigueur, d'une passion retenue, de quelque chose que nous ne pouvons savoir mais que nous devinons et que nous ne pourrons jamais atteindre, tant ces femmes sont au-delà de nous, déterminées et, en même temps peut-être profondément fragiles dans leur féminité ;

en montant les marches, en dévalant la pente, je répétais ce que je devais dire,

il n'y avait personne ;

Arevik insisterait,

il n'y avait personne ? ne mens pas !

non,

tu vas voir, je te couperai la langue !

Oui,

là-bas, juste là, de ce côté du balcon, près du petit bassin, dans les ombres épaisses et vertes du mûrier, je les avais vus tous les deux, un dimanche soir ; monsieur Arménak était descendu au jardin arroser ses plantes assoiffées et, de temps en temps, en essayant d'augmenter le maigre courant, le débit de l'eau, il interpellait mademoiselle Voski, en haut, devenue muette, passive, nerveuse, ayant peut-être un peu perdu de sa sérénité,

ma fille ! l'eau ! ouvre l'eau !

Voski avait essayé de faire un pas, elle allait se courber, le rayon de soleil était tombé d'un coup à travers les branches sur son oreille, sur le lobe, réveillant une flamme depuis la pierre rouge de sa boucle d'oreille,

à côté, anticipant son mouvement, se levant du fauteuil où il était assis, allongeant vers le tuyau son bras velu,

quel Nechan ? notre Nechan ?

8

Arev !

c'était lui qui appelait, il venait de tourner le coin de la rue, rasé de frais avec, sous le nez, une moustache à l'orientale, tombante, tape à l'œil, les deux pointes glissant comme des virgules vers le coin des lèvres, les yeux brillants, rieurs, à la fois humble et arrogant,

regarde-moi ça ! qu'est-ce qu'il a vite changé, ce morceau de kurde arrivé de Kamichli, devait répéter ma mère ; les premiers jours, il se changeait à peine une fois par semaine, s'habillait de vêtements rapiécés des dizaines de fois, avec des chaussures effondrés du talon qui n'étaient pas encore débarrassées des sables du désert et, lorsqu'il parlait à Arevik, il rougissait – sœurette ! sœurette ! – et, durant un temps, nous criions depuis les toits – la sœurette est venue, la sœurette s'en va ! – quand nous le voyions entrer ou sortir de la rue, la nuque brûlée par le soleil inclinée en avant, le pantalon, déformé par la forme des fesses et lui tombant de la taille,

ça, c'était Nechan ;

alors qu'à présent, sa voix était devenue plus calme et assurée, plus mâle tout comme son corps qu'il exerçait dans un gymnase, ses muscles s'étaient développés, fortifiés, raffermis, les veines visibles sous la peau indiquaient une force interne vigoureuse, une arrogance et, quand il s'asseyait devant la table, pour plaisanter, pour jouer, – yallah ! viens ici, toi ! fais voir ta force ! – il saisissait ma main et, bien entendu, alors que je m'efforçais d'affermir le coude, il abattait facilement mon bras, – tu n'as aucune force ! rien du tout, mon vieux ! en grandissant, toi aussi tu feras de la gymnastique – parfois, il essayait de me consoler, il me laissait soi-disant vaincre sa résistance, crisper les doigts depuis le poignet, serrer, ses yeux fixaient les miens de leur éclat sombre, ses lèvres se tordaient, une forte couleur rouge les colorait jusqu'à ce que, brutalement, mon bras se colle à la table et Nechan se moquait de moi ; je n'aimais pas la sensation de sa chair se collant à ma paume, à mes doigts, le contact de la sueur un peu grasse, la peau gercée de sa main, les traces noires de saleté incrustées sous ses ongles, restes de la terre noire épaisse ou du mélange, semblable à de la terre, utilisés dans l'atelier.

Il arrivait qu'Arevik remarque cela, peut-être que son attention s'attachait avant tout aux mains et – viens ici, toi ! je vais nettoyer ces ongles – elle apportait les ciseaux et la lime, faisait chauffer de l'eau, Nechan laissait Arevik prendre une de ses mains dans sa paume, la faire tremper tout doucement dans le liquide, la gratter brusquement, essayer de la chatouiller ; le garçon commençait à rire si fort qu'Arevik, avec un sourire moqueur, tempêtait – tais-toi donc ! tu es fou ou quoi ? avec ces ongles quelle fille te regardera ? – comme si les yeux de toutes les filles de la colline étaient braqués sur lui ; en revanche lui, oh ! lui ! surtout durant les premiers mois, il inspectait de haut en bas toutes les représentantes de la gent féminine qui montaient et descendaient les escaliers, avec un regard profond, intérieur, une avidité maladive, son pouce aux lèvres, se rongeant les ongles, fixant effrontément les filles venant de la place de Bourdj comme s'il les déshabillait mentalement, se retournant sur elles, caressant et frottant des yeux leur corps, des épaules jusqu'au bas du dos, en sifflant ou crachant ; mais par la suite, il s'était calmé peu à peu, on a dit qu'il avait peut-être commencé à se contrôler même s'il touchait légèrement celles qui déployaient leur parfum, montraient l'éclat de leur peau, celles-là ne soulevaient en lui que des élans passagers et il souriait, du sourire entendu des garçons qui traînaient de l'autre côté de la place, poursuivant cette image et ne souhaitant que leur ressembler ; en fin de compte ici c'était pas Kamichli, le bout du désert, où quelle fleur pouvait donc pousser ? quelle fille ?

Nechan ! Nechik ! Necho !

à ce moment-là, il semblait sage, obéissant, se soumettant aux paroles de sa mère, à ses préceptes, à ses conseils, l'œil sur le visage d'Arevik puis vers le haut, soi-disant vers le ciel où il y avait peut-être un nuage, un soleil qui se voulait ardent, mais, en fait, vers l'étage supérieur de notre maison, vers l'ombre apparaissant à la fenêtre qui s'appelait Héléni ou Souad, des filles échappées de Palestine dont les frères étaient incapables de remplir leurs obligations selon les critères des questions d'honneur du quartier, de les brider, de les garder tranquilles à la maison et qui pouvaient être à coup sûr derrière les barreaux, sinon déjà sur les marches, comme des femelles en chaleur qui allaient et venaient plusieurs fois jusqu'à l'épicerie de Maritsa, toujours souriantes et affreusement maquillées et que Nechan allait regarder, saluer de la tête puis, à nouveau, il faisait clapoter ses doigts dans l'eau, en jouant avec la mousse, la tête penchée, profitant de la tiédeur de l'eau, des soins d'Arevik et surtout de ses instructions – bouge pas ! tout doucement ! ne bouge pas le doigt, je te couperais la peau –, celles de quelqu'un qui laverait un garçonnet turbulent, lui savonnant la tête et les mains, pleine de sollicitude maternelle et s'y adonnant comme une femme, elle nettoyait, limait, polissait les ongles, essayait d'ôter la crasse noire incrustée avec une tige métallique semblable à un clou, elle lui faisait manifestement mal ou voulait blesser la chair de celui qui

répétait en plaisantant

non, tu n'as pas de cœur !

et Arevik, tais-toi donc, tais-toi !

avec l'intonation d'une institutrice

je t'ai dit de te taire,

et, à la fin de ce jeu mi sérieux, mi blagueur, elle lui donnait la serviette à la main,

allez, va !

elle le disait en arabe, avec la gravité de quelqu'un exécutant un rite ancien, pour qui chaque moment de la vie est la préfiguration d'un sens plus grand et plus large, c'est-à-dire une initiation, elle scrutait son visage, ses joues rougies, comme si elle attendait l'apparition d'une chose absente, puis elle courait à l'évier.

Mais Arevik n'avait pas répondu à l'interpellation de Nechan et celui-ci, à madame Marie qui arrivait,

où elle est, ma tante ?

il semblait soudain inquiet et Marie, comme toujours après une dispute, rancunière, en colère,

si elle est pas devant sa glace, elle est sur le toit

non, elle n'était pas sur le toit, elle surgissait devant la porte, comme si elle s'était cachée et réapparaissait sans crier gare, essoufflée, la poitrine gonflée, elle avait dû courir, oui, elle avait couru d'en bas, c'était comme ça, il y avait toujours une observatrice qui, sur un ton équivoque, l'informait, l'interpellait,

le tien est venu, le tien vient,
va donc, idiote, va donc, c'est le fils de ma tante,
déjà le café chauffait sur le feu,

Nechan apparaissait devant la fenêtre, à l'ombre du prunier, il regardait les barreaux, se retournait vers les images accrochées au mur et vues cent fois, il s'approchait du calendrier de l'organisation compatriotique, puis, à côté, de l'œil disposé dans un cadre sous lequel il y avait la phrase « Garde moi comme la prunelle de tes yeux », extraite d'un psaume et clouée là, dans un style un peu puritain, dont naturellement il ne comprenait rien ; pour lui tout ça n'était que des images, il savait à peine lire et écrire, il n'avait pas appris à Kamichli, on l'avait retiré de l'école dès son plus jeune âge pour le mettre en apprentissage auprès d'un bijoutier, mais il savait le nécessaire, c'est-à-dire les chiffres et les opérations, cependant, lorsqu'il écrivait les chiffres sur le papier, sa main avait la maladresse du novice, ses doigts semblaient mous et instables, tremblaient, il n'arrivait pas à tenir son crayon droit un certain temps et, quand je baissais la tête, voulant suivre le mouvement de sa main, souriant sans doute malgré moi, riant de ce grand gaillard qui ne savait même pas écrire son nom, il me jetait un coup d'œil, ne se fâchait pas, ça, ce n'était pas son affaire ; c'était surprenant, on aurait dit qu'il ne souffrait pas du tout de son ignorance contrairement à Antika, à ma mère, à madame Negar ou à Nano qui avaient honte, détournaient la tête, avaient les mains qui tremblaient lorsque, obligées d'apposer leur signature en bas d'un papier, elles imprimaient leur pouce, comme si elles étaient soudain fondamentalement privées de mains, de pieds, de corps, et la conscience de leur ignorance les rendait plus humbles, plus admiratives, d'une admiration peut-être ambivalente, envers ceux qui étaient éduqués, tous ceux qui maniaient crayons et papiers ; à ceux-là, elles confiaient le sujet de leurs lettres, de leur place elles suivaient avec respect et les yeux craintifs, le mouvement de ta main, – oui, elles étaient malades et aussi dans la gêne, elles avaient besoin d'argent, elles n'avaient pas payé le loyer de la maison, de la chambre, elles avaient peur que le propriétaire les mette à la porte, l'usurier maudit réapparaissait sur le seuil, il criait, elles tremblaient, elles avaient honte, elles qui étaient habituées à vivre de l'air du temps, dans une sorte d'ascétisme permanent, elles ne voulaient pas devoir un sou à quiconque, hélas ! devions-nous vivre de tels jours ! – mais, soudain, elles réagissaient à leurs propres paroles – non, non, n'écris pas ça ! – elles opéraient un revirement dans leurs confidences, quoi qu'il en soit, elles devaient en dire le moins possible, elles étaient fières, elles avaient de la dignité, – elles n'étaient pas malades, d'ailleurs ça allait beaucoup mieux, le Dr Sayelian leur avait donné un médicament puissant, écris qu'on va bien, qu'on se débrouille, Dieu est grand –, j'écrivais – on n'a besoin de rien – elles me faisaient un clin d'œil, elles insistaient, elles pensaient qu'ainsi, avec une simple allusion au sujet, le lecteur lui-même, spontanément, comprendrait beaucoup à partir de peu et allait penser qu'elles avaient besoin d'aide et cet écrit, cet écrit terrible, dirait en même temps quelque chose et rien.

Ni respect, ni honte, Nechan se fichait de tout ça, selon lui, la prise des commandes, les additions et les soustractions faisaient partie des fonctions de Jeannot, d'ailleurs, n'était-ce pas Jeannot le patron, le propriétaire de l'affaire et du magasin ? Jeannot qui, pour l'heure, n'était pas à la maison ; il s'était échappé tôt, c'était comme ça depuis un moment, lui aussi avait trouvé sa voie et poursuivait une image, quant à Djanik, ayant revêtu son uniforme de scout, le chapeau sur la tête, il était descendu à son club de sa démarche de gendarme, madame Marie, devant la maison, à la mode d'Ourfa, épluchait les aubergines pour les grillades de midi, son regard une fois vers Nano, une fois vers Hermine, l'oreille tendue vers sa fille qui montait vers le toit et, du haut des marches, se retournait vers Nechan, sa large jupe à fleurs, qu'elle essayait de garder rabattue, fermement retroussée, tout en l'enjoignant de ne pas la regarder, oh ! elle allait dégringoler, ne bouge pas ! ne te moque pas ! elle s'effrayait, elle frissonnait, elle piaillait et elle riait comme si tout à coup elle était devenue pudique et craintive, elle qui, plusieurs fois par jour, avec la souplesse d'une acrobate, montait et descendait à toute vitesse, les babouches aux pieds, toujours attentive à ne pas révéler ses cuisses, une main à la hanche, l'autre accrochée à la marche ; dans cette posture, son corps ressemblait à celui d'un chat sauvage ou d'un tigre qui grimpait sur un tronc penché, sous la lumière surplombante, ses cheveux se coloraient d'un éclat doré et voilà qu'elle était arrivée devant l'ouverture du yertik, elle passait la frontière dangereuse et appelait,

viens donc !

et brusquement,

qui a fait ça !

avec les notes les plus hautes de sa tessiture, d'une voix forte, audible aussi bien d'en bas que du côté de Pilibos,

c'est pas vrai !

de l'étonnement ? un début de colère comme toujours ? et aussi un peu d'hésitation

qui a encore ramassé des feuilles ?

les rameaux de la vigne avaient dû perdre un peu de leur feuillage et, de ce fait, la treille n'avait plus le rideau opaque de ses murs ondoyants,

de quel droit ?

la voix

avait pris une nuance vengeresse, batailleuse et si celle qui avait réduit la treille à une chose ridicule et déplumée s'était trouvée face à elle, elle l'aurait réduite en bouillie avec une rage bestiale, aurait enfoncé ses ongles pointus dans son visage, eh oui ! pourquoi pas ? ne l'avait-elle pas fait une fois et sans opposition mais dans une toute autre circonstance : qui ne savait que son âge était celui de toutes les filles nubiles ? comme une pendule qui retarde, elle avait toujours tendance à perdre des années, les femmes se faisaient de l'œil et passaient ; les mots amènent les mots quand, un jour, au décours d'un commérage banal, – celle-là a atteint 18 ans, telle autre 21, elle est encore à la maison, – ça faisait parler – Arevik, avec un culot d'acier, avait dit que la Takouhie d'Hermine avait à peine un an de moins qu'elle, qu'elles jouaient ensemble à la poupée, et cette différence n'était qu'une question de taille, un doigt, à peine un doigt plus bas et leurs épaules étaient au même niveau ; madame Loussenag[1], le « clair de lune » d'Antika, manquant de clairvoyance ou plus exactement fraîchement arrivée de Nicosie et ignorant la règle non écrite qui obligeait au silence, était intervenue : – mais qu'est-ce que tu racontes ma fille ! comment peux-tu te comparer ! c'est encore une gamine ! – qu'est-ce qu'elle avait dit là ! Arevik s'était dressée de sa place et, sans vergogne, – mais pour qui tu te prends, toi ? tête de courge ! – elle avait secoué le fin bras osseux de ses ongles, – parce que tu viens de Chypre, tu te crois quelqu'un ! – elle avait griffé, labouré les joues déjà couvertes de rides, madame Loussenag n'avait pas réagi, elle l'avait regardée, mortifiée, blême, son visage totalement réduit à une grimace de stupéfaction ;

1 Loussine, Loussenag signifie « lune » en arménien.

mais, on n'avait raconté que plus tard un des autres exploits de ce bout de femme : garce ou matamore ? qu'est-ce que c'est que ça ! est-ce qu'on se mêle comme ça des affaires des hommes ? eh bien oui ! on devait élire un *Catholicos**, les journaux étaient pleins de la crise qui secouait les deux Sièges apostoliques[2], le cœur de tous les Arméniens hésitait entre Etchmiadzine et Antélias, une question de vie ou de mort, chacun avait pris parti, y compris l'Amérique qui faisait des pieds et des mains avec ses espions et sa 6e Flotte, la guerre froide, l'embrouillamini du Proche Orient et, au milieu de tout ça, nous, les nôtres, nos grands, comme disait Pilibos, nos barbus ; et voici cet évêque Khoren soutenu par les tachnags, et voilà ce Khat déglingué, appuyé par Etchmiadzine, on aurait dû couper à la racine la tête de son acolyte, ce *vartabed** Kenel, celui qui avait occupé l'église d'Hadjin, et qui, depuis sa chaire, répandait le poison dans les esprits, seul, de lui-même, il dirigeait deux quartiers et avait fait ériger un mur le long de la voie du tramway devant les caïds communistes, soi-disant pour l'auto-défense, comme s'ils allaient rééditer le combat héroïque d'Hadjin[3] ; l'autre complice, Terenik, sous sa sainte soutane et sa réputation de théologien, était aussi un drôle de coco, un serpent ; on revenait toujours à ce Khat, qui considérait que le siège de Cilicie était son héritage paternel, tout ça parce que depuis des siècles ses ancêtres étaient soi-disant les gardiens de la Sainte Dextre[4] et avaient gardé la relique de l'Illuminateur dans leur maison, dans leur famille ! tous s'étaient appropriés la nation et ses biens, ils prétendaient être la nation : à cette époque, la Dextre n'avait pas encore été volée ; le journal racontait tout cela avec ses propres mots, avec des avertissements dans des articles moraux et partisans, et ça, dans quelles conditions ! Apo tirait-il les ficelles de toute cette intrigue ? Arevik était entrée dans cette horde bigarrée de femmes qui devait aller à l'aéroport pour accompagner, souhaiter bon voyage à tous ces évêques et au *Catholicos**

---

2 En 1956, à l'occasion de la mort du Catholicos arménien et de la réélection de son successeur, et sur arrière-fond de guerre froide, il y eut une « guerre des Sièges » entre le candidat de l'Arménie soviétique (Etchmiadzine) et celui des Tachnags (Antélias), soutenu par le président libanais Chamoun. Il en résulta une vive tension entre ces deux centres religieux.

3 En avril 1920, la ville d'Hadjin, en Cilicie, où 7 000 Arméniens sont réfugiés, est assiégée par les Turcs qui prennent la ville en octobre, malgré une résistance désespérée, et y massacrent des milliers d'Arméniens.

4 Symbole de la fonction du Catholicos arménien.

d'Etchmiadzine, qui partaient ou plutôt fuyaient sans avoir pu intervenir et puis, soudain, il y avait eu un tumulte, un remue-ménage, des hentchags et des communistes avaient agressé un archevêque qui s'était échappé sain et sauf par une porte dérobée, de sorte que depuis des mois la colère attisée avait atteint un point culminant ; non, qu'est-ce qu'on aurait pu faire ? les femmes n'avaient rien pu faire, elles avaient regardé de loin puis avaient pris le car et étaient allées directement à Antélias, allons voir qu'est-ce qui va se passer, qui va être choisi ? et là-bas, Arevik, l'honorable mademoiselle Arev, avait brillé par son comportement ; mais enfin, une si petite bonne femme ! qu'est-ce que tu as à faire là-bas ! avait réagi ma mère à son retour ; les femmes étaient entrées dans l'église, tapage, agitation, elles voient encore là ces voyous, ces curés pédérastes et ces évêques amateurs de femmes qui essaient d'empêcher l'élection ; dans la confusion, échange de coups, elles leur rentrent dedans, elles arrachent cheveux et barbes et, pour cette raison, on transfère l'élection à la résidence du *Catholicos**, les espions d'Etchmiadzine, paraît-il, s'étaient faits tout petits et, ce jour-là, le siège d'Antélias avait été sauvé

madame Herip, si tu avais vu ça !

une certaine vibration nerveuse dans sa voix,

la barbe de Khat m'est restée dans la main, tiens !

refaisant la voix sèche comme du pain rassis du vicaire, en particulier son arménien confus à accent turc qui semblait avoir quelque chose d'aussi disloqué que sa mâchoire lâche, lorsque sur le bem[5], il s'efforçait, en rejetant de côté les pans fleuris et couverts de dorures de sa chasuble, de composer un sermon sans couleur et sans saveur mais édifiant, essayant selon ses possibilités, comme le dit la formule, de justifier la gloire immémoriale des gardiens de la Sainte Dextre

l'hypocrite !

c'est honteux ma fille, le saint-chrême est encore sur son visage,

disait ma mère mi-sérieuse, mi-rigolarde, mais n'était-ce pas vraiment risible ? pathétique ? et tout ça devant le monde entier.

À présent, le toit : j'imagine l'ouverture du yertik, Arevik, avec la stupéfaction de qui se trouve face à une catastrophe ; c'était la même colère ou une colère semblable et il n'y avait personne pour s'opposer ou répondre à l'exclamation

---

5 Surélévation sur laquelle est situé l'autel dans les églises apostoliques arméniennes.

la coupable ! qui est la coupable ?

qui sinon madame Marie ou Maritsa entrant du côté Pilibos, – l'une pour son *dolma** hebdomadaire, l'autre soit pour fermer ses bocaux de *tourchis*, soit pour compléter le récipient à moitié plein – en mâchant les plus tendres, les plus délicates, les plus petites en coupant et en jetant celles trouées par les chenilles ? elles n'étaient pas là pour entendre les cris d'Arevik, elles avaient simplement disparu à cette heure-là,

la cloche de l'église avait annoncé l'office avec son tintement jaillissant et joyeux ; sous la treille, le soleil avait jeté une ombre légère sur le kilim du sol, les oiseaux avaient fui, Arevik devait secouer les draps et les couettes inutilisées, elle tapait le lit, le matelas en les repliant avant de les ranger, c'est pour cela qu'elle était montée, et rien d'autre, tandis que Nechan, debout sur la partie avancée du toit semblable à un balcon, regardait, à travers les branches du prunier et de l'eucalyptus, le petit monde de la vallée, les colombes de Métri tournoyant dans le ciel, le balcon d'en face des Simon où Valentine pouvait apparaître, mais non, il n'y avait pas d'espoir de voir son visage béni ; c'était des catholiques fervents, de l'espèce dévote, et, à présent, ils devaient être à la prière à l'église de St Grégoire l'Illuminateur, madame Negar était à nouveau absorbée dans sa tâche dominicale, l'épluchage des haricots, avec aux lèvres la rengaine « tu me manques, tu meee maaanques ! » je crois qu'elle avait appris ça du chanteur Setrak, maître des réjouissances populaires du quartier, un personnage long et mince, comme disait son accompagnateur à l'oud, Bénon, qui réservait cette nouvelle chanson tire-larmes pour le moment le plus chaud du banquet, à savoir vers minuit quand la pleine lune se fragmentait dans les verres de bière et d'alcool ; à ce moment-là, il remuait les cœurs avec sa voix plaintive et enrouée, il faisait couler les larmes des femmes « Tu me manques, tu... », chacun avait quelqu'un qui lui manquait, chacun avait un proche qui n'était pas à ses côté, qui était absent, disparu, expatrié et, à présent, madame Negar crachotait et moulinait ce morceau de mélodie ; la rue était tranquille, le soleil, depuis les montagnes au loin, en deçà de la mer, diffusait une chaude mollesse dominicale, Nechan s'éloignait doucement du bord, il allait rentrer dans la chambre végétale à travers les rameaux pendants de la treille ;

et allez ! maintenant, ils allaient plaisanter, jouer à des jeux de mains, Arevik allait s'esclaffer, – oho !, ne fais pas de bêtises ! tu es fou ou quoi ! tu es fou ! – à voix haute comme un enfant qui cherche à attirer l'attention, elle criait, aïe ! aïe ! elle jouait les capricieuses, ouille ! dans ses éclats de rire se manifestait une tonalité totalement inconnue comme une lézarde s'ouvrant, s'élargissant peu à peu, un éclat venant d'en dessous, un rayonnement, une exubérance, une clarté resplendissante, il me semblait que la plaisanterie devenait plus mature, plus mélodieuse, même plus douce mais imprégnée de quelque chose dont la nouveauté troublait, gênait, pouvait même inquiéter, comme l'irruption, la mise au jour d'un monde inconnu pour l'existence duquel je n'étais pas préparé ;

on n'entendait plus la voix de Nechan, peut-être n'était-ce qu'un murmure, un marmonnement qui semblait ponctuer la conversation, je le supposais allongé, un pied sur l'autre, les bras croisés derrière la nuque, il regardait, il étudiait la fille qui jouait avec les rameaux, les feuilles et qui, de temps en temps jetait un coup d'œil vers le bas, vers la rue déserte, du côté de la maison de Haïg *agha** l'usurier, se trouvant au même niveau, puis disparaissait derrière le rideau vert déchiré, déployant sa voix qui semblait parfois se cacher dans le bruissement des feuilles, sifflait, semblait danser autour d'un mot, se transformait en une ronde, c'était un oiseau mâle cherchant sa femelle qui roucoulait, puis la voix effectuait des sauts en zigzag, se prolongeant, se détendant comme lorsque le nœud d'une tension intérieure se défait petit à petit, se décompose à la surface du corps fiévreux étendu qui se rend soudain compte de sa fatigue, perd sa capacité de résistance et se remet au fauteuil qui lui tend les bras ; puis c'était un sursaut, un éveil, tout à coup la plaisanterie glissait vers l'information courante – on aurait dit les fils rouge et vert entremêlés de la couronne nuptiale –, suggérant sans cesse quelque chose, la réfutant ensuite, passant constamment d'un état à son contraire,

c'était ça, très exactement, tantôt en bas, tantôt en haut, crier et piailler, jouer des fesses, selon les mots de madame Negar qui, en tordant les lèvres produisait un effet liquide proche du dégoût, elle crachotait – Dieu les punisse, je plains celui qui prendra cette fille, elle a pas de conscience, si ça se trouve, elle a pas de cervelle non plus –, voilà ce que c'était d'allumer les garçons, ce jeu au vu et au su de tout le monde qui n'était pas seulement une façon d'être, une attitude mais une caractéristique physiologique qui, peut-être, n'existait pas au début mais, qui, sitôt qu'une fille changeait de comportement, apparaissait dans sa façon de parler, de se coiffer, de s'habiller et de s'asseoir et qui trahissait l'intrusion dans son corps d'éléments troubles, nouveaux ;

mais ce monologue bavard d'Arevik était un signal, une parade indécente et ridicule, suggérant qu'il ne se passait rien ; si elle s'était tue, qu'auraient dit les voisins, du moins ceux qui étaient chez eux à cet instant ? ils allaient dire, le fils de sa tante l'enlace, est-ce que ces choses-là se font ? c'était pas possible ; cependant, tout cela était surtout destiné à madame Marie qui épluchait les aubergines dominicales devant la maison et qui irritée depuis longtemps, bougonnait sous cape, regardait d'un œil l'oignon qu'elle écalait, essuyait ses yeux larmoyants du dos de la main, suivait l'étrange dialogue qui se déroulait en haut, en un mot, le gazouillis énervant d'Arevik et marmonnait pour elle-même, ou peut-être pour une personne invisible,

si Khatchadour avait été là, ça se passerait pas comme ça, Jeannot aurait écouté son frère, les autres, des bons à rien… mais enfin, descends ! descends !

Marie bouillait soudain, d'autant que, peu après, elle devait aller chercher le mortier, hacher la viande, la battre longtemps jusqu'à ce que, après avoir ôté les nerfs et les muscles, elle réduise le tout en une pâte gluante et cela demandait du temps et de la patience, la patience était la vie et la vie une longue déchéance…

akh ! akh ! pour cette délurée d'Arevik, ce que je dis ou rien c'est pareil, elle est folle ? elle perd la tête ? Bon sang ! c'est honteux ! c'est honteux ! mais qui c'est qui m'écoute ? monologuait-elle, en vain,

elle attendait, elle attendait seulement que le jour de celle-ci arrive, que la chance s'ouvre et qu'on la marie,

de temps en temps elle relevait la tête vers l'ombre du prunier puis, d'un regard englobant le balcon de Nano, embrassait d'un coup ce monde dont elle était le point de mire. et où on aurait dit qu'elle ne faisait rien si ce n'est tendre l'oreille vers la treille de la honte mais, mais, toujours prête à tirer des conclusions excessives, extrêmes,

tandis que là-haut, en réponse à ce que disait le garçon et qu'on n'entendait pas, à ses agaceries continuelles éclatait de nouveau le rire voluptueux d'Arevik : on se serait cru à un banquet, une fête ou des fiançailles.

9

La sœur de ta voisine,

on aurait dit que ma mère n'avait pas entendu et que l'autre se sentait obligée de répéter ses paroles, ayant trouvé une oreille complaisante et surtout heureuse que l'occasion se présente à nouveau de donner un coup à nos voisins, et quel coup !

de cette voisine, l'Aroussiak de ta Marie…

elle mettait la main sur sa bouche comme pour réprimer un rot, mais en fait pour faire attendre la nouvelle, se faire valoir,

… elle a encore reçu la rouste,

elle avait un peu rapproché sa chaise, près de la porte, ainsi elle ne se faisait pas voir de « l'autre » et profitait de la fraîcheur de l'après-midi, le café, elle l'avait apporté tout prêt de chez elle et qui sait quel type de mélange il y avait dans le récipient métallique, une espèce d'ancien objet artisanal métallique hérité de son mari, sous le bec tordu, gauchi duquel il était écrit, en tentant de garder une ligne droite, Hovakimian 1936 ; ma mère devait fournir les tasses, elle les remplissait, elle les disposait d'un côté de la machine pour être aimable, mais, du coup, elle était obligée d'interrompre son travail,

oh ! mais Negar ! ce n'était pas la peine, comme si on en avait pas,

avec coquetterie mais, je crois, assez contente qu'il n'y ait pas à se lever, allumer le feu, faire chauffer l'eau ; elle s'était installée sur la chaise tandis que madame Negar, Negar de Sivas ou la Negar d'Hovakim, étroite d'épaules, le corps osseux, avait ôté ses savates et allongé ses jambes fortes et poilues, étalant la peau sale, gercée de ses pieds et de ses talons ; elle avait une robe à fleurs boutonnée devant, – sentant l'ail, de larges traces de sueur sous les bras – qu'elle portait tout l'été soi-disant à même la peau, si elle pouvait, elle dormirait aussi avec, disait ma mère, qui lui cousait une robe non pas une fois l'an, mais à peine une fois tous les 5 ans ou 10 ans, attendant un paiement qui ne venait pas, de sorte que l'offrande de café de madame Negar était une chose exceptionnelle, un grand présent, une bonne manière, qu'il fallait apprécier et savourer pleinement, un peu aqueux, un peu amer, chaque café ressemble à celui qui le fait, disait ma mère et le sien était comme ça, insipide, s'étant éternisé dans sa boîte, de la poussière ayant perdu son parfum.

Ma mère avait mis son ouvrage de côté, s'était levée pour remplir un verre d'eau au robinet, elle se penchait, buvait, de sa paume s'essuyait la bouche, okh ! elle semblait se préparer au rite du prochain commérage, quoi qu'il en soit, c'était toujours savoureux ! surtout que celle de Sivas était sa source pour les quartiers d'en bas, de ce côté de la colline où nous n'avions pas de famille et qui formait, pour nous, la porte d'un autre monde ; madame Negar circulait par là-bas, elle rendait visite aux gens de Sivas et d'Ankara avec, semble-t-il, une intention spécifique ;

on l'appelait la Negar de Sivas mais elle était de Tavra, nous sommes des gens de Tavra, disait-elle, comme si Tavra, notre Tavra, comme elle disait en adoucissant les consonnes du mot, avec son fleuve et ses moulins, surtout avec ses meuniers partis tard en exil et ayant joué du couteau et des fusils, était une forteresse imprenable à côté de laquelle Sivas laissait l'impression d'une petite bourgade inférieure, voire vulgaire ;

ils étaient tous ainsi, leur ville d'origine était supérieure à celle des autres, quels qu'ils soient, et ce lieu avait non seulement des terres et des eaux incomparables, mais des lignées et des générations, une odeur et un goût qui n'appartenaient qu'à eux, à leur peau, à leur physionomie et c'est sans doute pour cela, comme ils aimaient à le dire, qu'ils sentaient de loin l'odeur de leurs concitoyens, hors de leur village, Ras-al-Ayn, Rakka ou des lieux aux noms encore plus improbables, par où était passée madame Negar ; son premier mari et sa petite fille d'un an s'étaient perdus dans les pierres et les sables de ces endroits, on aurait dit qu'elle craignait de dire qu'ils étaient morts, elle était restée seule ainsi, dans une situation incertaine, un an ? un mois ? dans les tribus arabes ? ou turkmènes ? elle pétrissait les mots avec la vitesse de quelqu'un masquant une grande honte, les mâchant et les avalant comme des gousses d'ail ou des haricots, les fossettes sous son menton tremblaient ; puis, à nouveau, elle s'était mariée, eh ! une jeune femme seule ! que faire ? si elle ne s'était pas mariée, toutes ces langues longues et venimeuses auraient jasé ! mais, si on lui posait la question, elle s'était mariée à contre cœur, pourtant, si elle avait pu, allez, allez ! elle se serait bien fourré un troisième mari dans son lit, trois, trois, médisaient les femmes, cette familiarité de concitoyens avec Artine le Fou, elles l'avaient transformée en un coquet roman d'amour sans fin, c'est-à-dire véritable, tardif et inoffensif, avec ce soi-disant fou,

dont je ne sais pourquoi il avait reçu ce qualificatif : à cause de ses mouvements brusques ? de sa voix parfois enrouée qui, sans crier gare, se réduisait à un murmure inaudible ? ou à cause d'un visage fiché de travers sur un cou très fin et des yeux semblables à des œufs cassés avariés ? un débile se plaisant à effrayer les gosses ; il avait la renommée d'un soldat d'Antranik[1], cependant, Antika qui aimait voir autre chose derrière chaque apparence et considérait avoir percé à jour cette mascarade – comment celui-là aurait-il été un soldat d'Antranik, serait-il allé jusqu'à Erzeroum et ne serait pas sensé ? –, Antika ne pouvait soupçonner qu'au fil des ans le nombre des soldats du général avait cru peu à peu, avait formé non pas un bataillon mais une armée, un peu plus un peu moins ça ne changerait rien aux faits, tu parles d'un fou ! il avait choisi cette folie de veuf, pourquoi aurait-il travaillé peiné, sué, eu femme et enfants ? et donc, aux yeux de tous, ouvertement, il venait s'asseoir toute la journée dans la cour de Negar, émettait des borborygmes comme un muet et avalait la soupe toute prête,

il était, paraît-il, de leur région, soi-disant il faisait pitié, demandait la charité, des paroles aussi bêtes et insensées que ça, comme s'il était l'unique péteux débile à la rue, l'unique oisif, allez ! d'après moi, c'est son amoureux sinon pourquoi le servir ? pourquoi s'inquiéter du pain qu'il mange ? est-ce qu'on manque d'affamés, de miséreux dans notre monde ? mais, ces mêmes femmes ne pouvaient ignorer que celle de Sivas était devenue veuve ici pour la deuxième fois – tiens ! elle l'a tellement épuisé qu'il est rapidement mort, comme si... elle l'avait tué –, disaient-elles avec le sourire supérieur de celle qui en sait beaucoup et se tait et on aurait dit que le regard de tous suivait, au-delà de la succession des faits visibles, un fil qui constituait l'intrigue de la vie de cette femme, semblable à sa malle qui ne s'ouvrait jamais et où la légende plaçait une ceinture de pièces ottomanes sonnantes ;

c'était le mari de Negar, monsieur Hovakim, qui était de Sivas, il était mort depuis longtemps, et la preuve la plus inattaquable, la

---

1 Militaire et héros national arménien (1865-1927) qui combattit les Turcs de 1912 à 1918.

plus parlante de son passage sur cette terre était la grande photo qui trônait dans la petite chambre, dès l'entrée, à côté de l'armoire à glace, en haut, au-dessus du fil de la lampe, accrochée au mur dans une sorte de position inaccessible, photographié de face ; c'était un homme avec des moustaches majestueuses, aux sourcils fournis, qui semblait s'être incarné non pas en son fils aîné, Mourad, mais en celui du milieu, comme elle disait, Mihran, et aussi un peu dans le benjamin, Mkoutch ; bien sûr, elle aurait donné son âme pour ses garçons, comme toute mère ; après la mort de feu Hovakim, alors que déjà ils avaient commencé à travailler, l'un comme charpentier, l'autre comme chauffeur, le troisième comme mécano, elle avait décidé que dorénavant elle n'allait plus se tuer à la tâche ici et là, c'est-à-dire qu'elle avait cessé de faire la lessive chez les uns et les autres, d'ailleurs, qu'est-ce qu'elle savait faire ? elle n'était même pas capable d'enfiler une aiguille, alors comment aurait-elle pu broder des chemises ou des sous-vêtements ? conformément à la loi immémoriale de la domination des mères, les enfants devaient travailler, venir lui porter leur salaire hebdomadaire, elle devait se flatter, s'enorgueillir de ce qu'elle avait des fils aussi beaux que probes et surtout obéissants, elle devait distribuer à chacun son pécule de la semaine, à l'un pour du tabac, à l'autre pour son gymnase, le reste, elle le fourrait dans son sein, sous le gauche, dans une poche invisible et elle allait s'asseoir dans le jardin en haut du terrain, choyer la menthe, les pourpiers, les plants souffreteux d'oignons, mais surtout, les mois d'été, elle avait une occupation très importante qui était la production annuelle de loufa, ce loufa qui, quand il avait été vidé de ses graines et de son suc mousseux était plus résistant que le *kessé** traditionnel et qui nettoyait le corps, du haut en bas, oh ! de telle façon que c'était devenu une marchandise précieuse, un présent recherché ; sa culture n'exigeait pas un soin particulier, les plants poussaient tout seuls, se ressemaient, elle devait seulement les arroser abondamment avec de l'eau savonneuse ou sale presque chaque jour, elle devait enrouler à des tiges de jonc les sarments à qui l'humidité et le soleil avaient profité, aménager un espace aérien au-dessus de son jardin où cette plante ravageuse pouvait se répandre ; aussi, du balcon des Simon au toit de la maison de Haïg *agha**, madame Negar tendait des fils, se disputait avec la femme de l'usurier, aussi pingre que son mari ; toutes les deux ne cessaient de se chamailler, – les moustiques de tes plantes nous envahissent –, disait cette garce de Mariam, – les feuilles sèches tombent chez nous – et, dans ces cas-là, celle de Sivas devenait violente, se mettait à vociférer, à lancer des injures plus bigarrées les unes que les autres, – va salope ! occupe-toi de ton ventre, t'as même pas pu mettre bas un avorton, allez, crève ! que le diable vous emporte dans sa Géhenne, que votre or vous engloutisse – et, malgré ses malédictions, non seulement l'usurier et sa femme ne brûlaient ni ne crevaient mais ils ne cessaient de prospérer, les taux d'intérêt grimpaient, formant une sorte de muraille imaginaire entre l'usurier et elle,

quant à l'autre côté,

jamais, au grand jamais le fil ne devait traverser la rue, jusqu'au toit des Khatchadourian qui était plus haut et plus adapté pour la croissance de cette plante ; madame Marie, mais surtout Arevik, avait dressé un mur invisible au milieu de la rue depuis ce jour où la Negar d'Hovakim, ayant enfin décidé de se chausser et fait l'immense effort de rentrer ses pieds dans des chaussures serrées, très serrées, ayant enfilé une robe noire à pois jamais mise, était allée rendre une visite exceptionnelle à la maison d'en face, à juste trois mètres de son seuil ; elle avait mis une assiette de pâtisseries sur la table, elle avait caressé, frotté ses lèvres tombantes puis son menton et, à côté, les trois poils poussant sur son grain de beauté et était passée aux questions sérieuses ;

comme ma mère avait ri, à s'en tenir les côtes, mais le fait était clair, c'est Arevik qui racontait, – la vérité vraie, je te jure madame Herip, et moi je me disais, pourquoi a-t-elle donné si vite son déjeuner à ce fils aimé, sage, elle lui a dit, allez, vas-y ! elle s'est peigné les cheveux toute la matinée, a nettoyé le peigne, elle les a bien tirés, les a arrangés sur la tête, par-dessus le marché, elle a dit à Mourad d'apporter des *pakhlavas** – ; voilà ce qui s'était passé et ma mère continuait à rire, attends ! je vais me faire dessus, ça suffit !

donc madame Negar a tourné sa langue sept fois dans sa bouche, elle a commencé à bavasser au sujet des montagnes et des vallées

finalement, elle a fini par expulser son rot post prandial rituel, tout était à sa place, sa gorge, son estomac, ses intestins effectuaient leur travail naturel, une expression de plaisir et de sérénité s'était substitué à l'habituelle agitation des muscles de son visage,

et alors…

ma mère qui voulait accélérer la conversation,

donc madame Negar avait essayé de faire comprendre qu'elle avait trouvé quelqu'un qui convenait à Mourad

tu sais qui ? non ? vraiment ?

mais Arev !

maintenant c'était Arev qui riait, un rire libre qui venait du plus profond d'elle,

elles étaient voisines, c'était très pratique et son fils avait un bon travail à l'atelier de charpente de Khalil Bedevi, ils habiteraient tous ensemble ; elle avait présenté toutes ses conditions depuis le début, quel besoin y avait-il de réfléchir en long et en large ? voilà son fils Mourad qui était là, un homme jeune, sage, honnête, deux de ses doigts étaient partis dans la scie mécanique mais il pouvait être considéré comme un homme superbe, en pleine santé, Arevik lui avait tapé dans l'œil, tout ce qu'elle voulait c'était que tout se passe dans les meilleures conditions possibles, elle était là aujourd'hui, demain elle n'y serait plus, en un mot, donnez-nous cette fille puis nous verrons, mais tu vois pas qu'Arevik

moi ? avec cet estropié ? vous vous rendez compte ! il ne peut même pas boutonner son pantalon, mais qu'est-ce que je pouvais dire madame Herip ? il y a un monde entre lui et moi, qu'est-ce que j'irais faire chez eux ?...

et avec la perspicacité de celle qui comprend beaucoup de choses

et dis-moi un peu, que je prenne celui qui craint cette femme pour que les frères me tournent autour ? et tout ça dans le même gourbi ? c'est ça qu'ils veulent, moi j'ai compris,

il paraît qu'elle avait refusé sèchement et, depuis ce refus, madame Negar et madame Marie ne devaient absolument pas se rencontrer dans la rue ou ailleurs, elles allaient s'éviter même en ouvrant leur porte ou leur fenêtre ou en tirant les rideaux ;

les cris, les récriminations, les rires d'Arevik ne faisaient que provoquer la rage de celle de Sivas qui, à son tour, s'énervait, excitait ses fils qui ne manquaient pas l'occasion, les dimanches, surtout après Pâques, quand les pluies se raréfiaient et que commençait la vie à l'extérieur, d'organiser des parties de belote dans la cour et, le Zaven d'Aram, Dobri, le Parounak de Garbis et le trio des Hovakimian faisaient du tapage, ils partageaient les cartes, juraient – couleur, noir-blanc –, laissaient échapper les atouts et les dames, les égrenaient, ils racontaient des histoires grivoises, répétaient pour la nième fois l'anecdote d'Héléni la palestinienne, lorsque la fille était descendue du taxi, que le sein de cette beauté était sorti largement de son décolleté et qu'ils avaient couru le remettre en place ou, plus exactement ils avaient essayé mais n'avaient pas réussi ; oh ! tu aurais dû un peu le soupeser et le goûter, criait Mihran tandis que Zaven et Mkoutch suggéraient de l'œil et du sourcil de reprendre le cours de la partie, ils comptaient les atouts, pour, au moins justifier leur réputation exceptionnelle de tricheurs à la belote ; feignant au début l'indifférence, criant parfois « taisez-vous », sifflant presque, puis cependant, elle aussi, gagnée par l'ambiance créée, madame Negar explosait de rire, cherchait sur son sein le mouchoir pour essuyer ses larmes, satisfaite bien sûr que les jeunes du quartier, grandes gueules, se prenant pour des filous, des caïds, s'amusent ici, dans son jardin, sous ses yeux, pratiquement avec elle au lieu de gaspiller leur argent et leur semence au dehors, dans des lieux douteux ; ils chantaient comme des ivrognes, appelaient Arakel pour qu'il apporte son violon, passaient de la veine patriotique « Allons-z-enfants… » aux vulgarités sirupeuses de « Toi à Alep, moi à Beyrouth, comment résister, comment, comment… », « Je voudrais être un soleil et m'épanouir et m'éclater… », semblant contrefaire les paroles pleines de sous-entendus de Negar

voile déchiré, fille déflorée

avec moquerie, avec admiration, sans vraiment comprendre la signification des paroles, le regard au-delà du jardin, sur les silhouettes des passants, bien sûr toujours attentifs aussi à ce que tout cela n'atteigne pas l'affrontement avec les frères.

Les filles bien, les filles de maison ne se trouvaient qu'au bas de la colline, selon madame Negar qui rôdait dans ces parages, des petites maisons côte à côte, nez à nez, collées les unes aux autres, à l'extérieur desquelles il ne semblait y avoir rien, ni ville ni univers et où, comme l'or est enfermé dans la malle ou l'âme arménienne l'est sur la terre arménienne, les mœurs et l'honneur devaient rester absolument purs et sans mélange : là seulement pouvait se trouver une épouse digne de son Mourad, cette fille introuvable qui aurait tous les talents et qui, pour madame Negar et ses semblables, serait la synthèse de valeurs rares non seulement morales mais, j'allais dire, esthétiques, à savoir, qu'elle soit petite, accommodante, grandisse sous son aile, ne soit pas bavarde, ne s'oppose pas à ses ordres, qu'elle ne plaisante pas avec tous ses visiteurs et, qui plus est, l'accepte, elle et ses deux autres fils célibataires, qu'elle lave les chemises toujours sales de l'un, qu'elle tolère les caprices de l'autre et que, pour un lit douillet et un morceau de pain, elle ferme les yeux sur l'imperfection de Mourad : en un mot, qu'elle n'ait pas un caractère bien trempé ; avec ça, madame Negar allait être le symbole des gens du quartier, du directeur d'école, des rédacteurs de journaux ou des dirigeants des archives de la nation, lesquels, y compris pour quelque fonction ne faisant pas vivre son homme, cherchent les candidats les plus banals, dénués de caractère, aussi conservateurs que possible, serviles comme les scribes d'antan, des hommes, des femmes qui ne se rebiffent pas, défendent l'ordre et les traditions, qui les perpétuent, qui n'aient pas leur mot à dire, suivent la ligne générale, les décisions venues d'en haut, bref, des modèles lisses, sans relief, mous, souples, plutôt flasques, donc émasculés, insipides, bouches closes parce que maintenus affamés en permanence ;

les conditions de celle de Sivas étaient peut-être plus sévères encore car cette épouse aurait la responsabilité de donner une descendance à monsieur Hovakim et ça, ce n'était pas une mince affaire, et comment ça aurait pu l'être alors que les deux autres devaient attendre, peut-être longtemps, chaque chose dans l'ordre et en son temps, le tour de chacun viendrait, un jour quand, comme pour les autres mères, une voix venant de son cœur lui dirait, allez ! c'est le moment ; il était clair que, plus que de jeter une femme dans les bras de Mourad, madame Negar avait besoin d'une bonne à tout faire pour s'occuper des travaux et jouer, à l'occasion, le rôle de la maîtresse de maison ;

mais tous les gens ne sont pas des ânes !

pour ma mère, les louanges colorées, compliquées mais sentant l'ail de madame Negar, l'entremise de personnes influentes n'étaient pas suffisantes pour convaincre les filles, elle, elle répétait « il lui manque deux doigts ? et alors ! qu'est-ce que c'est, c'est la fatalité ! l'important, c'est le garçon ! », quant au garçon c'était un ensemble de qualités vagues, indicibles et se comprenant par elles-mêmes, mais,

on ne doit pas non plus oublier l'apparence,

précisait ma mère (toujours prête à mettre en pratique le principe esthétique le plus fort de la famille, à savoir que si le prétendant n'avait pas d'argent, il devait au moins avoir la beauté, ceci compensant largement l'absence de cela) quand madame Negar considérait que la situation de son fils ne méritait pas d'être un sujet de conversation, alors que les mères, les tantes paternelles et maternelles, toutes les femmes proches ou lointaines de la parentèle, toutes celles qui prétendaient avoir le droit de parler, d'émettre une opinion, de faire des recommandations, en soulignaient l'immense gravité, en faisaient toute une aria, comme si elles ou leurs filles n'avaient pas d'imperfections, qu'elles étaient des fleurs de paradis, l'une n'avait pas vu sa tronche dans le miroir, l'autre s'était regardée mais n'avait rien vu, puisque elle n'était rien,

les filles sont pas comme avant,

ça, c'était vrai, avant, à quelle fille demandait-on ce qu'elle voulait ? d'ailleurs, dès qu'on leur avait trouvé quelqu'un, on la mariait, on louait une chambre si on en trouvait une, ils y entraient, eh oui ! elle, on l'avait jeté dans les bras d'un autre son deuil pas encore terminé, neuf mois plus tard, elle avait eu la chance d'honorer la lignée de Mourad de Sivas d'un nouveau Mourad ; ainsi, ils devaient pousser beaucoup et vite, se multiplier, grandir puis, de nouveau s'accroître, se ramifier ; la plus belle vérité de la vie, c'était ça, le point culminant de la sagesse, une hâte à masquer une fièvre, une impulsion incompréhensible à camoufler quelque chose qui leur avait échappé, à se détourner de cela, à retrouver un équilibre normal dans ce nomadisme universel ; de sorte que, tant pis si elle n'avait pas du tout apprécié Hovakim, – il n'arrivait pas à la cheville de l'autre, le premier –, malgré tout, il avait été le père de trois enfants beaux comme des pachas, il ne lui restait plus rien à faire, il avait fait le plus important, à présent, que Dieu éclaire son âme, il était parti, avait été enterré du côté de Jounieh, à elle était resté le devoir d'assumer à la fois la paternité et la maternité, allez ! allez ! elle avait vu beaucoup de choses, qu'est-ce qu'elle n'avait pas vu ! (après avoir réprimé un rot) allez ! Dieu est grand ! (avec le ton de quelqu'un tentant de faire face à un lourd fardeau ou à un obstacle),

ceux de maintenant...

ce qui existait avant était juste, parfaitement juste,

ma mère hochait la tête avec un air équivoque, ça n'était pas dans ses idées, d'ailleurs, si ça n'avait tenu qu'à elle, elle aurait pris aujourd'hui une décision différente, elle qui maugréait toujours – qui aurait cru que je serais comme ça, qui aurait cru que je serais dans cet état, que je devais tomber entre les mains d'un tel homme ! – la récrimination classique, habituelle, qui n'aboutirait jamais à une séparation, à une crise, – tu es folle ou quoi ! qu'est-ce que vont dire les gens ? je vais pas devenir le sujet de conversation générale ! – ; de sorte que madame Negar commençait par,

comment va ton Hagop ? en tout cas, je te trouve bonne mine ! oh ! les rhumatismes c'est rien, que ce soit le plus grand de tes soucis !,

et voilà que, comme le morceau de friandise conservé dans son tablier, demeuré là du mariage ou des fiançailles d'on ne sait qui, qu'elle sortait à un moment propice et qu'elle tendait, elle dévidait la pelote des nouvelles inquiétantes des quartiers d'en bas, elle ouvrait sa grande et large bouche, les dents de devant jaunies par le tabac mais toutes en place, fermes, solides, toujours prêtes à concasser les amandes, les noyaux d'abricots, après tout, elle était de Tavra !

et, d'après elle, toutes les nouvelles étaient sensationnelles, dignes de considérations, d'être répandues et surtout d'être écrites, même si Dieu sait pourquoi, votre gazette n'écrit rien à ce sujet ; elle n'achetait ni le journal, ni même un éphéméride compatriotique, d'ailleurs, on l'avait forcé une fois, elle l'avait pris et ça suffisait, elle l'avait accroché au mur comme une décoration, elle n'avait pas déchiré les feuillets et, ainsi, quand au seuil de la nouvelle année, on frappait à sa porte pour lui vendre un calendrier, elle avait un bon argument pour refuser, – l'ancien est encore là, pourquoi il m'en faudrait un nouveau ? – comme si le passage du temps n'avait aucune existence pour elle, d'ailleurs, pourquoi elle dépenserait de l'argent pour du papier que personne ne regardait ? c'est ainsi qu'elle avait seulement le droit de prêter l'oreille à la lecture, la main au menton ou en se récurant les ongles et les cors des pieds ; son sujet préféré, c'était cette partie du journal où, en deux lignes, trois phrases, étaient résumés les évènements quotidiens agitant la ville : – un garçon, dans une crise nerveuse, avait tué ses parents –, des faits semblables, criminels ou accidentels qui peut-être, pour elle, étaient des variantes de vieilles histoires, de récits oraux, et qui pouvaient rarement mériter l'attention des journalistes et des instituteurs qui se prennent pour des romanciers tant notre vie était, selon ces gens-là, insignifiante, incomplète et étroite, si infâme et absurde au regard des nouvelles internationales, de la querelle interminable des sièges apostoliques, de la crise du Moyen-Orient, des efforts du colonel Nasser pour unifier le monde arabe, pour se dresser contre l'impérialisme occidental ;

mais voilà un coin de ce microcosme : il y avait l'ombre du prunier des Khatchadour, en dessous, la très estimée madame Negar Hovakimian avec ses joues rondes et charnues comme une pomme un peu fripée, talée, ramollie;

après avoir émis un deuxième rot et passé outre, satisfaite, tout à fait heureuse, sa voix changeait soudain de couleur, de timbre, d'intensité et devenait plus vivante, plus intime,

il a battu sa mère...

sa pelote s'est défaite en un clin d'œil, jusqu'à présent, jusque-là, tout n'était que marmonnement, une sorte d'introduction

il y a des yeux et des oreilles, hier même, de bonne heure, elle était descendue, dans les quartiers d'en bas, elle était passée par la rue de Georges Bireder – il y a la sœur de Hovakim, mais oui, notre Payladzou, c'est-à-dire sa belle-sœur –, elle était allée voir comment elle allait, si ça lui faisait toujours mal au-dessous du cœur; c'est elle qui l'avait entendu de ses oreilles, ils sont pas loin, quelques mètres plus bas, Payladzou avait entendu la mère et le fils s'empailler, un mot en amenant un autre, du tapage, du remue-ménage puis, d'un coup, on avait vu Nechan prendre le rouleau à pâtisserie, battre sa mère; au début, on n'avait pas compris pourquoi : ce garçon si paisible, battre sa mère! mais les voisins proches pensent que c'est un faux calme, fier, prétentieux, que tout le quartier connaît, il a commencé à draguer une fille, il tourne autour de l'une ou de l'autre, il les interpelle comme un caïd arabe,

mais quelle fille, enfin?

celle-là...

la tête vers le haut, vers les fenêtres fermées des Khatchadourian,

... celle qui lui fait des mamours;

elle baisse la tête, regarde dans le *djezvé**, elle essaie de se verser encore une goutte, on ne doit pas même en perdre une gorgée, non, pourquoi le laver? c'était sa réaction permanente à tous les gaspillages, au gâchis,

... brusquement, on avait entendu la voix d'Aroussiak *khanem** qui criait au point de se déchirer la gorge, elle n'a donc pas d'honneur pour hurler de toutes ses forces, elle n'a donc pas honte! le secret est sorti de la maison, elle hurle à la foule, la bouche ouverte,

qu'est-ce qu'il y a? qu'est-ce qui se passe? les gens se déversent au dehors

elle veut que le monde entier, jusqu'à la ligne de train, l'entende, dit-elle, en criant d'une manière déplacée, elle se tourne en particulier du côté de ses voisins d'en face, du côté d'Arménak le ferblantier, elle sortait son cou fort, osseux, de ses épaules, léchait les dernières gouttes,

l'Arménak de Noémie ?

elle leur crie, je t'ai nourri avec ce lait... la dégoûtante avait sorti son sein, comme si elle était dans la zone des baraquements d'en bas,

je te maudis si...

tous semblent indifférents, qui oserait s'approcher, entrer dans la querelle ? chacun rentre chez soi, écoute derrière la fenêtre, derrière la porte, tous se désintéressent, qu'est-ce que ça peut leur faire ? après tout, c'est son fils, un tel fils convient à une mère à la langue comme une babouche et la bat, et Aroussiak, malgré le coup qui lui avait été assené sur la tête, continuait, par la bouche de madame Negar,

si tu prends cette fille...

et tant d'autres choses encore...

elle était à court d'invectives, de malédictions fatales et définitives qui traversent le temps, enserrent le cou d'un homme avec le malheur.

C'était une anecdote simple, presque banale du quartier, avant son développement, sa stylisation, au cours de son circuit de rue en rue, de porte en porte, de maison en maison, sa réduction en un épisode comique, alors que chaque détail de ragot et de plaisanterie allait grossir et ridiculiser l'histoire de cette mère et de ce fils de Kamichli qui, de cette façon sur la scène, devant toute la colline s'étaient couverts de ridicule ; maintenant, qui aurait donné une fille à ce garçon ? si seulement, si seulement tout ça en était resté là ! que Dieu le châtie, que le feu tombe sur leur tête ! Il était impossible de faire cesser la rumeur, celle-ci ressemble à une parole qui vit et se nourrit d'elle-même, elle est omniprésente, elle passe de bouche en bouche, telle la bande d'un film qui avance, les bobines tournent, les images s'enroulent en formant ainsi une histoire circulant sans cesse, se répétant, s'épuisant, et voici un autre tour, elle redémarre, se prolonge, se mêle à d'autres histoires et, comme lors des campagnes électorales, une affiche de candidat vient en couvrir une autre, décolorée, déchirée, une scène se surajoute à une autre, conférant au temps une épaisseur, une compacité visqueuse, érigeant une sorte de muraille visible et audible, faite d'atomes, de griffes et de signes où les personnages du récit vivent et durent jusqu'à devenir des archétypes éternels ; ce qu'on appelle l'immortalité de l'âme doit être également cela, une rumeur figée, on peut y croire ou non ; et, à présent, les fils de cette rumeur venaient par les sentiers visibles ou souterrains s'enrouler autour d'Arevik de même que tous les chemins en volutes et pleins d'entraves d'un labyrinthe aboutissent finalement à la lumière d'une issue probable.

10

Madame Herip !

Elles étaient encore venues, oui, on est venues vous voir,

cordiales, spontanées, apparemment sans dissimulation, on est venues pour vous, elles ne le disaient pas ainsi mais le suggéraient, cela se comprenait par leur langage, il semblait qu'elles nous faisaient une grâce, comme certaines d'avoir trouvé une âme sœur des mauvais jours – si on ne le dit pas à vous, à qui va-t-on le dire ? –, de ces paroles qu'on ne pense pas vraiment mais qu'on aime à dire pour faire impression ;

elles allaient s'asseoir avec ma mère, mon père, comme s'il s'agissait d'une réunion, d'une demande de conseil, mais c'était un prétexte, un alibi, elles ne voulaient pas être présentes à la discussion, non, ça n'était pas possible, Jeannot allait penser qu'elles avaient une part dans cette histoire, qu'elles avaient tout manigancé, qu'elles se mêlaient de ses affaires ; il fallait que le frère parle au frère, c'était comme un père, il en avait un peu le droit ; il était l'aîné de neuf-dix ans, à lui il obéirait, il devait obéir, Arevik et Jeannot étaient les plus jeunes de la maison, Apo, Djanik puis Jeannot, Arevik, ces deux-là avaient grandi ensemble, ce n'était pas des jumeaux mais presque, ils avaient fait leurs premiers pas ensemble, bu le même lait, porté les mêmes vêtements, avaient couru de partout, joué à cache-cache, ils étaient plus que frère et sœur, même si un jour une femme, un mari s'insinuaient entre eux, il leur resterait leur relation, comment pourrait-elle permettre que Jeannot…

monsieur Hagop, qu'est-ce que tu en penses ?

mon père tirait sur sa cigarette avant de s'étendre confortablement sur le divan, de s'allonger, de s'adosser à la plus stricte neutralité et de s'assoupir,

comment Apo pourrait-il permettre qu'il fasse ce pas irréfléchi, – elle détachait la première syllabe, ir-réfléchi –, qui comprend le sens de tout ça ? seulement ça devait être quelque chose de risqué, d'interdit, de très risqué, c'est pourquoi elles en avaient parlé à Apo, à l'oreille, non, pas à la maison, non, là où il travaillait, du côté de Maarat, à côté de la Grande horloge ; en face de l'immeuble du Parlement, il avait un bureau au 3e étage, au-dessus de la boutique de couture de la fille de Azenive, la boiteuse d'Erzeroum,

tu parles d'une fille, avait dit mademoiselle Anna le lendemain, ils ont couché dix ans ensemble, dis plutôt sa maîtresse, sa petite amie et elle, elle croyait qu'il allait l'épouser ;

elles avaient tout dit à Apo, leurs doutes, leur peur, que Jeannot suivait la mauvaise pente, qu'il ne rentrait pas à la maison, c'est ton affaire, mon garçon, mon frère, fais quelque chose, c'est toi l'aîné, toi il t'écoutera, sinon on va être la risée de tous, mère et fille ne cessaient de pleurnicher ostensiblement, comme si les carottes étaient déjà cuites, oui, il y avait quelqu'un, non elle n'était pas des nôtres et c'était ça le problème, le fond de l'affaire,

ma mère allait regarder mademoiselle Anna, madame Negar,

ces gens sont vraiment au-dessous de tout, s'ils pouvaient, ils resteraient dans leur sang et s'y noieraient,

elle scrutait les yeux aqueux mais vifs de madame Negar,

ils ne veulent en aucun cas se mélanger aux autres, mon Dieu ! mon Dieu ! mais qu'est-ce que tu croyais !

chacune avaient ses réactions et ses arguments mais toutes étaient d'accord sur un point non dit, non avoué,

donc,

nous sommes venues te voir, madame Herip, fais nous un café,

oh mais, ça ne se fait pas ! vous avez apporté le café, comme si on en avait pas ! dans ces moments-là, elles apportaient une tasse de café moulu avec elles, soi-disant pour ne pas être à charge, pour ne pas être en reste, mais il y avait encore autre chose, elles voulaient quelque chose, pendant le sommeil de mon père, juste après qu'Antika ait chaussé ses savates et se soit levée ; et voilà qu'à présent, elles s'asseyaient loin du feu, sur le divan, entre les deux fenêtres, mère et fille pour une fois côte à côte, comme des coupables, des complices fomentant une conspiration ; mon père ouvrait les yeux, ne se levait même pas et continuait de nouveau à dormir, sans honte, ne semblant pas même se rendre compte que chaque détonation de pet interrompait la conversation.

Apo avait appelé Jeannot ; ils allaient entrer au salon comme en un jour solennel, s'asseoir autour de la table, ici, s'ils n'étaient pas transparents, les murs avaient des oreilles, de sorte que chaque chose était rapidement sue. De tels moments mystérieux, des paroles soi-disant secrètes, circulaient le jour suivant, y compris par le canal de Marie, chez Nano ou Hermine puis faisaient le tour du quartier ; ils étaient racontés avec plus ou moins de véracité, bien qu'au fond ce qu'on appelle la vérité restait opaque et n'était sans doute rien d'autre que, se cachant derrière une apparence, une autre apparence plus trouble, plus ambiguë ; mais il n'était pas difficile de représenter les faits et leur devenir ;

j'imagine ainsi la scène : les rideaux étaient tirés, la porte aussi était fermée, le lustre répandait une lumière crue et éclairait l'encombrement de meubles, le bouquet de fleurs artificielles dans le coin et dessinait sur le mur des formes hirsutes et contournées comme la danse arménienne d'Arevik, l'œil vert de la radio restait sombre comme la prunelle de monsieur Khatchadour, sombre, enfoncée dans les orbites mais veillant encore sur eux, comme un défunt présent qui allait suivre la scène, incapable de changer la conversation et ce prurit excessif du temps qui ne pouvait que le garder en dehors du jeu, icône d'autrefois, impuissant, désormais, à accomplir un miracle ;

Apo allait ôter ses lunettes un instant, essuyer les verres avec son mouchoir puis, d'un geste mécanique, ses sourcils, ses lèvres, il allait ranger le mouchoir dans sa poche, étendre sa main vers le cendrier, hésiter, il allait se mêler de la vie de celui-ci, ce n'était plus le problème de Vrej ou d'Araxie cette fois-ci, c'était un problème domestique, peut-être allait-il se répéter mentalement les paroles de sa mère, – l'honneur, l'honneur de la famille, on allait perdre la face devant le quartier –, d'ailleurs, le quartier n'était qu'une grande et large bouche sur laquelle veillait un œil, toujours prêt à grossir ce qu'il ne voyait pas, à faire du tintouin, il allait regarder la photo, dont la lumière semblait avoir anéanti la partie supérieure, les têtes avaient disparu, étaient restés les bustes, la poussière sur le verre, un reste d'éclat, pas plus ; le regard allait revenir au cendrier sur la table, il avait porté la main droite à son col pour dénouer sa cravate, défaire un bouton de sa chemise, maintenant il se sentait plus libre, il se raclait la gorge, il fallait qu'il sorte la fumée de ce grand cigare rond qu'il aimait tant fumer, il allait essayer de trouver une nuance d'autorité, de dirigeant dans sa voix, ça allait être difficile, très difficile mais, quoiqu'il en soit, il fallait sauter le pas, c'était un des conseils de monsieur Khatchadourian, – lance-toi mon fils, dans une carrière ou dans la vie, il faut se lancer –

écoute, Jeannot,

encore une hésitation, après tout c'était son frère, le plus jeune, il avait toujours eu un sentiment inexplicable à son égard ;

durant les mois d'emprisonnement de celui-ci, il était allé et venu, il avait vraiment essayé de faire réduire ces six mois à trois ou quatre mais n'avait pas pu, ça ne s'était pas fait, les gens en place avaient changé en un clin d'œil, ce n'était plus l'époque de Chamoun, la colère, les cris n'avaient pas de sens et les six mois avaient passé ainsi ; Arevik était là-bas, elle avait vu de ses propres yeux comment les deux frères étaient tombés dans les bras l'un de l'autre devant la porte de la prison, les joues de Jeannot n'étaient pas rasées, comme il avait maigri ! mais il riait, ils avaient ri, ils avaient pleuré, ils ne s'étaient rien dit de spécial et la question avait été close,

où sont les armes ?

comme s'il l'ignorait ; même moi je savais qu'ils avaient caché les armes dans la maison, il y avait un trou secret là-bas, monsieur Khatchadour avait creusé une cavité, semblable à celle de leur autre maison d'où il l'avait retirée au moment des affrontements de Garmoudj, au pays, son revolver et son fusil formidables, on ne savait jamais ce qui pouvait se passer, on devait toujours être prudent, si on ne l'avait pas été, il y a longtemps qu'on serait devenus des carcasses de chien, avait dit monsieur Khatchadourian et ils avaient enveloppé les armes dans un linge, les avaient mises dans un coffret, dorénavant, on n'en avait plus besoin,

tu le sais bien !

Apo levait la main en l'air, c'était sa façon de faire un signe affirmatif, accompagnant le poids, le sérieux de ses paroles,

ils vont nettoyer le quartier, attention ! d'ailleurs c'était sûr, au gouvernement ils s'étaient mis d'accord, d'ici quelque temps, ils allaient nettoyer, supprimer tous ces Esmer Artine, Goujouni, ces satanés communistes et leurs semblables qui, ici et là, prêchaient l'éducation politique, jouaient à l'intelligentzia : ils avaient une façon de s'asseoir, de bouger, de marcher comme s'ils étaient des prophètes, des *feddayins** ou des protestants, de pieux prédicateurs ; qu'ils prêchent, ces trous du cul, ils allaient soi-disant éduquer le peuple et puis va voir qu'ils rançonnaient les riches commerçants, boutiquiers, les patrons de restaurant et jouaient les caïds,

mais...

Apo hésitait, c'était sa tactique ; quand il faisait des discours à la tribune, au moment de présenter un conférencier invité dans le quartier, il hachait les mots, les proférait en articulant, il se forgeait la réputation de quelqu'un pesant le pour et le contre, on aurait dit que, franchement, il prenait une décision difficile et cela, au moment même où il vous parlait ; à présent donc le mot à la mode était « discipline », on le prononçait en allongeant le mot, en l'épelant presque, ce mot magique que je faisais parfois ressembler à un drapeau, parfois à une règle pointue avec laquelle monsieur Haïgazoun nous tapait sur les doigts ;

les nôtres aussi…

Jeannot allait le regarder bouche bée, s'étonnant que, d'un coup, les membres du Comité, comme des chiens obéissants, se soient mis d'accord, et ça rapidement, pour nettoyer les éléments troubles, – comme disait le jargon partisan, c'est-à-dire tous ceux qui s'écartaient des rangs, qui ne suivaient pas aveuglement les règles – les garçons ne se soumettant pas aux ordres venus d'en haut, qui s'étaient battus au moment des combats, avaient versé leur sang et qui, un jour, au coin d'une rue, en sortant d'une réunion ou en entrant au bordel, dans l'obscurité, allaient être abattus, victimes d'une balle perdue, comme on allait le proclamer dans les oraisons funèbres, ou cibles, ainsi qu'allait l'écrire l'éditorialiste du journal hebdomadaire, de la manœuvre rusée d'un ennemi embusqué,

l'intérêt du peuple exigeait cela !

Quels jours ça avait été[1] ! Après quelques huées, quelques invectives et quelques échauffourées, la crise avait éclaté ; personne ne savait comment, ni pourquoi ; déjà, à l'ombre du mûrier de Pilibos, malgré le fait qu'ils connaissaient l'essence et les arcanes de la politique mondiale et qu'ils devaient avoir senti l'odeur des évènements à venir, les doctes experts du quartier en étaient restés abasourdis quand la Syrie et l'Égypte avaient célébré la République Arabe Unie ; une sorte de silence s'était fait comme lorsque soudain les rideaux de fer des marchés centraux étaient tirés et que les gens couraient chez eux, les tramways, les bus et les voitures disparaissaient et les rues bruyantes devenaient aussitôt des étendues désertes ; et nous, on est restés au milieu, répétaient-ils, d'autant qu'on aurait aussi tué le roi Fayçal II et que son ministre Nouri

---

1 Voir note p. 62.

Saïd, lui, semblait s'être enfui ; les photos étaient à la une des journaux avec une nécrologie grandiose adaptée ;

mais,

le temps est un ensemble de lignes qui montent et qui descendent, s'entrecoupent, se brisent, s'évanouissent – surtout quand le discours s'y mêle –, où tous les évènements se trouvent réunis, où tous les noms, tous les actes, tous les visages coexistent et rien n'est plus difficile que de trouver, de discerner, d'en inférer une tendance générale, une sorte de système rassemblant toute cette hétérogénéité,

la foule de Basta s'était répandue dans les rues, avait occupé le centre-ville, puis s'était retirée en créant un espace déserté, un silence plein de remous ; il régnait une situation dangereuse, explosive ; puis, on s'était un peu rassuré lorsque les cuirassés américains s'étaient rapprochés depuis le large, il y avait tous les jours des réunions, les murmures s'amplifiaient, on sentait comme une odeur de guerre, chacun s'approvisionnait en vivres et en armes, un bidon d'huile, une bonbonne de gaz, un peu de farine et voilà que la crise avait brusquement éclaté ; jusque-là, tout ce dont il s'agissait était une élection de Catholicos, deux ou trois consécrations d'évêques, s'agissait-il de « l'authentique » ? du « légitime » ? et semblables querelles byzantines ; quelques bordées d'insultes et des querelles à travers les journaux, à travers les rues ; comme étaient loin les bombardements anglais sur Beyrouth, Jbeil, – tu n'étais pas né alors – les arrestations par les Français, les manifestations oubliées depuis longtemps et de tout cela n'était resté que l'exploit de mon père, cette participation aux manifestations, une sorte de roman merveilleux qui prolongeait l'histoire ancienne, le sentiment de vengeance qu'elle suscitait : tous les manifestants avaient été fouettés, battus mais lui seul avait réussi à tromper l'attention des gendarmes, avait marché tranquillement par les rues comme s'il n'était pas concerné, puis était rentré dans le quartier et à la maison, le front haut, en sueur, à cause de la course et de la peur, avait copieusement injurié ces enfoirés de Français dont l'une des victimes de cette mascarade, de cette chienlit, mon oncle Seto, avait disparu depuis longtemps du côté d'Adana, alors que je n'étais pas né.

Et durant ces jours-là, à la nuit tombée, Jeannot partait, l'arme à la ceinture et rentrait au matin, somnolent et fatigué ; non, il fallait qu'il dorme, il fallait garder portes et fenêtres closes ; du haut du quartier jusqu'en bas, les femmes s'étaient cachées, elles faisaient le guet, elles épiaient à l'entrée de la rue, madame Loussenag s'asseyait en face de la chambre d'Antika et suivait des yeux les voitures suspectes venant du haut ou les allées et venues des cavaliers avec la méticulosité d'un vigile autoproclamé ; nous ne devions pas faire de bruit, nous devions nous taire, les femmes devaient chuchoter dans notre cour, les jeunes combattants, les membres actifs du Comité allaient et venaient comme des enfants, ils devaient attendre que Jeannot se réveille, qu'on lui prépare son petit déjeuner, ils s'asseyaient avec respect plus loin sur une chaise, ils s'interrogeaient, que s'est-il passé exactement ? combien de gens sont tombés ? combien de gars ont été poignardés ? ils étaient soulagés, devaient se signer parce qu'il était rentré sain et sauf chez lui, ça, c'était pas rien, qu'au moins Dieu nous protège, qu'il nous apporte le bien, que cette catastrophe s'éloigne de nos têtes, ils avaient fait un vœu pour lequel ils devaient aller à Antélias, sans faute, tandis que nous, nous sautions de terrasse en terrasse, libres, le jour on ne s'occupait pas de nous, mais nous ne devions pas aller en bas, au-delà du vallon vers la ligne de chemin de fer, nous craignions que ceux d'en bas vengent la mort des Kherimian, tu te rends compte ! on les avait abattus tous les trois, les avait jetés dans l'égout, c'était vraiment pas une bonne chose, Antika hochait la tête,

voilà qu'une nouvelle fois notre peuple se frappe la tête contre les pierres, si tant est qu'il lui reste une tête

de sorte que l'atmosphère était tendue, disait le journal, parvenant à peine à résumer les péripéties et les évènements, le reste – le vacarme et les discordes humaines, l'angoisse des gens et l'inquiétude suscitées par l'incertitude – demeurait hors du monde de l'écrit, mais Pilibos parvenait à apporter de ci de là des légumes et des fruits, les femmes se jetaient sur les cageots, celles qui n'avaient pas d'argent achetaient à crédit, tout le monde devait manger, puis les chômeurs et les fainéants se rassemblaient jusqu'à midi autour des jeux de dames et de trictrac, nous, nous continuions la lecture du journal, nous gobions les déclarations de Joumblatt, de Sami Sohl, de Chamoun, sans rien comprendre des jeux anglais, américain et bolchevik, même lorsque les fusillades reprenaient ; nous étions loin du front, les balles ne nous atteignaient pas, nous ne comprenions pas pourquoi leur sifflement cessait soudain puis se propageait de position en position qui se répondaient des Maisons Blanches jusque vers Sioufi, toujours le long du chemin de fer, juste en face de la maison de mademoiselle Voski ; la nuit, on nous recommandait le couvre-feu, on ne nous autorisait pas à sortir, à monter sur les toits, on devait se calfeutrer dans les pièces jusqu'à ce que les détonations et le fracas des armes lourdes diminuent, que les explosions deviennent intermittentes et cessent, nous nous endormions alors, mon père s'était déjà couché à son heure habituelle, le feu pouvait tomber du ciel, la terre même pouvait trembler, disait Antika, lui ne bougerait pas de sa place.

Dans mon rêve, j'étais sur les marches conduisant au chemin de fer, derrière moi, au-dessus des escaliers, couraient, grimpaient des gens inconnus, je ne pouvais pas arriver en haut, j'avais le souffle coupé, Jeannot disait que pour être un combattant, il ne suffisait pas d'avoir une arme, d'avoir l'œil, il fallait des talons, des talons, c'est pour ça que tu dois jouer au basket, nous faisions des fêtes au stade, Jeannot sautait, il mettait presque le ballon dans le panier, la fusillade devenait plus forte, tout à coup a éclaté un vacarme semblable à une bombe qui a semblé faire taire l'ennemi terré sous le chemin de fer, après l'explosion j'ai entendu la voix de Jeannot qui criait, qui lançait des insultes, il traînait derrière lui un camarade blessé ; c'est ainsi que les autres avaient vengé les Kherimian et leurs acolytes, Artin Esmer courait dans les rues, fuyait de passage en passage, de maison en maison, sous les treilles, sautait de toit en toit, faisait des bonds incroyables, il devenait héroïque, brillant ; on aurait dit les batailles d'Ourfa, de Mouch ; les nôtres se bouffaient entre eux, disait Nano, il manquait plus que ça ; au matin, il était possible d'observer les quartiers d'en bas de la frontière ; on aurait dit que rien n'avait changé ; le long du boulevard du quai, la même église de la Sainte Résurrection, avec la coiffe de son clocher, si semblable au nôtre ; à côté, des maisons à un et deux étages, des tonnelles, des mûriers dans des jardins, de ce côté, la minoterie avec son bourdonnement permanent et, en haut, dans les rues visibles, une sorte de vide ; bien que nous fussions si proches les uns des autres, nous ne pouvions pas plus descendre qu'ils ne pouvaient monter ; quels jours ! quels jours ! nous étions des soldats sincères, nous criions par les fenêtres, par les portes, le jour de l'Assomption nous saluions l'évêque, le curé, le député et le maire venus de la ville, avec des drapeaux tricolores[2], jours d'enthousiasme ! donations, fêtes et réjouissances ! nous vidions nos armes en l'air, vers le chemin de fer en bas.

À présent, Apo devait avoir posé les mains sur les épaules de Jeannot, comme s'il allait l'étreindre tout en le maintenant à distance, il allait essayer de garder son regard dans le sien, comme lorsque sur le seuil de son club, il l'avait chargé d'une mission spéciale, après avoir fait un exposé sur le projet de se débarrasser de cet Esmer Artine, mais quoi qu'il en soit, ils n'avaient pas réussi, l'homme avait toujours échappé aux mains de Jeannot, et maintenant, ce bel homme admirable promenait son existence dans les boutiques d'Hadjin, les tripots de Maslakh, les bordels de Bourdj et les seins de Marika qui, dans mon esprit, n'étaient pas des lieux variés aux environs de la colline mais le même labyrinthe apparemment interminable de maisons hétéroclites, d'où celui qui y était entré, s'il parvenait à en sortir sain et sauf, à s'envoler en Amérique du Sud ou en Égypte, devenait un combattant et un héros, son nom, survivant à une bataille ancienne, flottant comme un drapeau au sommet de nos quartiers, tandis que lui, ce héros, sur des trottoirs étrangers et glissants, comme le répète l'expression, ayant trouvé sa véritable dimension humaine, allait se transformer, ombrageux et cruel, reniant son arménité, écœuré par l'ingratitude de ses anciens compagnons, allait devenir un banal orfèvre qui, penché sur sa bague, polirait et lisserait sans cesse son passé éclatant de criminel, en méprisant direction et stratégie, surtout satisfait d'avoir sauvé sa peau ou d'avoir échappé à sa nation ? est-ce d'un pareil destin qu'Apo voulait protéger Jeannot ?

cette femme, que va-t-elle devenir ?
quelle femme ?
celle-là…

Jeannot allait se taire, tourner la tête vers les fenêtres, dehors, il faisait nuit, puis il allait poser son menton sur sa main, le coude sur le genou, sa barbe avait déjà poussé, il y avait une espèce de pellicule jaune brillante sur son visage, son regard allait de nouveau se tourner vers la gauche, vers la radio, s'arrêter un instant sur la photo d'où son

2 Le drapeau tricolore de l'Arménie indépendante : rouge, bleu, orange.

père et sa mère devaient avoir un peu levé la tête et les regardaient, il avait encore à l'esprit la façon dont le regard de son père le scrutait, les yeux exorbités, deux billes en verre ; avant cela, quelques jours, quelques heures avant, il entendait encore sa voix, qui suggérait à Arevik de lire son livre, de reprendre la lecture là où elle l'avait laissée, comme s'il fallait absolument qu'elle arrive au bout, jusqu'à la dernière page et, avec cet espoir, il avalait ses médicaments, buvait de l'eau, sa pomme d'Adam montait et descendait comme un reptile intérieur et il lui avait dit, à lui, – sois un homme – Apo continuait,

on s'est couvert de honte devant le quartier ;

il faisait silence, tournait la tête vers son frère, il ne savait quoi faire de ses mains qui le gênaient ;

mais enfin ! il fallait que tu fasses une chose pareille pour que le monde entier soit contre moi,

de toute façon, tu as déjà pris la tangente,

ce qui veut dire que… désormais on ne m'écoute pas dans cette maison ?

non, tu…

dis-le, dis-le !

toi, tu as réglé tes affaires, tu as pris la sœur de ce bolchevik, tu es parti, et moi…

avant tout, arrête là : d'abord, ils sont hentchags, ensuite, moi je savais ce que je faisais ; ta femme n'est pas communiste, c'est pire, un communiste a des principes ! des principes !

ça aussi, c'était une de ses formules favorites, celle d'un dirigeant qui n'a de prise sur le monde qu'avec ses prétendues idées, celles qui conservent toujours leur attrait magique ou leur vide attrayant ;

Jeannot, avec un mouvement de tête, fait

non

il va réitérer son geste et, comme s'il était tout seul,

calcul ! calcul !…

puis il sort de sa poche un paquet de cigarettes, il a rarement osé fumer devant son frère, à présent il va faire craquer l'allumette, il avale la fumée,

moi, si j'étais à ta place… Jeannot, c'est pas digne de toi, c'est pas digne de nous, qui est cette femme qui…

elle est pas celle que tu crois,

il tapote sa cigarette dans le cendrier,
comme celles-ci,
son museau vers la porte,
tu crois que c'est une pute ; sa famille est comme il faut,
je sais, je sais, ils sont du côté de Der-Amar, de Chouf,
la tête de Jeannot allait pivoter, allait faire un mouvement pour regarder autour de lui dans un geste involontaire, pour chercher un espion ou une querelle ?
si tu le sais, qu'est-ce que tu veux encore de moi ?
laisse la tomber en douceur,
la voix d'Apo était devenue plus basse, pas seulement intime mais presque complice,
Jeannot va de nouveau porter la cigarette à ses lèvres, va inhaler profondément la fumée, expirer, ses yeux brillent soudain, il allait dire, s'il n'éprouvait du respect envers son frère, il allait dire,
comme toi, non ? toi aussi tu as fait comme ça, puis comme le calcul l'exigeait, tu es allé prendre cette femme,
et puis ?...
Jeannot va se taire, comme s'il avait épuisé ce qu'il avait à dire, il tourne la tête comme pour assouplir ses muscles,
Apo, brusquement inspiré, comme un combattant se ruant sur un sentier sécurisé
si tu as peur de son frère, on réglera ça aussi,
il est à nouveau en prison,
si c'est comme ça, ce sera plus facile,
il va approcher sa tête de Jeannot, mystérieux,
retire toi doucement, je te dis,
Jeannot, comme s'il avait été piqué,
c'est pas possible, non c'est pas possible,
pourquoi ?
c'est pas possible,
tu y a pris goût,
en essayant de l'accabler,
tu te l'es faite ?
Jeannot va relever le menton, il rive son regard aux lunettes d'Apo, à ses montures imitation or, il ne rencontre pas son regard qui, semble-t-il, fuit, il y a une tache sombre sur ses paupières,

ça, il n'y a que moi qui le sait,

c'est tout ?

Jeannot va projeter sa tête en avant comme un taureau qui va heurter le front de l'autre taureau,

ça, ça n'est pas digne de nous, notre nom ne va plus valoir un sou sur la place publique,

Jeannot hausse les épaules comme s'il méprisait la place publique et son opinion qui est aussi changeante que la valeur incertaine des pièces syriennes ou turques et dont la conception de l'honneur ne pèse pas très lourd face à l'argent, de sorte qu'il hausse les épaules derechef,

tu t'en fous...

et Apo, éclatant séance tenante,

mais merde ! il n'y a pas d'autre filles ? allez !

ah ! que je leur lèche le cul et que je rentre ensuite en courant à la maison me coucher ?

fais ce que tu veux, fais-le et refais le ! un homme véritable n'attend pas d'autorisation,

je sais ce que j'ai à faire !

ce n'est pas possible je te dis, il y a la parole de notre père,

on n'est pas en réunion ici, ça, c'est mon problème,

c'est aussi le nôtre,

en quoi ça vous regarde ? qu'est-ce qui vous arrive ? je la prendrai et je l'enlèverai, vous me tombez tous dessus ...

il va écraser la cigarette dans le cendrier,

... c'est fini,

ne fais pas de folie, ne te précipite pas, retire-toi en douceur,

Jeannot va tendre la main vers le paquet de cigarettes, il va en allumer une nouvelle, Apo va, tout à trac, poser sa main sur le paquet, il va fixer Jeannot,

regarde-moi...

il bafouille, comme s'il n'allait pas oser dire ce qu'il avait à dire et, avec l'intention de lever l'incertitude, avec un ton affirmatif qui attendait une réfutation

tu as déjà fait quelque chose ! tu l'as déshonorée !

comme pris d'une inspiration soudaine,

ça alors !...

sa bouche restait entrouverte, ses lèvres figées comme dans une photo extraite d'un film muet qui aurait pu être fixée à l'entrée du cinéma.

C'était pas Jeannot ?

oui, c'était le rire de Jeannot, ça ne pouvait être que le sien, un rire large, insolent, venant du fond du cœur, comme quand, depuis le toit, il interpellait les jolies filles arabes, terriblement, admirablement jolies, emplissant l'air de leur parfum damasquin bon marché, il les sifflait, d'un sifflement enjoué, long, après quoi il riait de but en blanc, on aurait dit qu'il avait pété un câble, il est fou ou quoi ! et, à présent, c'était ce rire inattendu que j'entendais, rebelle, victorieux, par lequel on aurait dit que Jeannot se libérait de la pression, du secret et de sa prison intérieure, il s'affirmait comme s'il avait fini par terrasser à la fois tous ces Esmer Artine en toc et ses partisans disciplinés ;

les yeux grands ouverts, étonnées, les femmes se regardaient, Marie, Arevik allaient se lever, se dépêcher, allez ! allons voir comment vont les garçons ! elles allaient simuler la joie, ouvrir la porte et, sans souhaiter le bonsoir, entrer dans la pénombre de la rue.

11

Au début, un naufrage, puis une tempête m'avaient jeté sur une île déserte où il fallait survivre, il y avait ensuite le problème de Vendredi ;

oh la la ! à chaque page ils étaient là à se hérisser comme les ronces des champs sous mes pieds ; même en progressant lentement, en relisant les mêmes lignes, en épelant les syllabes, rien n'entrait dans ma tête comme lorsqu'on se retrouve devant une métaphore et qu'on frôle seulement l'énigme,

il faut que tu lises lentement, très lentement, disait Arevik, c'est comme ça que tu apprécieras,

je lui apportais le livre, je feuilletais les premières pages, je n'y comprenais rien à ce nau-naufrage, naufrage et à beaucoup de ces mots longs et difficiles à prononcer semblables à celui-là ; le dictionnaire m'était indispensable,

Arevik, Arevik, s'il te plaît,

la mer était calme, elle clapotait sous le soleil, les vagues etc. et ainsi de suite, comme s'il s'agissait d'une histoire commençant par un baiser doux, agréable, presque comme les étendues de Dora, d'Antélias quand, le matin, les montagnes lointaines jetaient leurs ombres sur les eaux, l'espace était inondé d'une lumière transparente depuis le port jusqu'aux lointains, la ville s'étageant sur les flancs des collines avec ses quelques minarets, ses clochers d'église, la Tour de l'horloge et les bouquets élancés des palmiers ; on s'éloignait de tout cela et, brusquement, la brise se transformait en tempête qui secouait le plancher et le ponton, ébranlait, entourait le bateau, brisait mat et boussole, l'île déserte apparaissait ; l'île, – oui, je comprenais – inhabitée ? habiter, habitants, habitants de la ville, disait Arevik, des femmes, des hommes, vous, nous, tous ;

elle m'avait pris le livre des mains, l'avait regardé comme pour vérifier l'orthographe, son teint était pâle, elle n'avait pas passé de khôl sur ses yeux, il n'y avait que la trace du crayon de la veille, mais surtout le froissement des paupières laissé par la nuit, l'insomnie ;

elle tentait de m'expliquer ce naufrage, ce devait être quelque chose comme l'échouage dans le sable du Champollion, tu connais pas ça ? mais oui, le bateau est arrivé, s'est approché du rivage et, d'un coup, s'est échoué dans le sable, à ce moment-là ses occupants se sont échappés, aussi bien les passagers que les marins, elle tenait à me faire comprendre que ceux qui travaillent sur un navire, on les appelle mariniers, matelots ou mousses, c'était selon, oui, ça s'était passé au large de Beyrouth mais l'échouement d'un bateau est resté une chose vague pendant longtemps, évoquant un tumulte, une terreur collective, un climat de crise comme le flottement des vingt et un cercueils au moment de l'enterrement d'Arménouhie sur une mer humaine ; nous, nous étions sur une île sûre, adossée aux montagnes, assis dans notre refuge sur la terre ferme, sous l'ombre frémissante du prunier et ce qui se passait au loin, dans le golfe ou sur la ligne rougeoyante de l'horizon, nous le regardions à travers les jumelles légèrement rouillées, couleur bronze-verdâtre de monsieur Khatchadour, comme si la Sixième flotte américaine allait entrer au port par la gauche, défiler, avancer lentement, ses canons tournés vers l'orient, imposante, solennelle mais aussi irréelle que la progression d'une armée dans un film ;

elle ouvrait le gros livre ventru sur ses genoux, le précieux et unique dictionnaire de notre rue, à la couverture en cuir brun que, du temps de monsieur Khatchadour, on avait finalement réalisée avec les restes de cuir de la boutique, les angles écrasés, la tranche jaunie ; en haut de la première page, tout en largeur, illisible, il y avait une signature à l'encre violette épaisse,

mon papa,

disait Arevik chaque fois qu'elle mettait le doigt sur cette page, comme un astronome savant ou plus précisément comme un graphologue, elle lisait la forme des lettres se pénétrant, s'éloignant légèrement l'une de l'autre, elle les comparaît et, au-delà des lettres, elle montrait le portrait invisible d'un homme à la tête dure, obstiné, mais s'adaptant néanmoins aux circonstances,

mais...sais-tu combien de pays ce livre a traversés ? il a voyagé avec mon père, d'Alep en France, oui ! oui ! un temps il est allé et resté là-bas, je n'étais pas là à cette époque, il avait vu qu'il n'y avait pas d'espoir, ce n'était pas un endroit pour s'installer, il avait pris le bateau pour l'Égypte, puis pour la Palestine, et, à la fin, à Ghazir, là, il avait ramassé deux cents orphelins, aujourd'hui la moitié de la Palestine est occupée par Israël, là, mon père avait acheté des terres, c'est là-bas qu'on devait aller si la guerre n'avait pas commencé, puis il a voulu aussi aller en Arménie, quand la route s'est ouverte,

en un mot, depuis le début, monsieur Khatchadour avait été quelqu'un déménageant sans trêve, d'ici là-bas, sans cesse fondant une vie et l'abandonnant en partant, quelqu'un qui cherche un lieu qu'il n'a pas, sans cesse aussi s'établissant de façon définitive, du moins le croyait-il.

J'avais souvent entendu cette histoire, avec, chaque fois, des mots un peu différents puisque Arevik n'était pas Antika, ni Nano, ni Elmone pour répéter ou découper les évènements connus par ouï dire ; dans sa bouche roulaient des phrases régulières, orthodoxes et complètes alors qu'à partir des paroles décousues des autres, de leurs tournures fossilisées et surtout de leur langue ne sachant pas s'arrêter, il était difficile d'extraire un ensemble compréhensible ; le sujet fondamental était le même ainsi que le ton, le timbre parfois triste, parfois télégraphique mais toujours sur un fond admiratif ; Arevik ne se rendait jamais compte de la naïveté de monsieur Khatchadour, de sa bêtise politique, peut-être considérait-elle cette erreur comme le résultat d'un penchant sensible, naturel, dans ce cas, qui ne s'était pas trompé ? qui ne s'était pas enfiévré ?

celui qui disait « Arménie » allait s'inscrire sur les listes[1],

disait ma mère, avec la satisfaction de qui a échappé à l'enfer ;

si je n'avais pas été là, le nôtre aussi, ton père, allait y aller, il était parti en douce s'inscrire, toutes affaires cessantes, il me l'avait pas dit, et moi, mon sang n'a fait qu'un tour, j'étais déjà pas pour partir, on avait rien à voir avec l'Arménie,

monsieur Khatchadour s'était inscrit,

on lui a dit – tu es tachnag, toi ? – peut-être le savaient-ils déjà, ils avaient des espions partout, même dans notre quartier, cet Hagop le Court d'en bas, Hagop le Rouge, – le mari de Noémie ? non, lui était hentchag et c'était un brave type –, tous les autres transmettaient des

1 En 1947, beaucoup d'Arméniens expatriés, attirés par la propagande stalinienne et la perspective de reconquérir les « terres historiques », ont rejoint la RSS d'Arménie : nombre d'entre eux ont échoué au goulag. On exigeait des membres du parti tachnag (nationaliste), qui souhaitaient partir, qu'ils démissionnent de leur parti.

informations ; une partie de la population a été trompée et a émigré, l'autre partie est restée et eux aussi disaient, on part aujourd'hui, on va partir demain, ils ont acheté à bas prix maisons et terres aux partants puis se sont sauvés en Amérique, en France ;

avant tout, naturellement, il faut que vous donniez votre démission du parti

et, en singeant, en reprenant peut-être la parole qui sait combien de fois répétée, ils ont dit,

voyez la ruse des fascistes !

Khatchadour a prévenu le Comité, a demandé, lui, oui, était un ancien tachnag, déjà depuis la Cilicie ; au début, il avait été hentchag, à Bolis, à l'école, puis un collaborateur de Meguerditch Yotnerparian, au temps de madame Sultane, de madame Rahel, je ne sais pas ce qu'il a dit au Comité, il l'a gardé pour lui, mais je crois qu'à ce moment-là, ils avaient l'espoir de créer le parti là-bas,

moi, j'étais une petite fille, je venais d'entrer au lycée, tu ne sais pas tout ce que mon père me disait – Arev, nous allons vaincre les Turcs, nous allons nous battre, il faut que nous nous battions pour ne pas mourir –,

c'est ainsi qu'elle avait à peine neuf ans lorsque monsieur Khatchadour, habitude d'ancien combattant, avait voulu lui apprendre l'exercice militaire, puisque ses fils, eux, étaient déjà entraînés, là-bas, du côté de Sioufi, dans le petit bois de sapins ;

avec un ton un peu théâtral que je n'ai entendu que dans sa bouche et semblable à un long cri tragique,

hélas, je l'ai perdu !

et ainsi, le cœur brisé, monsieur Khatchadour s'est assis et a écrit sa démission du parti, l'a portée à l'ambassade ; non, non, il n'était pas heureux du tout, il disait – notre place est là-bas –, mais... mais, je ne sais pas, il y avait quelque chose, à cette époque, elle ne comprenait pas, ma mère obéissait à mon père, mais elle n'était pas d'accord, elle allait partir, on allait tous partir ensemble, on a attendu, on a attendu, il n'y avait pas de réponse, tous sont partis, sont montés dans le bateau, ils ont applaudi, ils ont dansé, ils ont dressé le drapeau de l'Arménie, pour nous, il n'y avait pas de réponse.

Elle tournait la page, faisait aller les feuilles en avant, en arrière, ses lèvres frémissaient, l'alphabet défilait, J, I, L, pour arriver à M, qui formaient le refrain condensé d'une mélodie plus ample dont l'ouverture, la règle, la disposition sonore, la coloration et le goût n'étaient pas à ma portée.

On nous avait trompés, lui aussi l'a été d'une certaine façon, mon père était costaud, aimait boire et manger, faire la fête, toi tu étais petit alors ; je vais te dire quelque chose, rappelle-t-en : les samedis soir, il apportait du poisson, sortait le raki, invitait les voisins, toi tu sais pas, ton père aussi buvait avec lui, ils mangeaient des *mezzés**, ta maman, la mienne préparaient de bons *mezzés**, ils étaient très amis ; quand on a renvoyé ton père du parti, il n'y a que le mien qui l'ait défendu, il n'avait pas peur, c'était un homme courageux, mais il est soudain tombé malade, il avait une boutique de cuir en ville, tous les cordonniers, les fabricants de sacs achetaient le cuir chez lui,

elle donnait un style littéraire à ses paroles, faisant de nouveau la preuve de son instruction, ce qui donnait certainement au récit un niveau un peu rhétorique, développant les stades de la maladie, les symptômes, les détaillant et comme les désinfectant, à l'instar des écrivains de ses livres qui décrivaient les faits banals avec la palette d'un idiome luxueux et sublime,

donc, il a jauni, puis il a maigri, a dépéri, sa gorge a été prise, il n'a pas ouvert la bouche, il n'a rien dit, c'est moi qui m'en occupais, dès que je rentrais de l'école je courais auprès de lui, je m'asseyais et lui lisais le journal pour le distraire, après cela, « prends et viens », il parlait comme ça, il disait « lis » pour que je lise « La République d'Arménie » de monsieur Vratsian, c'est là-bas, disait-il, vers le livre caché comme un trésor inaccessible, le livre dont l'épaisse reliure restait pour toujours attachée dans mon esprit à monsieur Khatchadour et à son agonie,

moi, je sais de quoi il est mort,

elle avalait les mots, ses lèvres roses les feuilletaient, elle allait se taire, puis, d'un trait, semblable à une femme dont la dignité avait été offensée, elle s'épanchait :

ils l'ont humilié, ah oui ! qu'est-ce que tu as donc cru ! ils ont voulu qu'il trahisse, c'est de ça qu'est mort mon père, il adorait sa patrie, sinon, pourquoi serait-il mort !

mais qu'est-ce qu'il était zélé ton père ! il ne savait pas qu'on mettait au trou ceux qui partaient en Arménie ?

avec la familiarité d'une connaisseuse, ma mère ramenait la légende à sa juste proportion et, peu à peu, avec plus d'assurance,

s'il était allé vivre là-bas, qu'est-ce qu'il aurait été ? rien !

heureusement qu'il n'avait pas encore vendu cette maison sinon qu'est-ce qu'on serait devenus ! puis, de nouveau emportée par sa passion de m'éduquer,

non, tu ne sais pas ouvrir un dictionnaire ! est-ce que tu sais seulement ton alphabet dans l'ordre ? je ne te le donne pas, ta main ! éloigne ta main ! va te les laver que je voie, on ne touche pas un livre avec des mains aussi sales, tachées d'encre, avant tout, écris le mot dans ton cahier,

j'écrivais « naufrage », de même que j'avais écrit en colonnes nombre de mots incompréhensibles sans leur définition, je devais en connaître le sens par cœur comme si c'était de cette façon que j'allais accéder à cette chose étrange, dense et flasque qui était leur langue, qui se trouvait quelque part, sur une hauteur et dont seuls les éclats me parvenaient ;

tu apprends l'orthographe, tu l'apprends en écrivant et, quand c'était elle qui écrivait, même si le mouvement de sa main me semblait étrange, le mot semblait juste comme semblait parfaite sa façon naturelle de lier les caractères qui avait une allure ondoyante, balancée à l'instar du jeu de ses épaules, de son dos dans la foule quand nous marchions.

Prends le maintenant, lis !

j'ouvrais le livre, au début, je piquais quelques mots, ça me semblait facile, je dévorais une phrase, une page, mais soudain, ça s'embrouillait et je ne voyais plus que les mots, les ombres derrière eux, une sorte de murmure interne, un monologue passant par la gorge, ils disparaissaient, ils me laissaient complètement à sec sur le rivage, je battais en retraite, je n'avais rien compris, rien, je retournais à la phrase entamée, j'essayais de ralentir le rythme, j'essayais de répéter mentalement les phrases comme je le fais à présent pour arrêter leur fuite, oui, j'avais toujours l'impression qu'elles me fuyaient, au bout d'une ligne, en un clin d'œil, le lien qui m'unissait à elle se rompait, à cet instant, je ne voyais plus que l'espace blanc s'ouvrant entre les lignes, une vallée immense entre deux montagnes où j'étais tombé comme dans le rêve du chemin de fer, et pour un instant, j'acceptais, je devais admettre que j'étais bête, incapable d'aller au-delà de la liste de l'alphabet, je bafouillais comme s'il y avait quelque chose de cassé, de rompu quelque part, un amas de débris, une palissade qui ne permettaient pas de voir les ombres se trouvant au-delà les mots, cette lumière qui est l'entrée de la langue ;

ce n'était pas ainsi quand c'était elle qui lisait l'extrait à voix haute ; à ce moment-là, je comprenais tout, je voyais l'île, le sentier caillouteux, la maison en construction, non, la cabane, la mer, l'infini du ciel, c'est-à-dire l'immensité, toutes les choses, tous les mouvements, la succession des jours, la solitude se dissolvaient dans sa voix ; oh ! le bonheur, l'extase que nous partagions en cet instant où nous entrions ensemble dans l'aventure, nous allions par le même chemin, nous marchions dans ce monde de signes inouï, sonore, en lisant nous vivions, nous sentions, nous pensions ensemble, la lecture devenait un rite initiatique conduisant à l'intimité et, à chaque pas, à chaque tournant et à chaque page, je découvrais ou retrouvais non un mot ou un nom, mais un pays natal ;

il me semblait qu'Arevik appelait les objets un par un hors du livre et j'aimais leur façon de prendre ainsi forme, d'apparaître dans l'air, on aurait dit qu'il y avait là un monde différent, supérieur d'où ils arrivaient, ils traversaient le mur mince comme une vitre d'aquarium, ils entraient ; j'aimais cette île, ce refuge sauvage où, par sa prononciation, le timbre et la couleur de sa voix, comme on dit, nous habitions ensemble, elle et moi, et où, grâce à la magie, nous nous transportions à chaque lecture d'un même épisode, nous nous immergions là-bas pour un temps resserré, condensé, clos que la voix d'Arevik renouvelait, lui donnant un nouveau rythme comme si chaque phrase qui passait par sa bouche, que je connaissais, qui parfois surgissait de mon esprit, se formait, se composait de nous ;

j'étais si imprégné du récit, j'allais dire trempé, que je priais Arevik de me le relire, je la suppliais, – allez, qu'est-ce que ça peut te faire ? qu'est-ce que ça peut te faire ? – c'est d'ailleurs ce que j'avais fait lorsque, durant ma convalescence après une varicelle, elle était venue en l'absence de ma mère, s'était assise au bord du lit, n'y touche pas, répétait-elle sans cesse, sinon tu auras des marques sur le visage, c'est pas bien, je promettais, non, je ne toucherai pas ces boutons qui piquaient, qui grattaient mais j'insistais pour qu'elle commence à lire le livre qu'elle avait apporté, j'allais suivre à côté d'elle, j'allais répéter des lèvres le moment le plus effrayant comme lorsque la vague jetait l'homme à l'eau ou quand celui-ci comprenait qu'il était le seul à avoir survécu, complètement seul sur ce rivage inconnu, jusqu'à ce que se dissipe mon angoisse qui, désormais, était un plaisir, la jouissance sublimant une catastrophe et, peut-être était-ce cela que je voulais par-dessus tout, cette volupté venant d'un tension interne résolue, d'une douleur subitement effacée ; là-bas, les histoires, les images, les phrases, le mots se dissolvaient à la fin dans une musique suprême qui formait leur milieu naturel ;

il me semblait que, pendant un moment, nous nous élevions, dans la chambre sous la tonnelle, encore plus haut, sur un cerf-volant, un tapis volant ou dans un avion, comme dans un rêve qui nous transporte au zénith, au fond d'une amnésie d'où nous voyions tout cela, nous nous éloignions de la rue, de la colline, des jardins, nous volions vers une terre se trouvant au-delà de la mer d'où nous frôlions, nous déchiffrions le monde qui était dorénavant un autre temps, une autre langue ; lire n'était pas seulement s'élever mais c'était quelque chose comme voir, participer à une création, à une œuvre, être, autrement dit vivre quelque chose de semblable, oui, pourquoi ne pas le dire, si semblable à l'amour, lorsque les premiers mots et les premiers silences nous attachent à ce visage qui peut-être nous promet une éternité et nous abandonne immédiatement après cette fusion si essentielle, se transformant de fait en un intercesseur et nous conduisant à la révélation de l'autre dans sa radicalité.

N'était-ce pas ainsi chaque fois qu'arrivait une lettre de Berdjouhie, qui était partie depuis longtemps, – tu ne l'a pas connue, tu étais très petit en ce temps-là, tu tétais encore le lait de ta mère, c'était il y a longtemps, Berdjouhie était une camarade –, il y a dans sa voix une espèce de ligne bleue de nostalgie ou d'intimité, couvrant bien sûr toutes les petites aspérités comme quand, sur le chemin de l'école à la maison, elles discutaient, se disputaient pour se réconcilier à nouveau,

mais je le savais, il y avait Berdjouhie, quelque part, dans une lointaine Amérique ; pour y aller, on l'avait fait asseoir dans une Ford noire et fatiguée, les bagages dans le coffre, monsieur Belmaz et madame Verkiné, ses parents, l'avaient confiée à un fiancé inconnu comme s'ils voulaient se débarrasser d'elle, ils avaient peur qu'elle reste vieille fille, ils se libéraient aussi du poids de la dot, là encore il y avait une histoire de photo comme dans l'histoire de Mariam[2], mais le fiancé était, paraît-il, un homme sérieux avec qui Berdjouhie, naturellement une fille charmante, travaillait, se crevait la peau dans les usines ; une ou deux fois par an,

2 Voir *Seuils* (K. Beledian, *Seuils*, Parenthèses, Marseille, 2011).

des lettres arrivaient : le facteur ôtait sa casquette kaki, s'essuyait le front et les joues, buvait un café, j'admirais les petits timbres venus de ces lointains où il y avait un portrait, mais moi, je préférais les paysages ; on aurait dit qu'il y avait là un morceau de ce pays où vivait Berdjouhie, dont les yeux voyaient chaque jour ces lieux ; j'attendais qu'Arevik ouvre l'enveloppe, je caressais presque des yeux le papier de couleur, toujours vert pâle ou rose, là était enfermée l'odeur inhabituelle de Berdjouhie elle-même, de son corps oublié, quant aux lignes irrégulières un peu tordues, selon Arevik, elles exprimaient Berdjouhie dont je ne sais où elle avait assimilé et répété les formules épistolaires officielles ; parmi elles se faufilaient avec peine des détails sur sa vie, son quotidien et son environnement ; c'était surprenant, tous les expatriés disaient très peu de choses en dehors des magasins magnifiques, des grands immeubles, des larges avenues, des usines, de l'abondance de nourriture et de vêtements ; tout était bien, ils vivotaient, ils se mariaient, avaient des enfants, on aurait dit qu'ils étaient dans un lieu sans formes et sans couleurs, qu'ils s'étaient réfugiés sur une terre neutre, si différente de ce que j'imaginais et qui, finalement, s'imposait d'elle-même ; par cette lettre je veux te demander de tes nouvelles, Berdjouhie se languissait d'elle, comment vas-tu ? comment va madame Marie ? donne-lui le bonjour de ma part, quant à eux, ils allaient bien, Dieu merci, ils ne manquaient de rien, ils avaient un frigo, ils avaient demandé le téléphone, ils devraient l'avoir rapidement, Serab, son mari, avait acheté une voiture, les garçons – vous ne les connaissez pas – vous envoient des baisers, oui, nous travaillons beaucoup tous les deux, ici, c'est comme ça, celui qui ne travaille pas ne mange pas, ma chère Arev, si tu veux, je te fais venir, ne fais pas de manières, ici, tu as toujours des prétendants, dis-toi bien que là-bas, il n'y a pas d'avenir ; mais Arevik refusait et disait, est-ce que je suis folle ! je ne comprenais pas pourquoi elle ne partait pas, elle considérait que ce qu'écrivait Berdjouhie était un ramassis d'inepties, qu'est-ce que j'en ai à faire de ce rêve mensonger que quelques mots avaient composé sur le papier et qui, lu, se déployait et prenait forme une fois encore ;

sur le bord de mer, quand le soleil se couchait dans l'eau, de petites flammes comme des vers luisants continuaient d'enflammer l'horizon, elles zigzaguaient, découpaient les eaux et le ciel, elles semblaient être le reflet de rivages, de villes, de ports lointains vers lesquels se dirigeaient les bateaux partant au large et sur l'un desquels, autrefois, était montée

Mariam ; de l'une de ces villes lointaines, elle avait sauté dans le néant ; rien n'était plus angoissant que ces quelques lettres conservées dans la liasse, que ces quelques mots, ces quelques lignes qui prolongeaient avec nous la vie de celles qui s'en étaient allées ; Berdjouhie était encore en partie ici, comme quand elle et Arevik s'asseyaient sur le seuil, l'une faisant son canevas, l'autre son ouvrage au point d'Adana, elles allaient parler en tête à tête, murmurer et rire, échanger des secrets et se taire ; je rêvais en même temps de sa vie là-bas, si semblable en mon esprit à la vie de Mariam et la sensation d'un autre lieu, d'un autre monde, en un mot de l'étranger, me semblait proche, palpable, presque nostalgique.

Tandis qu'à présent, on aurait dit qu'elle avait jeté le livre dans mes mains, ma langue heurtait pierre et obstacle, sur dix mots, j'en sautais à peine deux ou trois, la page me semblait une steppe poussiéreuse, proche du désert de Vergine, Elmone, Antika, sèche, brûlante, intraversable ; et ainsi, sur deux ou trois cents pages, une sorte de haut mur, semblable aux murailles près desquelles je devais marcher, longeant et défendant les jardins des Chahrouri et surmontées par des tessons de verre empêchant toute intrusion, mais, au-delà, dans ce jardin inaccessible, il devait cependant y avoir des arbres, des coins ombragés qui évoquaient des libertés ou des intimités lointaines ; seulement ça ; on aurait dit que je m'enfermais peu à peu dans un univers muet, loin de toutes ces lignes noires et blanches : n'aurait-il pas été préférable de jeter de côté le livre inaccessible venant de la fête de fin d'année ? d'aller comme Zevart déambuler sur les terrasses ? Zevart qui, en dehors des leçons, ne lisait rien, pas une ligne, même pas avec moi, elle n'aimait pas ça, elle ne partageait pas l'intimité de la lecture, seules les images la captivaient, comme si elle avait adopté pour toujours ce mutisme des images et je pouvais attendre à l'affût sous la tonnelle, entendre seulement l'approche invisible de ses pieds légers, viser avec ma fronde le chat s'avançant au bord du toit et lancer la pierre ; ma mère avait raison, elle avait tout à fait raison, elle ne m'interdisait pas de lire, mais peut-être craignait-elle, se rendait-elle compte que j'allais commencer à m'éloigner d'elle, pénétrer dans un monde inconnu, celui qui allait me séparer d'elle à jamais

si tu continues à lire comme ça, tu vas devenir aveugle,

mais cela ne concernait alors que les leçons, seulement elles, tandis que dans ce livre, je ne sais pourquoi, je me sentais soudain seul, je fixais les caractères noirs, au-dessus d'eux bougeaient les ombres du prunier, il y avait du vent, un léger vent d'après-midi qui venait de la mer, il m'invitait ailleurs, m'emportait là-bas, évoquant cette course effrénée du bus longeant la côte, la fenêtre ouverte : des dégradés de vert défilaient, des deux côtés du petit chemin couraient les orangers précoces aux branches desquels s'égratignait le bus ; l'odeur des fleurs, de la terre, se diffusait, parvenait jusqu'au dernier arrêt, l'apprenti contrôleur criait, on était arrivés ; près d'un bouquet d'eucalyptus, sur la place des grandes boutiques de marchands de fruits, derrière le vieux pont sous lequel bruissait un ruisseau, à côté, il y avait des bananiers, encore des orangers, des citronniers et, en aval du ruisseau, une étendue de sable jusqu'à la mer ; nous allions nous déshabiller derrière les roseaux, sauter dans l'eau comme le *vartabed** Terenig,

regarde, c'est encore Terenig !

chuchotaient les femmes, elles se tenaient sur le sable, les jupes retroussées, adossées à des décombres de murs écroulés, elles jouaient avec les vagues,

qu'il se purifie de ses péchés !

le *vartabed** sortait de l'arrière du monastère par la porte dérobée, il devait d'ailleurs avoir traversé l'aire sablonneuse quand nous remarquions sa course – il est venu, il est venu ! –, une sorte d'épouvantail pressé qui s'asseyait sur un morceau de rocher,

« la soutane », comme on disait,

il était déjà dans l'eau et nageait, il nageait, il se dirigeait vers le soleil couchant, là où il y avait des lambeaux de nuages, on appelle ça des « lambeaux », vous avez compris ? répétait monsieur Haïgazoun et, dans l'éclair rouge, jaune ou vert, je distinguais l'île, l'île déserte avec ses rochers aussi durs que les paroles incompréhensibles éveillant en moi l'enchantement, l'inquiétude et l'angoisse d'un avenir incertain.

Je n'étais pas seul ; le monde, les gens étaient sans doute si près que je ne les voyais pas, il n'y avait pas besoin de mots, je les touchais, je frôlais leur plénitude et leur gloire ; la voix d'Arevik, avec la douceur qui brûlait et rayonnait en elle, avec son rythme balancé qui habillait les mots, qui se mêlait à tout, rendait chaque chose plus sensible, plus frappante, plus jaillissante mais tellement inaccessible qu'il semblait qu'elle avait volé, s'était appropriée une force, détenait un secret et, comme la fée du conte, elle métamorphosait tout ce qu'elle touchait, extrayait des profondeurs des perles précieuses, transformait la nuit en jour et se transfigurait quelque part à son tour ; on l'oubliait, elle n'était plus là, elle devenait une autre voix, impalpable, invisible, celle qui appelait, qui riait, qui fuyait, elle murmurait sur le ton de la confidence, elle s'éloignait, elle séduisait, comme la sirène de l'Odyssée, avec le charme de son jeu elle endormait, elle m'entraînait à sa suite ;

je ne savais pas que la lecture réveillait un monde parallèle, plus vaste, plus complexe et meilleur, plus profond et plus troublant, plus émouvant que celui que je voyais ou, plus exactement, que je ne voyais pas encore et dont le sens devait m'atteindre, me parvenir et que je deviendrais son réceptacle, son île hospitalière ;

il y avait un monde que des mots, parfois banals, parfois incompréhensibles formaient, portaient en eux, aussi éloigné que les Amériques, aussi proche que le livre dans mes mains ; mais celui-ci n'était pas un lieu, comme je le croyais, ni extérieur, ni caché comme un trésor au tréfonds d'un pays comme au plus profond du livre que nous avions presque lu ensemble et où, à chaque page, je me livrais au plaisir et à l'inquiétude, à la joie et à l'angoisse surgis d'obstacles inattendus dans cette profondeur ambiguë ; des voix composaient ce pays, des noms lui donnaient forme, des images le travaillaient, mais il existait, indépendamment et au-dessus d'eux puisque chaque univers a sa temporalité, sa réalité, sa vérité en lui-même, invisible mais le structurant ; on aurait dit que c'était la clef de ce monde parallèle que gardait Arevik.

12

Mais elle n'était pas d'humeur, du moins c'est ce qu'il semblait,

aujourd'hui, je ne me sens pas bien,

elle s'était retirée dans la chambre, sur un lit entre les deux fenêtres, avec, au-dessus, dans un grand cadre en bois, « La Cène », m'avait dit Arevik, comme si je pouvais être familier de toutes les histoires de l'Évangile ; par la suite, bien des années après, je me suis rendu compte qu'il s'agissait d'une reproduction de la fresque de Léonard, dont les auteurs avaient rehaussé les couleurs, épaissi les lignes de l'original, transformant la toile en une chose publicitaire, bon marché ;

des activistes protestants, des pasteurs, des adventistes dévots et des prédicateurs avaient commencé à diffuser, de maison en maison, des images semblables au format d'affiche ; ils recevaient là, dans ce qu'ils appelaient une salle de réunion, une sorte de pièce banale, parfois dans les lieux les plus dégradés du quartier, parfois dans les coins les plus visibles avec, aux murs, exactement ces mêmes images ; ils s'asseyaient et chantaient des chants très fades avec des voix blanches, sans style, sans passion « Nous sommes à Jésus, nous sommes à Jésus aujourd'hui » ; à tous ceux qui adoptaient leur foi présumée orthodoxe, ils offraient cette image ou l'une de ses pareilles, des reproductions de gravures anciennes imprimées sur du très bon papier brillant ; le sujet d'une grande partie d'entre elles était pris dans des épisodes de l'Ancien Testament, Caïn et Abel, David et Bethsabée, dans l'autre partie, il y avait Marie-Madeleine s'agenouillant aux pieds de Jésus où le Fils unique se détourne dans un geste de répulsion étrange, très étrange, et aussi le fils prodigue dans ses haillons sur le difficile chemin du retour à la maison avec, derrière lui, les plaisirs des années dissipées, et devant lui, la maison paternelle ; toutes ces images nous enseignaient, nous promettaient le salut dans la découverte de la foi ;

je pense que c'est l'une d'entre elles qui était parvenue là, sur le mur d'Arevik dont elle semblait être la troisième ouverture donnant une profondeur étonnante à la pièce, c'est elle que par la suite j'allais retrouver, qui allait s'imposer à moi et me remémorer l'intimité d'Arevik chaque fois que j'allais la rencontrer ; au début, il me semblait que la grande et longue table se trouvait dans une grotte, ce devait être la grotte de Bethléem, à l'arrière-plan ou en surplomb de laquelle nous nous tenions en chœur, garçons et filles, et chantions « Mystère grand et admirable », « Aujourd'hui c'est la naissance de la lumière indicible » et, avec nous, « les anges tressaillaient » ; suivant le rituel venu du fond des âges, nous annoncions la bonne nouvelle, nous passions par les rues désertes de la colline et nous nous arrêtions au seuil de chaque maison, les portes étaient tantôt closes, tantôt entrouvertes, les Pilibos étaient endormis, Antika, veillant comme une sentinelle, se dépêchait d'ouvrir sa fenêtre pour mettre sa minuscule obole dans la sébile, tandis que madame Negar avait hermétiquement fermé sa porte, chacun donnait, souhaitait donner à la mesure de son cœur, de son âme, de sa foi ;

mais plus tard, quand je pus m'approcher de la vitre qui protégeait l'image, une construction architecturale vint remplacer la grotte ; la symétrie des fenêtres du fond, le rythme du vert et du rouge, l'arceau surmontant la porte, créaient une atmosphère si calme, si protégée, si séduisante que ça en faisait un moment exceptionnel saisi en un clin d'œil, ce qu'on appelle peut-être une vision, la mise en œuvre précise de la conception originale d'un peintre ; au-delà des couleurs, des traits, des volumes visibles, une étendue suggérait un ciel dont l'image n'était que le signe, la manifestation en étant les apôtres soit assis derrière, soit debout, Judas et le Christ au milieu, la coupe de vin et le pain devant eux ;

Arevik aimait s'allonger au pied de cette image, sur le lit, avec, à ses côtés, indispensable pour une profonde réflexion, l'inévitable « Clef des songes » avec sa couverture kaki, qu'elle devait lire et relire, cherchant à distinguer à travers ses interstices, le lointain bonheur promis, annoncé par son devin, puisque, quels que fussent les obstacles, les efforts fournis par les ombres invisibles, les entraves mises pour troubler le cours de la vie, une chose inattendue devait forcément se manifester que les hommes ne pouvaient contrecarrer, elle en était sûre : les rêves ne nous avertissaient-ils pas ? ne nous suivaient-ils pas ? ne nous parlaient-ils pas ? eh oui ! pourquoi existaient-ils donc ? en grandissant, tu comprendras, quand tu seras grand, toi aussi tu sauras que c'est comme ça, mais quand je m'approchais d'elle, elle retournait aussitôt le livre comme si elle avait eu entre les mains une lettre d'amour qui lui était destinée ou une image qu'il m'était défendu de voir, dont elle était la seule à pouvoir tenter de pénétrer le mystère obscur et, d'ainsi, ouvrir les portes de nos mondes connus, inconnus, passés et à venir ;

elle devait réfléchir, un genou relevé, l'autre à plat, comme si, ainsi, elle s'abandonnait à la protection de cette image ou, plus exactement, comme un sphinx empêchant l'entrée d'un palais, elle le protégeait d'une intrusion intempestive ; elle m'enjoignait de lire ma récitation puis de la répéter par cœur, ligne par ligne,

mais enfin, intériorise les paroles, ne crie pas mécaniquement !

elle faisait le geste de se boucher les oreilles, elle fermait les yeux, il semblait qu'elle dormait, elle me suivait à l'oreille, de même que les allées et venues extérieures.

Mais à présent, elle s'était levée d'un coup, elle arrangeait la croix à son cou, un geste involontaire chez elle,

laisse un peu ça de côté, quand tu reviendras, tu le sauras, c'est comme ça, maintenant... fais ce que je te dis...

elle avait sorti du tiroir une petite boîte dorée, celle dans laquelle elle mettait ses bagues, son collier, une montre, son bracelet et encore sans doute d'autres choses, qui m'enchantaient par leur éclat, leur légende, car chaque bijou avait son histoire, on pourrait dire sa vie ; comme en monologuant, Arevik aimait faire leur éloge, les présentant comme des choses rares, inestimables et précieuses et quels mots n'utilisait-elle pas à leur endroit ! complètement étrangers au vocabulaire de la colline, à l'instar de madame Loussenag qui, avec respect, avec un soin réfléchi, les appliquait et les administrait comme si elle les pliait, les repassait et les classait alors que les mots d'Arevik un peu contournés, pédants, comme ironisait ma mère, ressemblaient à une rangée de perles, un collier fait de diamants et d'émeraudes, pareils à ceux qu'on emportait de l'atelier de Jeannot et de Nechan, qu'on exhibait dans les plus belles boutiques de joaillerie et qui reposaient sur la gorge de je ne sais quelle énième femme du harem d'un émir ; ces mots, Arevik les énonçait sur un ton parfois emphatique et sublime, parfois simple et banal, comme si leur destin avait été de sortir un instant seulement de leur cachette et de leur sommeil, de croître, de briller sur ses lèvres comme une fleur de jasmin éphémère et odorante, semblable à celle qui apparaissait soudain dans la bouche de Zevart, palpitait de façon troublante et rougissait ;

le médaillon !

c'était ça, je le savais, elle me l'avait montré de loin, il y avait dessus une sorte de portrait bordé de caractères, une chaîne pour le suspendre, peut-être était-ce une pièce ancienne, dotée d'un anneau à son extrémité,

elle le tenait entre le pouce et l'index et en mettant brusquement un sourire dans sa voix :

estafette ! tu donneras ça à Nechan, que Jeannot ne te voie pas, fais attention en chemin, ne le perds pas, hein ?

elle avait prononcé la phrase d'un trait, avait enveloppé le médaillon dans un mouchoir brillant comme de la soie et l'avait glissé dans ma poche,

vois ce qu'il dira,

moi, je ne peux pas y aller, je ne peux plus y aller, je suis indésirable, répétait-elle sans cesse à chaque occasion comme quelqu'un ayant perdu une grande chose, une très grande chose et qui ne pouvait encore accepter sa perte ; Jeannot s'était retiré dans sa carapace, précisément dans cet atelier devenu depuis inaccessible, il avait réduit la maison à un hôtel jusqu'à parfois oublier de venir y dormir, préparant ainsi la rupture à venir ; Apo, le tout puissant, l'adoré de Marie, même Apo l'obéissant avait renoncé à s'en mêler, à donner des conseils, il avait ôté ses lunettes, les avait essuyées, s'était emporté, – maman, rien ne lui fera obstacle – il avait remis ses lunettes, – je lui ai parlé, ça n'a rien donné, maintenant qu'il fasse ce qu'il veut –, il s'était retiré de l'affaire ; selon les apparences, personne n'offrait l'occasion d'une conciliation ; elle aussi avait sa fierté, elle ne mettrait pas le pied au-delà du seuil de l'atelier, et même quand nous passions par une rue très proche de la bijouterie, elle me suggérait de monter là, en haut (un haussement de sourcils), tandis qu'elle, en bas, allait attendre dans la pâtisserie Bohsali ou à la porte arrière des grands magasins ABC, espérant qu'au moins Nechan allait descendre, qu'ils allaient boire un café ou un soda, qu'ils allaient discuter tandis que moi je flânerais du côté du cinéma Opéra, du marché aux fruits qui était une place labyrinthique sale et colorée, pleine d'appels, de cris, d'exclamations vantant la marchandise.

Cette fois ci, je devais y aller seul, à la dérobée, pour une opération très mystérieuse, c'était sérieux, important,

(j'aurais tant voulu aller jouer avec Zevart, mais la perspective de prendre un *service**, de m'y asseoir comme un adulte, me faisait oublier les jeux de Zevart que je pouvais parfois regarder de haut et dont je pouvais exciter la jalousie)

les autres fois aussi, elle m'avait ordonné de dire quelque chose à Nechan, de lui demander quelque chose, comme si elle n'avait jamais l'occasion de le rencontrer et qu'elle vivait enfermée dans une prison ; je ne savais pas que la réalité était toute autre : plus complexe, comme disaient les journalistes dans leur langage tout fait ; c'est un cliché de dire que la réalité est un espace compliqué, une sorte de théâtre où des tentures opaques à plis multiples s'ouvrent les unes après les autres, se ferment parfois, toujours bourdonnant du tapage que fait une foule dense reflétée par des miroirs magiques ; pour la connaître, il est nécessaire d'arpenter de nombreuses directions, de préciser les lieux, d'arriver parfois au même endroit par des chemins différents, de parvenir à quelque chose en en désirant une autre, de parler et ne rien signifier, de penser une chose et en dire une autre ; chaque fois, Nechan parvenait à m'isoler, à me faire comprendre, en la présence de Jeannot, ce qu'il avait à dire d'un mouvement d'œil, des lèvres, des mains, oui, oui, répétait-il à voix haute et moi, à mon tour, je devais répéter cela à Arevik, oui, oui, Arevik, décrire son attitude, sa façon de parler, ses expressions de visage et lui se levait de sa place comme s'il sortait par la porte arrière de la fresque, il souriait d'un sourire complice ;

j'avais mis la main dans ma poche, je caressais le métal par-dessus le mouchoir, je le serrais parfois fortement, craignant toujours que, dans le *service** ou sur les trottoirs engorgés de monde, quelqu'un ne me le vole, conservant cependant l'assurance de celui qui, protégé par une force occulte, transporte un objet rare, inestimable, précieux ; il me semblait quelquefois que je portais sur moi cet œil bleu, cette perle que les mères mettaient sur l'épaule ou sous la chemise de leurs enfant contre le mauvais œil et dont je n'avais jamais eu le semblable, je croyais qu'il donnait force et résistance à son détenteur puisque il protégeait du méchant ; c'était étonnant comme plus je marchais dans les rues et plus je me sentais fort, plein de confiance, prêt à faire des choses que je n'aurais pas osé faire, couper la route devant la course rapide du tramway, acheter une glace arabe et flâner en contemplant les images des cinémas, voire accepter n'importe quel billet gratuit pour entrer dans la salle, mais le trésor se trouvait vraiment dans ma poche, ce trésor à l'existence duquel je m'étais habitué comme si je m'étais approprié son secret, je le connaissais – d'un côté il y avait la photo d'Arevik, de l'autre, celle de Nechan –, c'est pourquoi il avait perdu de sa magie, comme cela s'était déjà produit à une autre occasion.

Combien de fois Arevik avait-elle parlé de la relique si rare, héritée de monsieur Khatchadour ! elle vantait cette page si précieuse, vraiment très précieuse, oui, cette page de miniature, sur parchemin ?

le parchemin,

Arevik prononçait le mot en s'attardant sur la première syllabe, en allongeant le « a », le redoublant presque, comme lorsqu'au moment de dire « agate », elle attribuait une résonnance admirative, une vibration à la dernière consonne faisant briller le mot comme une pierre précieuse,

qui était caché dans la Bible protestante de la maison ; sa réputation, son secret m'avait tellement captivé que lorsqu'un jour, finalement, Arevik daigna me le montrer, je fus déçu par l'image qui était si modeste et dépourvue d'éclat qu'elle m'avait semblé banale, une page de garde d'Évangile, un homme – dont j'appris plus tard qu'il s'agissait d'un évangéliste –, devant un écritoire, accroupi, maigre, le cou tendu avec un mouvement si tordu qu'il me rappelait les poules de notre poulailler lorsqu'elles étaient malades et que mon père n'osait pas les plumer, parce qu'il y avait je ne sais quoi dans son esprit qui les rendait désormais taboues, intouchables et ces bêtes devaient tomber de leur perchoir, crever comme ça, anémiques, ratatinées ; mais ce n'était pas l'important, ce qui l'était, c'était qu'il s'agissait de l'héritage de monsieur Khatchadour,

non, non ! à cette époque, toutes les maisons n'avaient pas l'Évangile, la famille de papa était riche, ancienne, une très vieille dynastie, des princes de Cilicie, c'est pour ça qu'on avait envoyé mon père à Bolis[1] pour étudier et d'ailleurs, là-bas, il avait lu des livres révolutionnaires, il avait été le bras droit de Krikor Zohrab[2], son grand-père avait été curé, curé, père Hagop, les Turcs l'avaient assassiné bien avant, lors des

1 Bolis/Polis, c'est-à-dire La ville, nom donné par les Arméniens a Constantinople (Constantino-Polis).

2 Avocat, député et écrivain arménien qui sera l'une des premières victimes du génocide en 1915.

premiers massacres, papa l'avait vu de ses propres yeux, et, bien des années plus tard, il était allé trouver le criminel et l'avait tué d'une balle,

il y a longtemps !

si tu les écoutes, ils étaient rois d'Arménie !

riait ma mère lorsqu'elle entendait une telle vanité, de si grands mots, sapant à la base mon admiration et surtout mon étonnement, mais la voix d'Arevik réussissait à nouveau à me captiver, il semblait que je voyais par son évocation, de même qu'elle avait vu l'Évangile et son grand père et continuait à voir avec certitude par les yeux de monsieur Khatchadour et elle ne cessait de lire de colonne en colonne, les noms de toute sa lignée, jusqu'à un point où nous n'étions pas ;

le temps n'existait pas, la voix d'Arevik l'avait aboli, formant autour d'elle et de moi le cocon du récit comme la vigne de la terrasse avec son ailleurs ;

mais un jour, avant d'abandonner Garmoudj – je connaissais Garmoudj, c'était un village proche d'Ourfa, montagnes, champs et pont –, quand les difficultés et les batailles ont commencé, ma grand-mère prend l'Évangile et l'enveloppe dans un tissu, le protège comme un enfant, dit-on, l'attache sur son ventre, ils se mettent en route, comme ça, jusqu'à Ourfa, ils font une heure de route en quelques jours et, tout à coup, quand la situation devient dangereuse et qu'ils essaient de se défendre par leurs propres moyens, madame Arménouhie prend peur, elle est obligée de se séparer de l'Évangile, elle veut l'enterrer quelque part, elle va au cimetière des Arméniens, creuse la terre, va-t-elle l'enterrer ou non ? c'est une chose sacrée, s'il tombe entre leurs mains, ils le brûleront, finalement elle se décide à confier,

l'écrit à la terre, l'image à nous

c'est ce qu'elle avait dit, ce sont les paroles de madame Arménouhie, c'était une femme intelligente, instruite, elle n'était pas comme les commères de ce quartier,

avant de l'enterrer, elle arrache la première page, elle la cache sous ses vêtements comme un talisman, tu ne sais pas ce qu'est un talisman ? du papier, avec un écrit, c'est ça, c'est cette page que madame Arménouhie a donné à Khatchadour quand ils se sont retrouvés à Alep, d'ailleurs elle a habité là-bas jusqu'à la fin, Alep, elle n'a pas voulu venir ici à côté de nous, moi je l'aimais beaucoup, mais maman n'a pas voulu de sa belle-mère,

madame Marie !

Il flottait sur les marches une odeur de charbon, de métal brûlé, je me pinçais le nez, je montais les marches deux à deux, les couloirs me semblaient plus sombres ; peut-être parce que j'étais seul, je remarquais davantage les lieux, le dédale des escaliers se rétrécissant peu à peu vers le haut et surtout la stridence métallique des machines, des polisseuses, qui avaient composé autour de moi une forge de bruits se répondant quand, à l'étage au-dessous de l'atelier, je me retrouvai face à face avec Jeannot qui, fronçant ses sourcils épais et drus, – eh ben ! qu'est-ce que tu fiches ici ? Nechan est en haut –,

il me semblait que Jeannot avait soudain percé mon secret ; peut-être avais-je rougi comme lorsqu'on nous trouvait seuls, Zevart et moi, assis sur le kilim ou allongés sur le lit côte à côte, attendant quelque chose que nous ne savions pas et qui ne venait pas, mais nous savions, nous savions très bien que c'était interdit et, à cet instant, Arevik ou Maritsa nous surprenaient, le mur de verdure s'écroulait brusquement et il semblait que nous étions nus comme aux bains ou à la plage, derrière le feuillage de la cannaie ; elle avançait parfois à tout petits pas, sur la pointe des pieds, à voix basse, elle s'approchait, on aurait dit qu'elle murmurait, elle disait, c'est moi, c'était elle, comme dans un rêve, elle souriait, elle n'avait pas de visage, elle était proche, très proche, et sa main aux ongles longs ou rongés ouvrait brusquement le rideau de branchages,

mais qu'est-ce que vous faites là, dévergondés, je vais le dire à vos mères !

oui, Nechan était en haut, ayant ôté sa blouse, en chemise et bretelles, penché sur son établi, il soudait deux morceaux de métal, une visière en verre noir devant les yeux pour les protéger de la brûlure de la flamme, les cheveux tondus, il attendait que je reprenne mon souffle, peut-être aussi avait-il été surpris, il avait mis de côté son instrument de soudure, avait souri avant même d'enlever cette visière que je ne lui avais jamais vue et qui donnait à son visage sale et gris une physionomie un peu méchante, sinon épouvantable, comme celle du masque grimaçant s'étalant dans la vitrine de César Amer, sorti de je ne sais quelle forge céleste ou satanique, avec, autour du menton, des yeux et des oreilles, de longs filaments et des langues enflammées ;

mais comme tu es « couageux », dis-moi, tu viens de l'imprimerie ?

avec cette prononciation un peu bègue, qui portait la trace du kurde, « courageux » en particulier devenait « couageux » ; peut-être savait-il que j'avais quelque chose à lui donner, il appelait « imprimerie » la chambre d'Arevik, faisant bien sûr allusion aux crayons, aux plumes et aux livres ;

je me tenais devant lui, comme si j'attendais une permission, incertain, muet,

et alors !... qui t'envoie ?

tout à fait avec l'intonation de mademoiselle Voski,

j'avais donné le mouchoir, il l'avait d'abord pris dans sa paume, comme s'il le soupesait, il avait ôté ses lunettes pour le voir de plus près, l'avait serré dans son poing, les muscles de son visage immobiles, sans crispation, ses yeux, deux cavités sombres, puis peu à peu il avait défait le lien, il devait être curieux, il attendait probablement quelque chose qu'il n'avait pas deviné ou imaginé ; conscient de ma présence, il souriait comme il le faisait quand il essayait de céder à mon poing, pour jouer, en disant – tu as gagné, tu as gagné –, en riant, mais à présent qu'il sortait le médaillon du mouchoir, le sourire avait quitté son visage, il avait pris le morceau de métal entre ses doigts, l'avait élevé un instant à la lumière, l'avait regardé avec la fixité de celui qui expertise la limpidité et la pureté de la pierre d'une bague, l'avait tourné, fait jouer et, d'un coup, je l'ai à peine vu, non Arevik, je ne l'ai pas vu,

il avait lancé un juron en arabe,

et allez !

directement dehors, par la fenêtre ouverte et, avec un rire, en blaguant presque, comme à ce moment quand, sur la terrasse, sa voix s'adoucissait, devenait quelque chose de mielleux, de lascif, – ma mère disait lubrique – ; alors que j'attendais, abasourdi, pris par surprise, il m'avait demandé, peut-être pour m'amadouer ou simplement par la force de l'habitude,

tu veux un soda ?

non, je n'avais pas soif, c'était étrange, je n'avais pas soif du tout, à cet instant, ce breuvage orange ou jaune me semblait une chose écœurante, un liquide sucré emplissant le sol et l'espace qui soulevait en moi un sentiment de répugnance incontrôlable, alors que c'était pour moi, à cette époque, le condensé de la bijouterie et de la ville, une sorte de philtre magique auquel j'accédais lorsque je passais une frontière et entrais dans l'espace des adultes ; mais l'environnement était tout autre à présent tant l'atelier était sale et aiguës les odeurs des acides et des corps ; l'abat-jour de la lampe accrochée au plafond, perdu sous une couche fuligineuse, ramollie, poussiéreuse, diffusait une obscurité jaunâtre sur le sable noir de la fonderie, sur les établis, sur les outils, sur la balance en bronze ; il me semblait être dans une cellule de prison telle que j'avais imaginée celle de Jeannot, un vilain cube dont la noirceur vénéneuse croissait, montait autour de moi, m'oppressait, m'accablait, il me semblait que je faisais un effort, que j'essayais d'avancer sans y parvenir, quelqu'un se dressait devant moi, m'empêchait de marcher, d'approcher de la lumière brillant au loin ;

était-ce à cause de l'absence de Jeannot que Nechan me semblait désormais quelqu'un de totalement inconnu ? le visage saisi d'une étrange altération, une expression de dureté aux lèvres, les joues pas rasées, transpirant, les yeux comme deux morceaux de verre, troubles, rougis, confus, étrangers ; je pensais de plus en plus au bouffon de la vitrine de César Amer, la figure s'éloignait, revenait, s'imposait, avec son auréole flamboyante, souriait tantôt d'un sourire forcé, tantôt sortait la flamme de sa langue de sa bouche ouverte, il devait ressembler aux hommes et aux singes à queue attendant devant la porte de l'enfer, ridicules et effrayants ; plus j'essayais de détourner mon regard de son visage, plus mon inquiétude montait ; je tentais de m'accrocher à la table, de la regarder, j'attendais sans savoir quoi, alors que lui, le regard fixé sur un point imprécis de l'espace, posait ses lunettes sur la table ;

ses mouvements étaient plus fermes, plus assurés, son cou, sa poitrine jaillissaient sous sa chemise, ses bras déployaient des muscles hypertrophiés jusqu'aux poignets et aux mains noires ; on aurait dit un boxeur dans l'attente d'un coup ; à ce moment-là, je me suis rendu compte qu'il n'avait pas son masque chaleureux ; non, ce n'était pas ça, pas ça du tout ; il n'y avait aucun masque à présent, mais un visage rude, fort, peut-être un peu effarouché dont je ne sais où je l'avais vu et dont j'avais oublié l'existence et qui, voilà, était maintenant face à moi ; non pas un visage plus réel, authentique, véritable qui, auparavant, était invisible, mais quelqu'un d'autre, un étranger, que, oui, j'avais certainement vu, dont je connaissais le nom mais que je n'avais jamais rencontré, à qui je n'avais pas parlé et pour lequel je n'existais pas, je n'avais jamais existé, comme quand les relations qu'ont les gens avec nous changent, reçoivent un statut différent sitôt qu'ils nous trouvent dans un environnement autre que l'environnement habituel, en l'absence des personnes qui nous accompagnent, aimées ou respectées d'eux, à ce moment-là, peut-être involontairement, peut-être volontairement, ils nous mettent à notre place véritable, à leurs yeux ; je n'avais ni appui ni soutien, Arevik n'était pas à mes côtés mais il m'a semblé qu'elle n'existait plus désormais, elle semblait avoir disparu dans un couloir sombre, par l'embrasure d'une porte, moi seul connaissais le secret de cette disparition et moi seul étais là-bas, sans défense face à un poing menaçant devant lequel je ne pouvais que fuir ;

il l'a jeté,

j'ai dit à Arevik, « il l'a jeté », il n'y avait aucune raison de ne pas répéter le geste – et allez ! – comme ça, comme une chose terminée et qui a désormais cessé d'avoir de la valeur, de causer de la douleur ou de susciter de la curiosité, je disais – il l'a jeté – ; j'ai tu l'injure qui aurait pu me brûler la langue ;

je n'avais rien compris à ce qui s'était passé, rien ; j'avais eu l'impression d'avoir reçu un coup sans rien sentir ; Nechan, pour une fois n'avait pas plaisanté mais avait écrasé mon bras, serré fort ma main, l'avait plaquée sur la table et s'était éloigné ;

je me suis approché de la table où était resté le dictionnaire avec sa couverture de cuir gris, ses coins un peu écrasés, j'ai voulu l'ouvrir et trouver la lettre N, à cette page où était resté un instant le doigt d'Arevik, quelques heures auparavant ; peut-être que seule Arevik avait compris.

13

D'habitude je coupais une canne dans la cannaie de madame Alice, j'émondais les feuilles et, avec la tige, je commençais immédiatement à frapper les branches du prunier ; mais ce n'était pas vraiment le bon moment pour cueillir les prunes alors qu'elles étaient encore acidulées, la queue résistante, qu'elles mûrissaient sur les rameaux les plus élevés, inaccessibles parce que cachées sous les feuilles et que le soleil se faufilait entre elles, – tu vas devenir aveugle, mon garçon ! – disait Mekhag Haïgouhie, toujours avec une inflexion maternelle ; et le moindre frémissement, le moindre bruit allait parvenir aux oreilles terriblement fines de madame Marie ou Arevik allait menacer par la fenêtre,

mon fiancé !

j'avais déjà baissé la canne, j'essayais de me cacher,

il est en train de voler mes prunes !

maintenant, j'avais pris l'une des lames de rasoir de mon père et l'avais fixée sur le bout de la canne, j'étais content de mon astuce, je pouvais faire tomber tous les abricots, toutes les nèfles de la rue, personne n'allait m'entendre désormais, n'allait ouvrir la bouche, d'ailleurs avant que quelqu'un arrive, j'aurais tout rassemblé et donc, en silence, j'abattais les prunes les unes après les autres, parfois en plein sur ma bobine, elles s'abîmaient mais elles étaient bonnes, les prunes de monsieur Khatchadour étaient les meilleures de la rue, du quartier et de la colline, meilleures que celles de monsieur Arménak qui s'adoucissaient trop vite, qui jaunissaient et ne gardaient pas cette acidité qui persiste dans la douceur, augmente mais ne domine pas,

ça suffit maintenant !

disait ma mère qui avait sorti sa machine dans la cour, à l'ombre du chèvrefeuille,

laisse nous parler tranquilles,

elle devait discuter en tête à tête avec Mekhag Haïgouhie, elles étaient infatigables, inlassables, qui sait, peut-être devaient-elles murmurer contre l'ennui, s'abandonner, m'oubliant complètement ; et moi, je savais qu'il n'y avait personne chez les Khatchadourian, mère et fille avaient verrouillé la porte et étaient parties sans dire un mot, sans me confier la surveillance de la maison,

oui, oui, elles étaient parties comme elles en avaient l'habitude lorsque, pour une chose très importante – passer chez le médecin, prêter de l'argent à intérêt, aller prendre conseil chez quelqu'un – elles partaient en catimini, sans rien dire à personne, sur ce sujet, il n'y avait ni dispute ni discussion, et on s'étonnait, comment, par quel miracle régnait-t-il une telle solidarité ?

elles courent sans cesse les voyants, elles vont encore se faire écrire un talisman, on dirait que mère et fille sont fêlées, c'est du pareil au même, leur cervelle ne sert qu'à ça, elles tentent vraiment le diable ; allez, allez, si tu insistes trop, la chance te fuit, ce carrousel aussi tourne comme ça, et oui, ça tourne, qui peut l'arrêter ? avec l'argent, avec tous ces sous que ces devins, ces charlatans, ces voyantes leur soutiraient, on aurait pu marier quelques garçons, mais celles-là, elles ne cherchaient pas le mariage mais la destruction totale, tout ça pour avoir raison, tout ça parce qu'il ne devait pas entrer un autre sang dans la maison des Khatchadourian, c'est comme ça que la voyante tirait les cartes et elles penchaient la tête, elles écoutaient, elles se mêlaient de l'œuvre de Dieu, comme s'il n'y avait qu'elles,

Mekhag Haïgouhie hochait la tête, d'ailleurs les paroles de ma mère auraient pu sortir de sa bouche, de son cœur.

Il y avait aussi la Negar d'Hovakim qui était assise par terre, sur la carpette, presque couchée, elle mâchonnait des feuilles nouvelles cueillies sur la treille pour dissiper le goût et l'odeur de l'ail, elle avait ôté le fichu de sa tête, ses cheveux roux mêlés de blanc épars sur les épaules et formant une couronne au-dessus de sa tête ; un peu plus tard elle allait essayer d'arranger cette tignasse utilisant ses doigts comme peigne mais, pour l'instant, elle dirigeait ses yeux pareils à des pièces d'or vers ma mère qui accélérait et ralentissait le rythme de sa machine,

on dirait qu'il se passe quelque chose,

elle devait encore avoir quelque chose au bout de la langue, elle malaxait ce qu'elle avait à dire, le chairs de son visage se gonflaient, se dégonflaient, sa bouche s'ouvrait, sa langue apparaissait, se cachait, mais voilà la voix de mademoiselle Anna, grave, essoufflée, fatiguée qui annonçait son ombre claudiquant légèrement de la jambe gauche, elle devait avoir fait le tour du vallon pour ne pas traverser le champ d'Abou Tanios, ah ! cette montée ! elle te crève un homme et l'envoie au diable ! elle s'était à nouveau libérée de ses Américains, de cette lady et de ce mister aux noms magiques, de ces missionnaires protestants et surtout de la maison ; que je reprenne souffle, disait-elle, dans un halètement, c'est pour reprendre ce souffle qu'elle venait, c'était son argument, quand elle ne traînait pas derrière elle madame Veronica et son mutisme ;

non, elle ne voulait pas s'asseoir sur la carpette, pour elle, il fallait une chaise, j'avais abandonné ma canne pour avancer une chaise,

j'ai l'impression que c'est encore une nouvelle robe,

la Negar de Sivas l'avait examinée, comme admirative, elle avait toisé, mesuré cette mademoiselle Anna comme si elle la voyait pour la première fois, elle avait l'âge de son fils aîné mais non, non, elle n'avait jamais pensé qu'elle lui conviendrait, jamais, eh quoi ! est-ce que ça manquait de femmes pour son pacha de fils !

mademoiselle Anna portait une robe vert olive avec une large ceinture noire d'où partaient des lés formant une jupe cloche, un peu ample, de sorte que quelqu'un qui n'aurait pas su qu'elle était vierge parmi les vierges, voyant son ventre, aurait pensé qu'elle était enceinte de quatre-cinq mois ; mais visiblement, c'était encore un vêtement prêté qui, pour madame Negar, semblait neuf, elle qui... passons, passons, comme si elle allait emporter avec elle le pognon qu'elle avait amassé, essayait encore de rentrer dans l'unique robe de son trousseau pour aller ainsi vêtue, rencontrer des fiancées pour son fils,

of !

on aurait dit que c'était la première fois de la journée qu'elle allait se détendre, elle s'était tournée vers ma mère, puis vers la maison de Garbis, plus bas, en direction de la vallée dont la verdure, le soleil, les ombres des maisons clairsemées faisaient de notre jardin, comparé à leur minuscule cellule, un lieu aéré, une sorte de balcon, un espace qui laissait s'épanouir l'âme.

Anna, ma fille !

oui ! et alors ! et alors ! qu'est-ce que vous avez cru ? Garo devait se fiancer, il s'était épris d'une fille des quartiers d'en bas, de l'autre côté du fleuve, à présent il va s'installer, ça nous changera un peu, ça sera une occasion de réjouissances,

comme si fiançailles, naissance, mariage la concernaient personnellement, comme si c'était sa vie qui allait changer,

vraiment cette fille n'a rien dans la tête, elle rapporte tout l'argent qu'elle gagne à la maison pour marier son frère, en voilà une drôle de jeunesse ! allait dire ma mère dans son monologue parallèle,

mon frère et moi, c'est pareil !

chaque chose était aussi simple et nette et cet amour inconditionnel, très sincère, peut-être naïf était, pour Arevik, une chose idiote, complètement idiote, elle est fêlée enfin ! sinon pourquoi ?

mademoiselle Anna se tordait les mains, puis commençait à tirer sur ses articulations, à les faire craquer, ce qui énervait ma mère qui la regardait par-dessous, ses yeux cillant à chaque craquement,

le fils de l'autre !

la voix de madame Negar progressait, de façon délibérée, dans cette direction, laissant toujours « l'autre » en question innommée, ce nom ne franchissait pas ses lèvres, elle avait fait le serment de ne jamais regarder, ne serait-ce qu'une fois, de leur côté, – elle a parlé des doigts manquants de mon fils, la dévergondée ! –, mais elle refoulait le motif, peut-être la souffrance sous-jacente, de ses paroles, finalement son cœur saignait, le refus d'Arevik était connu de tous, – bon elle en veut pas, c'est son problème, mais pourquoi avoir pris le prétexte de sa main mutilée, elle a qu'à voir sa figure peinturlurée, la mocheté, au lieu de se moquer de mon fils, qu'elle se moque d'elle-même ! –, on aurait dit que, pour elle, c'était une vérité inébranlable, le refus d'Arevik avait ouvert la voie à tous les autres refus et, d'une certaine façon, elle se sentait persécutée de tous les côtés, c'est-à-dire elle et son fils, mais maintenant, ne voilà-t-il pas qu'il s'en passait des choses et des choses, finalement, il y avait bien un bon Dieu là-haut, il y avait une justice,

et puis la situation était critique, si sérieuse qu'on ne pouvait qu'adopter une attitude neutre et regarder,

y a le feu ! elle se dépêche !

eh oui ! vous ne savez pas la nouvelle ? comment ! vous n'avez pas entendu ? ça s'est répandu de l'église à la boutique de Kegham, du côté d'Elbis, mais oui ! mais oui ! allez donc vous aussi ! vous ne mettez pas le nez dehors ! c'est la fin du monde et vous, vous haussez les épaules !

l'histoire de Jeannot a pris de l'ampleur, c'est une très grosse histoire maintenant, vous n'avez pas entendu ? mais enfin, c'est votre voisine !

qu'est-ce qu'on aurait pu entendre ? on est pas comme ceux d'en face à espionner, on est voisins, on entend rien de chez eux, d'ailleurs eux aussi, quand il se passait quelque chose d'important, ils fermaient les fenêtres, mère, fils et fille allaient s'asseoir dans la chambre du fond, on aurait dit qu'ils discutaient dans la pénombre, murmuraient, formaient des projets en secret, ils s'enfermaient face au monde par on ne sait quel mouvement instinctif ou peut-être conscient, ils gardaient, protégeaient un secret de famille dont personne ne savait ce qu'il était ;

et, comme ça, Jeannot était allé voir le curé, – celui-là, un moulin à paroles, ne sachant pas tenir sa langue, l'avait raconté à tout le quartier, mais exprès, exprès bien sûr, allait-il se disputer avec monsieur Abraham, le responsable du quartier ? – qui lui aurait répondu très gravement, en pesant ses mots, toujours conscient de son autorité et de sa fonction – non, mon garçon, on ne peut pas faire le mariage ici, il y aurait du sang versé, ailleurs, dans une autre église… –, et à Apo – non, il ne pouvait pas l'empêcher, monsieur Abraham, le curé est le serviteur de Dieu, il ne peut être contre un mariage régulier –, il avait trouvé un prétexte, y en a peu des bavards, des malins comme lui, c'est pour ça qu'il avait suggéré à Jeannot, pour qu'il n'y ait pas d'histoires dans le quartier, – allez ailleurs, allez à l'église du Saint Signe, d'ailleurs la fille est de ce coin-là, l'église ne fait pas la différence entre arabe ou autre, l'important c'est qu'elle soit baptisée, non ? – il l'avait regardé en biais, et lui, – mon père, il faut… –, mais il n'avait pas fini sa phrase,

le fils de l'autre,

mais pourquoi ?

mademoiselle Anna, innocemment, comme si elle avait été loin de la colline depuis des semaines et qu'elle se sentait probablement exilée de la vie même qui, à présent, avait pris ici un cours si grotesque, si bizarre, les gens sont fous ? ils ont perdu la tête ? tout ce dont il s'agissait, c'était un garçon et une fille ou une fille qui voulait un garçon et, autour de cette chose simple, il s'était monté un tintamarre, un tel tumulte qu'on aurait cru qu'il s'agissait de la chose du monde la plus importante, la plus sacrée,

Bon !

avec le ton de celle qui a réussi à fuir l'incendie,

et alors !

madame Negar, vengeresse, revenant sans cesse à son problème, triomphante, peut-être toujours sous l'impression de la malchance qui harcelait son fils,

la mocheté ! mon fils lui plaisait pas et maintenant voilà !

en frappant son poing droit dans sa paume gauche ;

… en haut, tout en haut, il y avait des grappes de prunes que je n'avais pas vues, celles-là, il n'était pas possible de les attraper…

elle en avait entendu des choses ! elle hochait la tête, les lobes d'oreille dépourvus de boucles où des poils avaient poussé qui, j'en étais sûr, frémissaient, de même que les ailes de son nez, comme de l'odeur de crasse ; néanmoins, ce n'était pas si compréhensible : pourquoi tout ça semblait si malpropre, pas du fait de la saleté mais à cause d'une sorte de germe tapi dans les chairs, l'éruption d'une maladie contagieuse, qui surgit soudain à l'extérieur, envahit maisons et rues comme les averses soudaines apportées par les tempêtes de février ?

cette Voski, cette sainte nitouche, quels tours elle a joués à ce garçon et va voir qu'elle a perdu la plus belle rose de son chapeau,

mon Mihran le sait !

ah oui ? ah bon !

il a un *service** ; il arrête son auto place Debbas, là, il y a un stationnement au milieu, sous l'arbre ; avec le sérieux d'un connaisseur, d'un amateur, il contemple les allées et venues, ceux qui descendent de voiture, ceux qui s'assoient dans les taxis collectifs, et, ensuite, rentré à la maison, il déroule le compte-rendu de la journée à sa mère, en hochant sa tête dégarnie, en mêlant certainement à ce qu'il a vu son opinion de chauffeur de la colline au fait du mouvement de l'univers ; lui, il voulait juste être taxi, c'était plus honorable, plus, que sais-je, indépendant, il fait le chauffeur, avec sa voiture à crédit, mais c'est lui, paraît-il, qui avait vu Voski allant au souk des bijoutiers, et Jeannot fermait les yeux, d'ailleurs, lui aussi devait être après sa belle ;

oh la la !

mademoiselle Anna, presque dans un rôle de pleureuse,

en baissant la voix,

elle est enceinte, si ça se trouve,

la machine de ma mère s'est arrêtée, madame Negar, grave, faisait un léger signe du menton pour confirmer, elle s'était tournée vers mademoiselle Anna qui avait porté ses doigts à sa bouche, une expression d'étonnement ou d'effroi dans les yeux, les prunelles comme vitrifiées face à une tempête, on aurait dit qu'elle était frappée par une onde de feu et de soufre,

Voski !

abîmer une si jolie fille ! ma mère n'en revenait pas, elle en doutait mais il semblait qu'elle avait accepté le fait intérieurement et qu'elle allait changer d'avis d'une seconde à l'autre,

la vicieuse !

malgré l'injure, la méchanceté, le ton se voulait neutre, presque informatif, complètement étranger à ce dégoût qui s'affichait sur le visage de ma mère, dont la main était restée sur la roue de la machine, absente, pauvre Noémie, la pauvre devait-elle répéter peu après, à peine celles-ci parties, des filles comme ça devraient être enterrées vives,

l'autre poursuivait son assaut, on aurait dit qu'on ne pouvait opposer aucune résistance face à cette voix impitoyable, féroce, ivre de sa victoire mais inflexible, proclamant ouvertement la certitude de l'évènement et devenant par là même informative et sèche avec arrogance,

il paraît qu'elle est de trois mois, eh oui ! eh oui ! ça fait pas trois mois, ça fait trois ans qu'ils s'embrassent, qu'ils se tripotent, bouche à bouche,

mais où enfin ?

avait osé mademoiselle Anna, ahurie et en même temps incrédule,

comment ça, où ! est-ce qu'on manque d'endroits dans ce monde ! près de leur travail, le fils de l'autre...faux jeton ! « mon Nechan ! mon Nechan ! »

en imitant la voix mielleuse de madame Aroussiak,

il paraît qu'il avait une chambre, c'est là-bas qu'ils ont fait leur affaire et maintenant ils courent après la sage-femme pour qu'elle lui ôte ce qu'elle a dans le ventre... Payladzou...

mon Dieu ! ces gens-là sont pires que des chiens !

la très bonne, la très douce Mekhag Haïgouhie s'emportait soudain et, plus tard, quand elle allait se retrouver seule avec ma mère et que, comme à l'accoutumée, elles allaient faire les commentaires pour la dixième fois, en ajoutant toujours un détail négligé et leur propre réflexion à ce qu'elles avaient vu et entendu, quelle pitié ! allait dire celle-ci, à cause de la phrase terrible qu'elle avait prononcée ? ou pour l'avoir pensée à voix haute ? mais non, elle avait raison, tu as parfaitement raison, ils sont pires que des chiens, sinon, quoi ? ils ne pouvaient pas patienter, s'asseoir, attendre ? chaque chose en son temps, ils se sont précipités, eh ! est-ce qu'il reste quelque chose de sacré ? qu'est-ce qu'il y avait donc tant ?

voilà, à présent !

la saleté de la colline, je crois qu'il aurait été plus juste de dire, cette terrible banalité, était désormais sur la place publique.

Plus que Mihran, c'était madame Payladzou l'informatrice, une femme grande et mince comme un poteau télégraphique, qui faisait tourner ma mère en bourrique pour ses vêtements, elle voulait essayer mille fois, mais qu'on ne parle pas d'argent ! elle payait au compte-gouttes, il lui fallait toujours des épaulettes pour paraître plus large, la longueur de la jupe au-dessous des genoux, sur une ligne incertaine qui n'existait que pour elle, quant aux bras, elle exigeait qu'ils soient découverts, ça fait rien, ça fait rien si on voit le soutien-gorge, mais à la taille, surtout dans le dos, le tissu devait blouser sur ses fesses proéminentes et fermes, sans aucun défaut ; quand elle ouvrait la bouche et disait deux mots, on en comprenait trois, de sorte que madame Payladzou était une source fiable : quand on soufflait de la maison d'Arménak, ça s'entendait chez elle ;

quant à Arménak, il n'ouvrait plus sa boutique, il ne sortait pas de chez lui, ça lui montait à la tête ; le premier jour, il avait pris son fusil, il était descendu chez Aroussiak, où est ton fils ? avait-il agressé la femme et elle avait ouvert grand les yeux, s'était étonnée comme si elle était au courant de rien, elle avait dit – Nechan n'est pas à la maison – sur ce, il était rentré chez lui, avait attrapé Voski, avait commencé à la frapper jusqu'à ce que les voisins interviennent et arrachent la fille des mains de son père,

et, se tournant vers ma mère, Negar, à brûle-pourpoint et, je ne sais pourquoi, sur un ton méprisant mais avec une colère feinte,

ta Noémie !

comme si, de son lit, c'eut été elle la cause de la dépravation, qu'elle eut tout vu et entendu, soi-disant elle aurait fermé les yeux, elle aurait encouragé les allées et venues du garçon par sa passivité, ses assoupissements – qu'il fasse ce qu'il veut ! – comme d'autres, tant d'autres, dont on sait comment elles ont recours à ce moyen pour caser leurs filles célibataires, délaissées ou dévoyées,

ces mères !

elle voulait parler de celles qui avaient des filles et bien sûr, pas d'elle, elle jamais ! elle ne voyait pas la poutre dans son œil, elle n'appréciait pas, mais pas du tout les mères, comme si elle n'en était pas une ; comme elle oubliait rapidement sa maternité, cette chose unique qu'elle représentait ! on aurait dit qu'elle était une sainte accrochée à ses trois fils et elle ne se privait pas de l'ouvrir, avec une telle arrogance, sans s'essouffler, contrairement à ma mère toujours à bout de souffle, et, à présent, elle continuait à suggérer,

va voir un peu dans quelle situation elle est !

ma mère ne levait même pas la tête, elle n'allait pas lui répondre, à elle qui s'en prenait à tout le quartier, plus tard, elle hésiterait – y aller ou ne pas y aller ? – elle devrait au moins descendre pour Noémie et Arménak, quoi qu'il en soit, même s'ils avaient été à mille lieues, c'étaient la famille ; seulement, si elle y allait maintenant, qu'est-ce qu'ils diraient ? ils allaient penser – elle est venue voir dans quel pétrin on se trouve, sinon pourquoi en ce moment ?... – et ainsi, elle avait décidé de repousser cela à un autre jour, quand il y aurait moins de travail, elle irait discrètement, jetterait un coup d'œil, ils parleraient un peu, elle les consolerait – que Dieu épargne une chose comme ça à mon ennemi, ça peut arriver à n'importe qui ! –

d'un coup, de sous le couvert de la treille, un rayon est-il passé ? un reflet a-t-il vibré sur l'eau du robinet ? c'était ainsi là-haut, sous la vigne, quand Zevart s'enfuyait, courait, sautait sur son toit, elle couvrait ses jambes de sa jupe et, d'en bas, Arevik criait soudain, les feuilles de la vigne paraissaient brusquement jaunes, grignotées par les chenilles, le soleil, terriblement ardent, la tête et les oreilles brûlantes,

allez, va-t'en d'ici !

ma mère m'éloignait de la machine, l'aiguille avait recommencé à galoper, je savais qu'elle essayait de chasser le scandale de son esprit, surtout que le garçon aussi ... ! quel malheur pour cette fille, un très grand malheur ! sois une mère et résiste !

et Negar,

ainsi, cet imbécile, cet effronté de Kamichli a foulé l'honneur non pas d'une mais de deux filles, tout ça sans que vous vous en rendiez compte ! l'une là, en baissant la voix, l'autre là-bas, et après – je ne veux ni de l'une ni de l'autre – et il s'est enfui, il s'est vraiment enfui ?

mademoiselle Anna semble dubitative,

il s'est enfui, il est même arrivé à destination, il s'est envolé à Kamichli, qui sait si là-bas il n'a pas aussi une maîtresse et ton Aroussiak peut toujours ouvrir son pain à l'huile et le cuire, qui va le manger ?

Quelle histoire ! quelle histoire !

la machine accélérait, ma mère tirait sur sa couture avec la régularité d'une règle, le tissu se gaufrait, la main de ma mère devait l'aplanir ; une histoire pareille ! on ne sait plus s'il faut en rire ou en pleurer, elle hochait la tête, que Dieu ne nous abandonne pas dans cette calamité, et quelle calamité ! va savoir ce qui s'est passé ? comment ça s'est passé ? il a pris l'une, il a pris l'autre aussi, l'une toute jeune, l'autre à sa tante, un tel filou, un tel faux jeton ! un tel escroc ! bijoutier ! mais comment ? voilà le secret du monde ; ils n'ont pas de conscience, ils n'ont aucun scrupule, ils ne connaissent plus la crainte de Dieu, on est venus jusqu'ici pour voir ces choses-là ! au pays, il y avait des règles et des lois, des filles comme ça, des garçons comme ça, on les prenait, on les mariait de force et en plus, on les mariait vite pour que l'infamie ne soit pas connue ou on les prenait et on les envoyait ailleurs, ni vu ni connu, l'affaire était faite,

ma mère avait-elle quelques doutes ? elle qui, parfois ouvertement, aimait blâmer la conduite de nos anciens ;

nous, nous dormons, alors que les autres s'en donnent à cœur joie : sous prétexte qu'ils vivent, ils montrent leur cul au monde et ils s'en foutent ;

mademoiselle Anna avait croisé les mains sur son ventre comme madame Veronica, les lèvres serrées, le menton levé, les fossettes au coin des lèvres, pétrifiée, comme si elle était loin de tout ça, elle n'était qu'une simple spectatrice qui était venue, qui avait assisté à la pièce, allait partir, elle allait dire, oh mon Dieu ! elle allait retrouver ses Américains, au moins auprès d'eux, il n'y avait pas de choses comme ça et même s'il y en avait eu, qu'est-ce que ça pouvait lui faire ! elle, elle savait ce qu'elle faisait, d'ailleurs chacun connaissait son cœur, ouvert, spontané, clair, qui, même s'il passait par la noirceur en sortait blanc, comme disait ma mère qui, d'un geste de la main, rejetait au loin toutes les paroles mensongères et calomnieuses à l'endroit de mademoiselle Anna, le monde…

le carrousel du monde !

marmonnait Mekhag Haïgouhie, comme si elle se lamentait, peut-être aussi, simplement, confirmant ce que nous savions depuis longtemps, l'élémentaire vérité, ce fait épais, brut, grossier,

le mouvement perpétuel de la vie : nous, on verrouille la porte, c'est la nuit ; ailleurs, une porte s'ouvre, ce n'est pas une fable, ce n'est pas une rumeur, c'est la vérité, qui ne le sait pas ? celui qui est naïf se fait avoir, car voilà Nechan, eh ! il n'a qu'à siffler doucement, imiter le coassement du crapaud et, tu verras sur le champ quelqu'un descendre les escaliers en face, glisser, c'est une ombre, ensuite une autre, l'une glisse, l'autre la suit, ils marchent ainsi jusqu'au chemin de fer, jusqu'à la rive du fleuve, sous les arbres et l'obscurité de là-bas, hors de l'autorité d'un père ou d'une mère, une vie aussi trouble et illusoire que dans les films ;

oui, j'avais vu beaucoup de choses aussi romantiques, je me croyais au cinéma, c'était un autre lieu, un autre pays, attrayant, se terminant par un beau, très beau baiser, comme lorsqu'Arevik m'étreignait, me mordillait les joues, elle semblait proche, si proche que j'entendais les battements de son cœur, car elle semblait se donner à moi, rien qu'à moi ;

c'était clair, Mekhag Haïgouhie disait, toi tu dors, les autres vivent, toi tu dors mais ton cœur veille, comme si, assise derrière la fenêtre s'ouvrant sur son balcon, épiant et ruminant les histoires de la rue et du quartier, dans le rôle de la diseuse de vérité éternelle, elle était épargnée par la douleur que les évènements qui frappent cette humanité apportent avec eux,

et le film tourne et tourne et s'arrête brusquement, tu te frottes les yeux, il ne s'agissait que de cela ? c'était ça, seulement, seulement, ce n'est pas un ou deux mais des milliers de films qui tournent en même temps, ils sont projetés, apparaissent, disparaissent, personne ne sait vraiment qui regarde, qui est regardé, ceux qui se rencontrent au bord de la rivière ? qui s'embrassent, se bécotent ici ou là, puis sont ridiculisés, ceux qui se sont allongés, ont dormi sur des lits et s'embrassent ou couchent ensemble uniquement dans leurs rêves ?

c'est justement ça que chacun frappait à sa manière sur le tambour du monde, chacun émettait un son au rythme qu'il voulait, dont il était capable, un battement de cœur rencontrait celui de l'autre, le sang de l'un fuyait dans le sang de l'autre, l'un chantait, l'autre pleurait, ici un couteau, là le feu, ici un cri, là le bonheur, ici la liberté, là le crime ; des milliers d'évènements, autant de visages, de moments et de sentiments qui, des maisons dans les rues, des rues à la ville, roulent dans un flot continu, dans une métamorphose incessante et on ne sait pas, bien qu'on essaie, rapporter cela à un dénominateur commun, à une espèce de fil qui passe par tout cela, les lie entre eux, va s'enrouler autour d'une bobine, alors que tout apparaît avec son image et son contraire, comme si tout se dédoublait, chaque élément acquérait une personnalité multiple, s'il ne l'avait déjà à l'origine ; telles apparaissent les paroles de cette foule pressée ne connaissant ni lieu ni temps, ni nom ni situation, et, quoi que je fasse, cet amas sonore m'échappe dans sa totalité ; aussi, je me contente de peu, ne vise que ce qui semble accessible : les traces ; j'oublie bien sûr l'étrange étonnement, la perplexité, plus exactement la souffrance qui en avait découlé, qui s'était installée en moi lorsque j'avais su, d'une manière irréfutable, que des gens comme Voski et Nechan que je croyais appartenir à des espaces différents, communiquaient, se rencontraient quelque part dans la ville, dans une pièce, une cellule voire une cave inconnue, en somme en une sorte d'Amérique proche et lointaine, je me trouvais dans la situation exacte de quelqu'un qui assiste au déroulement d'un acte derrière un rideau et à qui un gémissement, un chuchotement, un sanglot, le bruit d'un geste donnent des indications, grâce à quoi, durant un instant, tant de gens éparpillés dans des lieux isolés et sans rapport les uns avec les autres, vivent ensemble, habitent dans le temps d'un même monde ; au fond, plus les êtres nous sont proches, plus ils sont énigmatiques et cette proximité dont témoignent caresses et affection prodiguées semble le signe même de leur inaccessibilité ; nous ne nous en rendons pas compte, tant la présence charnelle des êtres est, pour nous, une réalité tangible ;

quelle histoire ! quelle histoire ! disait Mekhag Haïgouhie avec la générosité de quelqu'un portant les péchés de tous, maintenant presque naïvement,

mon Dieu ! un si grand désordre chez nous !

14

Dans le miroir long et étroit appuyé au mur, elle tournait sur elle-même, haussait les talons sur les lignes obliques de la carpette, se juchait sur la pointe des pieds pour vérifier la longueur de sa jupe, ce devait être sous les genoux ou juste sur les genoux ? au-dessus des genoux, ce n'était pas bien, pas bien du tout, d'ailleurs, elle avait une grande cicatrice sur le genou gauche, enlaidissant la jambe, elle avait glissé et était tombée une fois des branches de leur mûrier et le stigmate était resté, de sorte qu'il fallait le couvrir mais juste un peu, on devait suivre la mode ; bien sûr, les jambes, les cuisses étaient belles, le haut un peu plein, les jambes musclées, ni tordues, ni comme deux bouts de bois, mais droites, bien proportionnées, qui sait jusqu'à quand ;

de chaque côté de son corps, les parties coupées du tissu avaient été assemblées avec du fil à bâtir ; la taille était bien prise, au-dessus, il y avait un grand décolleté dans le dos jusqu'aux épaules où apparaissaient encore les deux lignes parallèles du soutien-gorge comprimant la peau ; quand elle se tournait, apparaissait dans le miroir, adhérant au buste, prenant complètement la poitrine, ce tissu bleu foncé, presque noir que ma mère avait apporté avec elle et qui avait, au contact des doigts, la délicatesse, la douceur de la soie, possédant son opulence, son éclat, tout en restant opaque, avec de petites aspérités, il brillait parfois du léger éclat indispensable à une robe du soir quand il y avait des changements inattendus de lumière ; à cette saison de l'année, le coucher de soleil formait, derrière les vitres, une atmosphère ondoyante où les rayons tombants se fondaient comme la lumière dans un bassin, donnant aux meubles, aux mouvements, une irréalité vague ou sa sensation diffuse ;

dans l'ouverture profonde de la gorge qui n'avait pas encore pris sa forme définitive, ma mère avait simplement ouvert une fente, frrt ! elle devait trouver l'endroit exact, c'est-à-dire le point extrême où devait se terminer l'ouverture, elle pressait le doigt sur cette partie, étirait son centimètre de couturière depuis le cou, le posait là, elle comprimait avec les doigts, regarde !

mademoiselle Voski relevait les yeux de sa jupe vers ma mère, elle se détournait de nouveau vers le miroir ; ma mère, avec sa craie fine et aiguisée, un morceau semblable à un savon carré, petit, gras, auquel il était absolument interdit de toucher, tirait un petit trait entre les seins, elle arrangeait les parties des épaules, de chaque côté desquelles de petits traits formaient deux cercles – le creusement des bras – les aisselles, d'où les traces de poil devaient avoir disparu,

encore un peu, madame Herip,

prière ou coquetterie ? c'était sa belle voix qui suivait le mouvement de la main, celle qui descendait du côté gauche vers un point indéterminé, qui, je pense, devait être le creux se trouvant au milieu de la cage thoracique ; c'était toujours ainsi quand elles venaient pour l'essayage, pour la plupart des femmes, le V qui s'ouvrait au bas du cou devait atteindre ce point, descendre à cet endroit qui, je ne sais pourquoi, devait être un point limite, le point le plus profond de visibilité, presque l'entrée de leur cœur,

c'est trop ma fille,

ma mère consciencieuse, presque maternelle puisque elle savait que, non, ma pauvre, la vie n'était pas un essayage, lorsque tu la portes, la robe tombe différemment, quand tu bouges, quand tu te baisses, quand tu marches, avec ce décolleté derrière, ce V s'ouvrant devant, surtout avec une jupe aussi étroite, un vêtement collant ainsi au corps, l'enserrant, réserve des surprises à celle qui le porte ;

ma mère avait commencé à se gratter la tête, la boule édifiée sur le sommet de son crâne s'était un peu défaite, ses petites pinces en métal, les pinces qu'elle perdait sans cesse, s'étaient détachées et tout ça avait tendance à tomber mais elle n'y faisait pas attention, on aurait dit qu'elle essayait d'aller au-devant des inconvénients à venir, de prévoir ce moment où la fille allait se pencher, non sur le miroir pour se mettre du rouge à lèvres (celle-là aussi avait commencé à se maquiller n'importe comment, qu'est-ce que tu veux, une fois passées les bornes, il n'y a plus de limites !), mais pour soulever quelque chose de terre, pour ajuster ses bas transparents sur ses cuisses, comme cela allait se passer à tout coup, puisque quelqu'un qui devait partir dans des endroits lointains allait tourner dans les salons, voir toutes sortes de gens, et qu'après on aille pas dire qu'est-ce que c'est que cette couturière qui n'avait même pas su ouvrir un beau décolleté ! d'ailleurs, quand cette fille avait dû se faire coudre quelques robes pour son trousseau, elle avait trouvé un magazine de mode on ne sait où, l'avait sorti, l'avait ouvert à une page, avait posé le doigt sur l'image d'où un mannequin de mode regardait, blonde, bouclée, les cheveux brillants, une ligne de sourcils parfaite et voilà ce corps magnifique, les épaules légèrement de biais, déployant cette robe de soirée et la superbe structure de ce vêtement, à côté, dans une autre photo, la même femme avait revêtu la même robe avec une veste arrivant à la taille, à gauche, en haut, brillait un beau diadème (c'est comme ça qu'elles sont, celles-là, elles regardent pas leur figure, leur poitrine, leurs fesses, elles se disent pas – quelle différence entre ces filles et nous, nous, nous sortons à peine des catastrophes, est-ce que c'est le moment de porter des vêtements comme ceux-là ? – et en plus, si ce qu'elles voyaient ressemblait à quelque chose ! une jugeote de gamine ! le corps a grandi mais la cervelle est encore celle de la gamine d'hier !)

et voilà ce que voulait Voski, exactement ça !

on aurait dit qu'elle était devenue un peu capricieuse, un peu gâtée, elle commençait à ressembler à sa mère ; c'est bien que tu sois venue Herip, c'est bien que tu sois venue ! madame Noémie devait inévitablement être couchée sur le lit, le tatouage bleu de son menton devait bien sûr trembler, elle allait arranger sa tête sur l'oreiller, porter la main à son fichu,

je savais que tu nous oublierais pas, je me suis dit, voyons quand elle viendra,

ma mère se taisait, oui, qu'est-ce qu'elle aurait pu dire, qu'est-ce qu'il y avait donc à dire ! d'ailleurs, aller jusque là-bas signifiait déjà quelque chose, au fond nous étions apparentés, elle avait repoussé la visite, aujourd'hui, demain, un autre jour, chaque fois elle avait trouvé une excuse, un prétexte, mais un jour, un jour comme tous les autres, elle s'était soudainement décidé, je vais aller voir Noémie, voir dans quel état d'esprit ils sont ; de toute façon, elle n'avait pas de travail, c'était toujours comme ça, après Pâques, le travail ralentissait, elle rangeait sa Singer sur le côté, la graissait, la nettoyait, l'essuyait avec un soin méticuleux ; pendant deux ans, elle avait versé des traites jusqu'à ce qu'elle soit libérée de sa dette, de sorte qu'elle couvait cette machine comme la prunelle de ses yeux, elle la couvrait d'un cache rond en bois, puis d'un tissu ; elle allait respirer un brin, même si nous nous retrouvions un peu dans la gêne, quelques semaines, quelques mois, jusqu'à l'été, si par ci, par là, un mariage ou un deuil inattendu ne fournissaient du travail et elle pouvait sortir de la maison, aller les lundis aux réunions de tontine, en bas du quartier ou faire de petites visites comme une vraie femme ; et ainsi donc, elle avait mis sa robe à fleurs noires et blanches, jeté sur son bras un gilet en laine – leur maison est venteuse et le temps n'était pas encore très chaud – et avait lancé, légère, libre, oui complètement libre,

j'y vais !

ainsi, tout le voisinage était au courant que madame Herip était sans travail ces jours ci et qu'elle pouvait partir en visite une heure ou deux, son crochet et son fil dans son petit sac, comme une mère préparant le trousseau de sa fille, seule, bien sûr seule, puisque quelqu'un comme elle sachant travailler, couper, coudre, repasser, tout faire de ses mains, n'avait besoin de personne, non, non, elle n'avait pas du tout besoin de son mari, elle allait y aller seule, je vais voir ma Noémie, avait-elle dit à voix haute pour que ceux d'à côté, d'en face, l'entendent, non elle n'allait pas y aller en tapinois, elle ne craignait rien, de quoi aurait-elle eu peur ? c'est pas eux qui me donnent à boire et à manger, d'ailleurs, ce qui était fait était fait et les gens ne doivent pas oublier leurs parents et puis celle-ci a été trompée, celle-là aussi, toutes les deux sont restées sur le cul, le dommage, le mal a été fait aux deux ; si j'étais à leur place, je serais plus aimable qu'avant mais non, celles-là ne sont pas comme ça, ces femmes-là sont rancunières ; et l'autre cochon, ce porc ! d'ailleurs il m'a jamais plu, il a sauvé ses fesses, on va voir jusqu'à quand ! eh mon Dieu ! sois miséricordieux, punis-le pour qu'il comprenne ce que ça veut dire de gâcher et de ruiner comme ça leur vie ; ma mère croyait, elle avait la certitude que, quelque part, il y avait une loi sainte, une main qui, quelques années plus tard, allait frapper la tête de ce Nechan jusqu'à ce qu'arrive la nouvelle de cet accident fatal sur la route d'Alep qui l'avait réduit à l'état d'épave paralytique ;

et ainsi, en saluant les femmes assises çà et là, elle allait descendre à la maison de Noémie ; à son goût ce n'était pas une maison – finalement, c'était quelque chose comme nos anciens baraquements en un peu plus convenable : quand il pleuvait et que tu étais à l'intérieur, on aurait dit que l'orage allait te frapper ! c'était bien une lubie d'Arménak ! qu'est-ce qui lui avait pris de faire une maison en tôle, comme si la brique et le pisé ne suffisaient pas – ; seulement on savait tous qu'il valait mieux avoir un baraquement que d'être locataire, qu'emprunter avec intérêt à l'un ou à l'autre, entendre les insultes de Haïg *agha** chaque mois, emplir l'œil et la conscience cupides des usuriers ; de sorte que, pour eux, leur maison était un palais, mais là-dedans la femme n'avait pas de chance, n'avait pas eu de chance, heureusement qu'elle avait un homme comme Arménak, lui qui maintenant allait de la boutique à la maison, de la maison à la boutique, il ne pouvait pas regarder en face les hommes du quartier, à ceux qui venaient, il ne disait pas – non, je ne peux pas –, quand il disait, le monde est ainsi fait, tout nous tombe sur la tête, on le réconfortait, surtout Hagop le Court et sa femme, oui, c'étaient des hentchags, mais pourtant, quand l'homme avait été dans l'embarras, ils étaient venus, c'est ça ce pays mon vieux ! avaient-ils dit, ici le riche boit ton sang et te laisse mourir de faim, c'est comme ça qu'ils pensent ceux-là, oui mais ils se bougent pas les fesses, va voir si nous étions partis en Arménie, il n'y aurait pas eu une telle honte ? allez, allez ! on leur laisse leurs saletés, leurs saloperies, là-bas, aujourd'hui ils se marient, demain ils se quittent comme des chiens, mais, quoi qu'il en soit, dans un tel moment, quand on est dans l'épreuve, on voyait qui était ton ami, qui ton ennemi ; et voilà que Voski, cette garce qui méritait de se faire tuer, avait surgi en face d'elle, j'ai cru qu'elle était un peu pâlichonne, un peu fatiguée, mais toujours fine, elle était restée très mince et même elle s'était un peu embellie, un éclat était venu s'installer sur son visage, on dit que celle qui rencontre le feu en prend aussi la lumière,

entre, entre !

à peine était-elle entrée, avait-elle pris la main de Noémie, que cette fille était apparue devant elle, en riant, elle lui avait mis le magazine entre les mains, lui avait dit – tu peux me faire un vêtement comme ça ? –, dessus il y avait aussi un tailleur bien coupé, comme si j'étais une apprentie couturière, s'était-elle dit, puis j'ai pensé à brûle-pourpoint – et si la fille avait perdu la tête, était devenue folle, comme l'autre Sato –, elles, déjà, dans le temps, avec la fille de la tante, Mariam, elles ouvraient de tels magazines français, trouvaient de nouvelles coupes de vêtements, elles cousaient, elles s'habillaient à la mode, à la mode ! eh oui ! qu'est-ce que vous croyiez ? de sorte que

mais bien sûr ma fille ! je peux le faire ! qu'est-ce que c'est que de coudre ça ! mais, où tu vas la porter ? celle qui porte une telle robe n'a pas dix mais vingt robes, oui, oui, ce modèle est un truc mignon, plutôt un modèle pour femme, auquel il faudrait apporter quelque chose d'adapté à une jeune fille, je sais pas moi, une espèce de nœud, un truc fantaisie au milieu de la poitrine, que les gens ne croient pas qu'elle, madame Herip, ne sait faire que de la copie, qu'elle ne sait pas créer un vêtement, en fin de compte, elle était dans la couture depuis des années, elle savait quel modèle convenait à quel corps et elle réussissait toujours à imprimer sa marque, sa patte comme elle disait, si bien que les gens qui voyaient ça de loin savaient de quelle main cette robe était l'œuvre,

ma mère avait regardé le magazine, l'avait longuement examiné, avait tourné les pages – d'où tu as sorti tout ça ? – allait-elle dire, mais elle ne l'avait pas fait, maintenant ça va la vexer, la pauvre, qu'est-ce que ça pouvait lui faire ? qui ne savait que Voski, après avoir été ridiculisée dans tout le quartier, n'osait pas se montrer en plein jour mais elle ne s'empêchait pas d'aller dans les souks, en bas de la colline, au-delà du chemin de fer, elle marchait vers la corniche du fleuve, là, elle prenait un *service**, pourquoi rester à la maison ? et elle avait bien raison sinon elle finirait vieille fille, seulement, elle était la proie des commérages, elle se serait mal comportée, elle allait mal se comporter, disait-on, on prenait la fille en pitié, pour rien, enfin, le tissu était beau, elles l'avaient pris chez les Chirinian et ma mère allait se dire en elle-même, elle allait penser, elle pensait toujours à ce qu'elle pourrait faire des chutes ? comment pourrait-elle les utiliser puisque elle savait quoi garder et quoi jeter, quel tissu ? un jour, parfois des mois après, elle s'en servirait pour quelque chose avec l'instinct et la compétence d'une couturière, avec une profonde aversion pour le gaspillage où il n'était pas impossible de percevoir un trait hérité de Vergine, sa mère, l'exemple de celle qui fait beaucoup avec peu, un savoir-faire érigé en règle de vie, ah ouiche ! est-ce qu'on en est à jeter la marchandise à la rue ! c'est pourquoi elle pliait soigneusement les chutes, les mettait de côté, ce serait toujours un bénéfice pour elle et pour la cliente.

Elle avait feuilleté le magazine, avait trouvé le patron, le modèle, mais non, bien sûr elle ne savait pas lire ! mais elle n'en avait pas besoin, elle pouvait copier n'importe quel vêtement rien qu'en le regardant, parfois avec un seul coup d'œil, non pas sur le papier, comme le faisaient les novices suivant les cours de couture, mais directement sur le tissu, non, non, elle n'avait jamais fait de choses comme ça, – comme si elle ne s'était jamais trompée ! –, elle ne supportait pas non plus qu'une cliente lui fasse des remarques plus ou moins déplacées, qu'une fois le vêtement terminé, elle vienne lui dire – il manque ci, il manque ça, élargis-le moi un peu, rétrécis-le moi là –, elle lui répliquait – fais attention à ce que tu manges et à ce que tu bois – ; lorsqu'en guise de certificat, madame Gulénia, sa patronne, lui avait donné des ciseaux et une grande règle, bien des années auparavant, quand elle n'était pas encore mariée, quand Vergine était à l'hôpital ou déjà morte, elle lui avait dit – ne crains rien, ma fille, tu as de l'or dans les mains – puis, elle l'avait embrassé sur le front, yallah ! vas-y ! et elle, elle s'était jetée dans la carrière de couturière, qu'est-ce qu'on peut faire ? si votre père ne se lance pas comme ça, s'il fait des boulots de vieux, on crèvera de faim ;

la main de ma mère passait sur ce tissu bleu-marine, derrière les petites lignes blanches ; ces parties devaient s'assembler dans une troisième dimension comme les pièces d'un puzzle, seules d'infimes rectifications seraient nécessaires pour que le vêtement finisse par mouler le corps, ainsi que ce devait être le cas pour mademoiselle Voski, à son dernier essayage, lorsqu'elle allait chausser des chaussures à talons hauts, en boitant un peu au début, comme le faisait Zevart : elle glissait, ses jambes se balançaient, elle faisait jouer ses fesses avec affectation, comme Marie Tomboulian, elle répandait un parfum de violette rose-rouge, mêlé aux odeurs corporelles lorsqu'elle se déshabillait derrière la porte ouverte de la grande armoire, elle enfilait cette robe étroite et longue comme un poisson véloce qui suit le mouvement des eaux transparentes et s'y fond, elle allait trouver sa forme en la faisant glisser lentement le long de ses hanches, en la tirant, et ainsi, ce vêtement bleu-marine de mademoiselle Voski était venu étreindre ses cuisses, ses hanches, sa taille depuis les genoux, s'était un peu tendu sur le ventre, avait pris son buste et terminé sa lancée victorieuse vers le cou par un beau V, là où, à présent, pendait une nouvelle chaîne en or, de même qu'à son doigt était passée une bague avec des pierres brillantes,

félicitations ! tu as une bonne nouvelle ?

je suppose que mademoiselle Voski, à cet instant, n'était pas la fille attendue, triste, à l'écart, assise sur une chaise au chevet de sa mère, tête baissée, ne relevant pas le regard du sol en béton, toujours à l'écoute des réprimandes et des conseils, non, non, à quel point ce qu'on appelle le cœur change rapidement, – que Dieu la châtie ! – pensait ma mère, on dirait de l'herbe, rien ! pas un brin de sentiment ! comme si on avait enlevé l'ancien et qu'on en avait mis un autre à la place, mais est-ce que c'est pas mieux comme ça ? elle ne l'aimait donc pas ? elle ne l'avait jamais aimé ?

mademoiselle Voski, ce jour-là comme les autres jours lorsqu'elle devait venir chez nous avait fait le tour de la colline, par en bas, en coupant le vallon, en montant par ce côté, délibérément, pour ne pas passer devant la maison de nos voisins, mais tout en parlant à voix haute, leur faisant comprendre à eux et à tous les autres, qu'elle était bien là, oui, tout à fait, c'était bien elle, elle avait dit à ma mère – je viendrai pour l'essayage – et elle était venue, eh oui ! et, à l'entrée du jardin, m'apercevant, elle s'était écriée, mais pourquoi tu ne viens pas me rendre visite ? tu attends que les mûres soient à point ? si j'y vais demain, il n'en restera aucune !

il y avait dans sa voix une nuance qui semblait plus ferme, plus assurée, une ligne de rouille sur l'étendue plane et propre du métal qui allait progressivement gagner toute la surface, cette vibration s'élançant, alourdissant, donnant peut-être plus de profondeur à cette voix ou alors modifiant son timbre clair ; j'avais l'impression que quelque chose avait changé, la voix était-elle devenue plus gutturale ou avait-elle perdu de son étendue ? cette nouvelle qualité, ce manque n'y était pas auparavant ; il n'y avait pas eu son chant lors de la dernière veillée du Jeudi saint, on ne l'avait pas entendu, le chef de chœur Kevork avait refusé qu'on appelle mademoiselle Voski à l'église, il répétait que pour la sainteté de la cérémonie, il fallait rester pur, pur, peut-être cependant que pour la foule assemblée dans les tribunes pour le rite de ce jour, il manquait une chose importante, c'est-à-dire la partie la plus saisissante, le moment le plus émouvant, le moment Voski, comme si, avec cette absence le rite n'était pas respecté, était devenu plus banal, terrestre, privé de sa sainteté ;

mais enfin, qu'est-ce que ça pouvait te faire ! qu'est-ce que ça peut te faire ! assises en tête à tête, ma mère et Mekhag Haïgouhie avaient condamné l'acte du chef de chœur, – comme si c'était lui qui devait veiller à la sainteté du monde, allez, allez ! va apprendre à nouer ta culotte et viens après faire appliquer cette règle ! –

mais l'important, peut-être l'essentiel n'était pas tant là que dans la transformation de mademoiselle Voski depuis sa voix jusqu'à son corps tout entier ; sa taille semblait plus élancée, ses mouvements plus déliés, plus libres, sur son visage il y avait une légère, très légère couche de maquillage qui devenait un rose-orangé sur les lèvres et cette nuance trouvait un écho sur ses ongles qu'on aurait cru faux, tant pour moi ils semblaient sans rapport avec les doigts cousant boutons et boutonnières ; ses cheveux avaient changé de couleur, oui, c'était très net, ils avaient abandonné leur ton châtain, leur neutralité et étaient passés à une nuance plus voyante, peut-être plus précise, étaient devenus plus brillants, sombres et profonds et leur masse drue avait été tressée en hauteur au sommet de la tête où trônait un papillon doré et argenté, semblables à ces insectes nocturnes qui, une fois pris dans la lumière de la pièce, tournaient autour de l'abat-jour, jusqu'à aller se coller à l'éclat d'une vitre,

eh ! qu'est ce qu'est-ce que tu veux ! c'est le sort, il s'est éclairci, Dieu …

avait dit madame Noémie, les yeux vers le ciel, c'est-à-dire vers l'icône cruciforme pendue sur le mur d'en face, un objet venant de Jérusalem sur lequel, en bas, gravées en noir et blanc, étaient représentées des scènes de l'Enfer ou du Purgatoire, puis des épisodes de la vie du Christ, de l'Annonciation, de la naissance jusqu'à l'Ascension, des apôtres et le Jugement dernier ; chaque épisode était un moment isolé, représenté dans un espace semblable à une fenêtre en arcade, avec les colonnes, les rideaux et les flambeaux de la Sainte Résurrection, au sommet de la Croix, où était plantée une fleur trilobée, il y avait une petite main verticale dont on ne savait pas trop si elle bénissait la création ou la montrait au spectateur,

… nous sourit aussi finalement,

madame Noémie du fond de son corps paralysé, exprimait-elle sa satisfaction avec amertume ? ou en pleurnichant dans son ton habituel, mou comme les chairs flasques de ses joues ?

mais, quoi qu'il en soit, la chance leur avait souri et Voski avait, paraît-il, un prétendant, elle faisaient son trousseau, mais quel prétendant ! du genre richard avec des biens, – il est suisse, il travaille quelque part par ici, il va l'emmener avec lui, enfin c'est la chance, au moins elle ne sera pas laissée pour compte –, ces gens-là s'occuperont de sa fille, ils ne feront pas d'enquête sur la famille, son origine, son passé, ils ne parleront pas sans cesse dans son dos, ce qui est fait est fait, et ma mère, en le déplorant à nouveau, – si tu n'es pas maître de tes biens, quelqu'un d'autre le guignera puis le volera, qu'est-ce qui peut se passer ? ce ne sont pas non plus des gens qui, comme nous cherchent la petite bête, tondent des œufs, allez, allez ! au moins la pauvre fille échappera aux ragots des gens –, d'ailleurs Noémie aussi avait dit – qu'elle parte, quant à nous, quoi qu'il arrive, on se débrouillera, Arménak est encore fort, jeune –.

À présent, mademoiselle Voski se tenait au milieu de la pièce presque immobile, ma mère tournait autour d'elle, elle avait plaqué l'arrière du petit gilet sur son dos ; elle essayait d'appliquer les deux côtés avant sur la taille et au-dessus de la poitrine de la jeune fille, les longues manches restaient sur la machine, elle devait les passer ensuite, les bras de Voski étaient nus jusqu'au creux des aisselles autour desquelles les ciseaux faisaient des cercles, élargissant les emmanchures mais pas trop ; d'ailleurs, toute la difficulté du travail était là, tu dois être patiente, répétait ma mère, c'était les mots de madame Gulénia, un genre d'objet de culte, quand elle disait « ma patronne », je sentais qu'elle mettait dans ces mots plus que du respect ou de la vénération, il semblait qu'elle se prosternait mentalement devant elle, à l'instar des élèves d'autrefois devant leur père spirituel, leur mentor ; Voski restait silencieuse, chaque fois que ma mère faisait sur son corps une pression de la main droite, elle tournait comme une statue sur elle-même tandis que ma mère, les épingles à la bouche, les plaçait sur le tissu, puis enfilait les manches jusqu'aux épaules auxquelles elle devait les réunir, elle s'essuyait la bouche et,

ma fille, je ne voudrais pas te vexer, mais quand est-ce que tu vas porter cette robe ?

ou bien ma mère voulait réellement le savoir ou bien sa question était purement rhétorique, en somme ça voulait dire – qu'est-ce que tu as besoin de faire coudre des choses aussi chic et demandant tant de travail et de peine ? – d'ailleurs, elle s'était beaucoup étonnée lorsqu'on avait apporté et posé le tissu devant elle, regarde madame Herip, qu'est-ce que tu en dis ? c'est beau ? d'où avait-on pu sortir tant d'argent d'un coup ? c'était simple, celui qui prenait une si belle fille avait certainement dû remplir le sac d'argent ; bien sûr que le tissu était très beau, il avait dû être acheté dans la boutique la plus luxueuse, la plus brillante de la ville, ils avaient coupé large pour qu'il n'en manque pas, on avait acheté beaucoup d'autres tissus, quelques jupes, quelques chemisiers, non, mère et fille n'avaient soufflé mot mais ma mère avaient compris qu'ils allaient acheter le manteau tout prêt, sans manteau comment cette fille allait-elle partir jusqu'en Suisse, il faisait très froid là-bas, paraît-il,

Voski avait légèrement penché la tête ; elle avait accroché à ses oreilles des créoles de la taille d'une bague, tout à fait différentes de ses anciennes boucles, petites, avec une pierre rouge ; celles-ci ressemblaient à celles que les filles venues en ville depuis la campagne achetaient dans les boutiques de bijoutiers, plus voyantes que nécessaire, sinon vulgaires, enfin tout à fait étrangères au goût de la colline qui n'appréciait pas cet étalage de goût criard ; je ne sais pas pourquoi j'avais commencé à lui trouver une ressemblance avec les stars de cinéma que les photos montraient toujours sous leur meilleur jour, le meilleur angle, celui qui valorisait le mieux leur sourire, masquant en même temps les imperfections de la peau, de la silhouette ;

à présent, les doigts de ma mère essayaient d'élargir un peu l'échancrure du col avec les ciseaux, s'efforçaient de trouver le relief de l'ossature, pour y coucher le tissu puis appliquer la soutache,

doucement, bouge pas, l'épingle va te piquer ;

et cette fille réputée timide, le cou tendu, les épaules droites, ayant enfilé une couverture rapiécée par la tête, ouvrait finalement la bouche,

c'est mon fiancé qui l'a voulu,

avec une intonation maniérée, équivoque, sentimentale, elle me faisait penser aux pochards du quartier à l'haleine alcoolisée quand une écume blanche de salive venait s'amasser aux coins de leurs lèvres, que leur menton pendait, que leur élocution se brouillait, que leur voix tremblait comme si elle boitait, s'effilochait, se hachait et il sortait finalement une voix stupide d'ivrogne, comme disait ma mère, l'expression devenait insolente, grossière ; la lèvre inférieure de mademoiselle Voski s'était tordue et ruinait la symétrie de son visage, il semblait qu'elle voulait indiquer quelque chose, elle n'osait pas parler ouvertement mais, en même temps, elle prenait plaisir à son hésitation, à son manque d'assurance ou de transgression ; peut-être que ce qui s'était passé n'avait pas encore eu le temps et l'occasion de s'installer, de devenir complètement visible, comme un mot échappé de nos lèvres pour la signification duquel nous ne sommes pas tout à fait mûrs lors de l'expression mais qui, finalement, traduit ainsi une réalité ;

bonne chance !

ma mère lançait le mot venu d'emblée au bout de sa langue presque involontairement, comme elle était accoutumée à le faire ; quand elle coupait le tissu, on aurait dit qu'elle effectuait un geste fatal, que c'était le début d'une nouvelle vie, elle continuait

et puis, fais en sorte de vous installer honorablement ;

à ce moment, je ne sais pourquoi, le regard de Voski semblait s'accrocher au loin, au-delà de la fenêtre, du côté du jardin d'Aram, ses paupières avaient commencé à se contracter très lentement, ses yeux semblaient se réduire, je pensais qu'elle réfléchissait à quelque chose ou qu'une image lui était apparue puis passée mais, c'est étrange comme ce regard ressemblait à celui de la photo de sa sœur Arménouhie, nostalgique, assombri par quelque chose d'inaccessible, de vulnérable ; celle-ci était une fille aux cheveux courts, travailleuse, folle de livres, de classe et d'encre, courbée sur un livre du matin au soir et quand elle relevait la tête, elle fixait celui qui la regardait, comme dans cette photo effectuée pour un quelconque papier officiel, que madame Noémie avait fait agrandir et poser sur la table, presque à l'entrée de la maison comme une sorte d'ancienne déesse veillant sur la famille ; n'était-ce pas depuis ce cadre, cette ombre qu'en cet instant Voski regardait ? avant, il y a longtemps, quand, après ma visite dans le jardin, je posais le pied sur la terrasse, je la voyais penchée sur son ouvrage, elle redressait doucement la tête, elle avait dû entendre mes pas, et sa mâchoire un peu pointue, son visage plutôt allongé ne ressemblaient pas du tout aux traits d'Arménouhie, plus ronds, plus larges ; à présent, dans la pièce, éclairé par un bleu trouble venant de droite, le visage de Voski avait blêmi mais avait comme pris une espèce de type familial d'ensemble et il me semblait que dressée, immobile, elle s'était pétrifiée comme entrée dans l'attraction funeste de cette photo d'Arménouhie, attirée, fascinée par elle, par sa mort,

reste comme ça, comme ça,

on aurait dit que ma mère avait trouvé la perfection du col, du dos, de la poitrine, le patron de son corps, sa conformation originale, qu'elle avait extirpé avec ses doigts le secret de ses muscles mouvants, de la masse de ses os, il restait à bâtir, à assembler les morceaux de tissu non plus mentalement mais sur un modèle vivant ; avec un léger mouvement, elle faisait pivoter la jeune fille sur son axe, vers le miroir, elle lui montrait l'aspect qu'allait prendre sa robe, plus exactement c'est elle qui regardait depuis la distance offerte par le miroir la forme qui désormais vivait non plus dans la photo mais sur un corps, elle allait à son tour la modeler ; mademoiselle Voski bougeait, levait et baissait les bras, faisait des mouvements de nageuse, elle souriait à présent depuis le miroir, faisait un pas en arrière, tournait la tête, essayait de voir la longue fente s'ouvrant entre ses jambes, semblable à celle des fantastiques jupes de la Marie Tomboulian, elle faisait encore un pas, abaissait ses talons sur le sol, les levait comme si elle dessinait puis effaçait des lignes, les détruisait, sautillait comme Zevart qui, lorsque nous jouions à la marelle dans la rue, écartait les pieds, les rapprochait, sautait soudain ; on aurait dit que Voski, avant un bal, esquissait des mouvements élémentaires de jambes, elle gardait un pied en l'air, suspendu, ressemblant ainsi à l'une des grues de nos livres qui allait prendre son envol, allait partir, allait se libérer,

pars sans te retourner !

ma mère avait déjà commencé à faire rapidement ici et là, des signes, des traces, des croix avec sa craie, elle ôtait les épingles, les manches, puis elle détachait une à une les parties du buste, l'ensemble avait commencé d'un coup à se défaire, les morceaux restants, avec cette robe morcelée, maltraitée, déchiquetée, avaient donné un instant à mademoiselle Voski l'aspect d'un épouvantail, celui que pouvaient avoir eu Nano, Vergine, Elmone ou Antika sur leurs chemins sans fin ; ses bras étaient nus à nouveau, les bretelles du soutien-gorge devaient apparaître lorsqu'elle était partie se réfugier derrière la porte de l'armoire, on n'entendait dans la pénombre que les mouvements d'un corps invisible ;

quand nous aurons fait le prochain essayage, ce sera fini.

Elle devait partir quelques mois plus tard, elle devait se marier là-bas, s'éloigner peu à peu, devenir définitivement quelqu'un d'autre, de différent, ressemblant vaguement à quelqu'un que j'avais connu ; ce n'était pas du tout impossible que je la rencontre de nouveau, par hasard, à Zurich, Lausanne ou Locarno dans une rue ; ce serait une dame entrant à la banque, tirant derrière elle un chien miniature et aboyeur ou cette femme entre deux âges, descendant du bus, habillée comme une secrétaire, un chapeau fourré sur la tête, qui se dépêchait et dont je perdrais la trace dans la foule ; peut-être aussi serait-ce la trésorière d'une association quelconque, une femme aux cheveux rouge vif, de haute taille vêtue d'un tailleur bleu-marine, la jupe au-dessus des genoux, le dos un peu courbé, d'âge moyen, qui aurait élevé ses enfants, aurait conduit à la mort et enterré son mari et pourrait à présent s'occuper de la vie dite culturelle, une sorte d'être poétique, émouvant, au pied léger sur lequel on se retourne, dont on essaie de se remémorer le visage fugitif, les cheveux teints aux tempes, le nez busqué, tu lui serres la main, tu ne trouves rien dans ce contact bref et froid, aucun signe reconnaissable, tu penses l'avoir déjà vue, il y a longtemps, mais tu ne sais ni où, ni quand (toujours cette impression de déjà vu, qui prive ce que tu as vu d'identité, comme un rêve fugace qui se répète, revient, insiste, comme s'il avait en lui une promesse inaccomplie ; la voix, ah ! la voix banale et même neutre, dépourvue de vibration interne, presque blanche, mais qui, quelque part, à la fin d'un mot, dans ton esprit, un instant, rappelle le timbre empreint de sacré de la veillée du Jeudi saint).

Qui était-elle vraiment ?

bien sûr, il y a les gens : peau et structure délicates, pulsatives, friables, mouvement et envol, visage et bras se tendant vers toi semblant te donner un monde, la sensation absolue d'une existence palpitante, non pour une seconde mais pour une éternité, puis étrangers, disparaissent dans la lumière épuisée du jour ; une photo, un vêtement, un nom, une parole, un évènement, une anecdote, une relation, une sympathie réciproque, une sensation ardente, vague, d'intimité, de contact, une image intérieure, une couleur ; des détails vus dans un miroir, volés en douce et imprimés dans ton esprit ; qu'y avait-il au-delà de tout ça ? qui était-ce ? parfois si proche et souvent si terriblement lointaine.

Qui était-elle ?

ce que tu dis ; ce qui t'émeut encore : la buée de son souffle se condensant sur la vitre, quelques signes de la main ou bien ce que tu as oublié.

15

Non pas l'oubli, mais une sorte de sommeil, le voile trouble laissé par le sommeil, une impression vague lorsque mes yeux demeuraient clos ; une membrane, une surface ténue me séparait de la lumière ; au début, c'était une transparence légère, agréable, imprécise qui peu à peu s'opacifiait, s'intensifiait dans sa matérialité, par l'interstice des paupières, une fente qui brûlait et, brusquement, d'un battement de cils, le monde entier en une seule et terrifiante boule devant soi ; ainsi, presque ainsi, puisque il est difficile de saisir quelque chose de vague, de fugace qui n'est pas encore devenu une sensation ;

donc, une sensation lumineuse, mais à travers une couche m'en protégeant : il me semblait n'être pas éveillé, je ne pouvais être éveillé mais j'étais pris dans une obscurité caverneuse, terrassé, incapable de reconnaître les lieux, de bouger les bras, les lèvres, d'émettre un cri, un mot non pas comme lorsqu'un lourd cauchemar m'oppressait la poitrine, la gorge, tel un cavalier perché sur l'échine d'un cheval, ce n'était pas du tout cela, je peux dire que c'était une pression plus agréable, presque courante, les murs, les lignes du plafond étaient à leur place, au point focal de mon regard, indubitablement, rien n'avait changé ; n'est-ce pas ainsi quand on retourne sa tête sur l'oreiller, qu'on ouvre les yeux, qu'on a l'impression bizarre de sortir du coma ? on se dit qu'on était là-bas, oui, une sorte de masque respirant, sensible, qui entend le bruit infini du monde et, dans les oreilles, se manifeste la persistance du flux sanguin, son égouttement et sa résonance, cette pulsation sonore qui semblait avoir disparu un moment et voilà qu'elle abolit la surdité où je me trouvais, oui, c'était une surdité puisque j'entendais, j'entendais tant de choses mais j'essayais de me cacher derrière la membrane de silence comme quelqu'un contrefaisant un sourd-muet, je n'avais pas conscience des formes et des volumes des choses.

Je vivais, ce qu'on appelle la vie, je me soumettais à son élan et à son rythme, une croissance végétale, une exubérance que peut-être je m'appropriais néanmoins, quelque chose se consolidait en moi s'il est possible de le dire ainsi, examinait, observait et moi, je ne suivais que cela, ce réveil interne, je frôlais la surface du voile, je caressais le tissu, la peau, le tissage des choses, du monde, je tâtonnais ; je me préparais seulement à ouvrir les yeux, un acte difficile, très difficile, non pas une première manifestation, mais une résistance à admettre ce qui arrivait, oui, à accueillir ce que je pensais qui allait arriver et n'était-ce pas mieux que j'y aie cru ?

je méditais, quelque chose bougeait très légèrement dans ma gorge, montait, ce n'était pas un rêve, non, cela grimpait comme un insecte le long de mon larynx, cela grattait, attirait mon attention,

je suivais à l'oreille les pas, ceux qui partent, les pieds qui entrent dans les chaussures, qui bougent, qui montent, qui laissent derrière eux un courant d'air et, dans l'air clapote l'écho de leurs traces qui s'éloignent, les vagues s'approchent, lancent une giclée d'écume, il passe comme une chaleur, l'odeur d'un corps vivant comme lorsque, dans les eaux, on se touchait sans se voir, on savait que l'autre était là, s'esquivait, finissait par échapper à l'étreinte,

l'espace se vidait, semblait totalement dénué d'épaisseur, d'objets, l'oreille entendait cette absence de chose, le vide de la pièce au milieu de laquelle je devais être couché, sur un matelas ; on m'a abandonné, la douce chaleur d'un feu ronronnant monte le long de mes jambes et ce silence ne m'effraie pas, finalement l'insecte dans ma gorge s'agite, j'avale ma salive, une douleur fine et aiguë passe, sur les vitres la nuit sereine a dégagé l'ombre des arbres que projette là-bas une demi-lune lointaine ; je cille des yeux, la nuit clignote, je ferme les yeux à nouveau, la peau immense et bleue se déchire, les lignes se défont, deviennent des fragments de lumière, de voix, d'odeurs.

Que découvre l'homme quand il se découvre lui-même ?

Des images demeurées d'un oubli essentiel, côte à côte, en désordre, fragmentaires et décousues ; un cortège de débris qui jamais n'ont formé l'élément d'une totalité et que je ne peux placer dans l'espace imaginaire ; présence pure sans l'arrière-fond indispensable, sans corrélation ?

nœud en dehors duquel tout appartient au temps et donc n'existe pas et demeure inconnaissable ? dans tout cela, j'entrevois en moi un vide, une sensation intérieure de vide que chaque souvenir allait seulement approfondir ; peut-être est-il préférable de rester à la surface, dans le domaine des données immédiates, brutes ou foisonnantes, à l'extérieur, si je veux que sensations et souvenirs, riches d'une révélation future parviennent à une forme, un jour.

Elle.

Donc, elle allait apparaître à la fenêtre ; il fallait qu'elle apparaisse ; je l'attendais ; je savais ; les soirs d'été, elle s'enroulait aux barreaux, sa jupe rouge se raccourcissait au-dessus des genoux, elle étendait ses pieds nus, juste lavés ; il y avait une cicatrice sur sa jambe droite ; elle allait commencer à chanter de sa voix fine, presque aigrelette ;

« Si je pouvais voler à la maison, où ma mère … »

elle répétait les trois-quatre phrases de la chanson, elle faisait des variations avec des jeux de cris et de respiration, jusqu'à ce que, de l'intérieur, quelqu'un, Arakel ou Antika, se fâche ; elle devait se taire tandis que, sur la colline, la soirée formait un arrière-plan de bruits, de stridulations de cigales, avec les odeurs de poussière, d'herbe sèche, de fumée des lessives du jour ;

puis, ou un autre jour,

elle sortait une de ses jambes des barreaux, elle la tendait, elle s'offrait, se cachait quand j'approchais ; elle criait, elle riait ;

elle reprenait sur le champ sa chanson là où elle l'avait interrompue, elle étoffait sa voix, elle en jouait, retenant son souffle comme le faisait mademoiselle Voski, elle laissait courir un filet sonore, la mélodie s'était déjà corrompue, il ne restait plus qu'une série de sons épars sur des syllabes en déroute devenant de plus en plus inintelligibles, tantôt s'épuisant, tantôt se régénérant dans un dernier sursaut pour enfin se réduire, se dégrader, se disperser, lointaine, comme étrangère, la modulation s'assombrissait avec les ombres, devenait autre comme si, insensiblement, la voix avait trouvé sa coloration véritable, le reflet d'un autre reflet, elle m'emportait là d'où venaient les paroles ; dans la sérénité du silence et du ciel s'ouvrait un autre ciel, un espace rouge sang, fabuleux et mythique où le chant, parvenu à son zénith, s'immobilisait pour se transformer en murmure, n'appartenant à personne et n'exprimant rien.

J'avais saisi ses orteils ; j'allais les mordre.

L'été, une course vers les mûriers, le long des barbelés ; cachés dans les ronces, il y avait des fruits rouge sombre avec leur goût intense dont on ne se rassasiait pas quand ils étaient mûrs ; je les arrachais un à un en prenant soin de ne pas les écraser, je les lui tendais, elle les aimait, ses lèvres étaient presque ensanglantées par cette couleur vive avec laquelle sa langue jouait et dont la ligne ronde venait se défaire sous sa bouche, jusqu'à la cicatrice du menton ; elle ne devait plus s'approcher des branches comme elle le faisait autrefois quand sa main fine allait cueillir, presque voler, les mûres les plus mûres, les plus juteuses, qui étaient les plus inaccessibles jusqu'à ce jour où la pierre de dessous s'est retournée et où elle s'est enfoncée dans les buissons ; quand elle a réussi à s'en sortir, à se redresser, à s'échapper des branchages piquants, cuisants, est apparue la plaie du menton et les fines gouttes de sang qui s'en écoulaient que j'ai essuyées, essuyées immédiatement.

Puis à nouveau, peut-être une autre fois, un autre jour, elle effeuillait une « fleur de Jésus » dans l'herbe ; nous regardions planer dans la lumière rayonnante du ciel le cerf-volant que Métri avait lancé ; je regardais de biais son visage, quelque chose bougeait, palpitait sous sa peau, je suivais le vol, en haut, attentif, elle bougeait, elle vivait, nous nous étreignions, nous nous taisions ; le cerf-volant était toujours là-haut, sa queue bougeait légèrement, se tordait comme un serpent ;

derrière nous, il y avait le muret de morelles, une espèce de haute boule de buissons sauvages, les odeurs d'ordures jetées, d'herbe coupée venant du fond de la vallée, flottaient, enflaient, partaient, repartaient avec le vent quand j'ai posé ma main sur son épaule, douce, enfant de la douceur ;

il est difficile de se rappeler ce contact, l'effet de cette peau, le toucher ardent, brûlé, vibrant, s'offrant presque, où elle semblait tout à coup complètement différente, troublante, spontanée ; le vent jouait avec les herbes, faisait bouger les sommets des arbustes, la lumière ; et elle a bondi de sa place pour aller s'asseoir plus loin, s'est recroquevillée puis plus loin encore, on aurait dit qu'elle s'éloignait peu à peu, qu'elle me fuyait ; j'ai courbé la tête, j'attendais ; je regardais toujours son visage qui était serein, inchangé, avec des couleurs comme hachurées par la lumière, un petit nez et des yeux noirs, des cheveux légèrement bouclés qui tombaient sur ses joues ; une fillette quelconque ;

comment la retrouver telle qu'elle était à ce moment-là ?

j'ai remarqué, dans une photo affreuse, qu'elle portait un chemisier blanc au large col, presque transparent, entre les plis duquel apparaissaient en une vision inattendue à couper le souffle, la rondeur de bourgeons voulant éclore ; son corps, elle, avaient changé ainsi, je ne l'avais pas vu, je ne m'en étais jamais aperçu, elle était entrée dans une autre phase, dans une vie différente, passée dans un rythme autrement primordial, alors que moi j'étais encore un enfant qui restait en deçà du mystère ; comment dire ? comment pouvoir saisir ce moment précis où tu avais cessé d'être toi, où tu étais envahie par la transformation qui devait te faire abandonner pour toujours nos jeux sur l'herbe ;

ce jour, ou un autre jour, m'a déchiré de haut en bas comme un cerf-volant en chute qui, lorsqu'il s'accroche au sommet des arbres, se brise.

Ils nous avaient laissés à la tranquillité de la plage et avaient loué une barque, l'un assis à la proue, l'autre ramant, ils se promenaient depuis la rade vers le large ; ils allaient crier, hurler, se taire soudain quand ils seraient loin : Nechan ? Voski ? d'autres ? une image qui m'est restée ainsi comme si elle s'était ouverte, déployée telle une voile autour d'un mât, avait occupé l'espace intérieur et, à côté d'elle, dos à dos comme les versants d'une page, elle et moi.

Et nous courions le long de l'eau, sur l'étendue instable de cailloux et de sable, dans les murmures de l'écume effrangée, nous faisions la course, qui allait arriver le premier au mur en ruines se dressant au loin ? ce mur qui n'existe plus depuis longtemps, comme la mer qui, aujourd'hui, semble aussi éloignée du rivage que cet instant l'est de cette course, pourtant la mer était à côté de nous, se gonflant, s'élevant, s'approchant, veillant sur nous comme le regard céleste d'un archange, silence mouvant et bleu, que l'on caresse sans le connaître, sans jamais le connaître et l'existence se donne ainsi à toi en une seule fois ou t'est arrachée ;

toutefois, nous n'allions pas nager, mais seulement courir, galoper, elle toujours devant moi, les bras collés au corps comme un coureur, ses cheveux libres sur sa nuque et ses épaules brûlées, et nous allions brusquement tomber à terre, une pierre avait écorché son pied ou mon orteil avait commencé à saigner, nous allions nous asseoir en tailleur, elle ou moi allait se pencher sur la blessure de l'un ou de l'autre, elle allait essayer de retirer l'épine en s'approchant de plus en plus, mettre son museau sur mon pied, puis allait nettoyer le sable, verser un peu d'eau, allait s'efforcer d'arracher avec les dents l'épine fichée dans mon pied ; elle avait vu une fois Marie réussir ainsi à me libérer de l'épine entrée dans mon talon et donc, à présent, elle suçait ma chair, le sang, sortait la langue, elle crachait l'épine ; nous allions clopiner ;

vrai et faux ;

non, nous n'allions pas construire des châteaux et des villes de sable comme avant, très longtemps avant ; puisque chaque instant, chaque image a sa précédente, une sorte de palimpseste ; sur le sable, il n'était pas possible de distinguer son pas du mien et d'ailleurs les vagues avaient effacé l'un et l'autre ;

mais nous courions à nouveau au bord de l'eau.

Elle sautait dans l'eau jusqu'à ce qu'elle ait appris à flotter, à nager ; désormais, elle créait autour de sa nage un environnement inaccessible d'écume, d'applaudissements et de cris ; fille de l'eau qui pouvait s'éloigner, j'avais peur qu'elle ne s'enfonce dans la lumière ; peut-être que la perte avait commencé avec cette angoisse.

On nous avait fiancés pour plaisanter.

Tu rapprochais ton front de ma tête, tu essayais de trouver une trace, une lettre, une initiale qui soit imprimée, gravée là ; tu ne remarquais rien, tu t'approchais encore, tu t'offrais presque, sans le vouloir, probablement de bon gré, je ne sais pas, je sentais ton souffle sur ma bouche, sur mes yeux, tes lèvres cherchaient quelque chose d'indicible, examinaient ma peau ; soudain, tu as découvert une ligne indéchiffrable, invisible, noire, immuable ; peut-être dans l'intention de ne pas perdre ce signe rare, peut-être par plaisanterie, simplement pour rire, pour faire mal, avec plaisir, tu as écorché mon front avec le morceau de charbon qui était dans ta main ; est-il exagéré de dire que j'ai porté longtemps ce signe, ton legs sur mon corps ? et il me semble que parfois il sort de l'insignifiance, tel un tatouage, il colle à moi comme une angoisse toujours présente ; il m'a formé, frontière qui m'a détaché de l'innocence ancienne, m'a peut-être aussi protégé, me rapprochant en même temps d'un mystère impénétrable.

Je parlais en pensée avec elle, je lui parlais toujours comme si elle pouvait m'entendre ; elle était dans notre pièce de feuillage ou peut-être dans n'importe quel autre lieu où mes yeux demeuraient clos ; une lumière dense rougissait sous mes paupières ; il faisait chaud, une chaleur de dimanche alors que tout le monde était parti à un enterrement, celui d'un grand homme, ils nous avaient confié l'espace ; le vide de la colline ; la poussière ; puis ensuite seulement la liberté débridée de terrasse en terrasse, de treille en treille, de lit en lit, une espèce de course, des roulades, des sauts, des chutes, des courses à nouveau ; une chanson, un hymne, différentes sortes de danses, des youyous de cortège de femmes allant à la noce ; immersion soudaine dans le silence ; félicité quand ta peau touche cette autre peau, en profondeur ;

tu sais que tu existes puisque elle existe ;

elle avait couvert mes yeux de ses mains, elle appuyait comme si elle voulait m'aveugler, elle riait ;

c'est moi, c'était moi, disais-tu, c'était toi, je le savais depuis le début ;

elle avait traversé l'espace à petits pas prudents, une main ici, une main là, elle s'appuyait aux murs comme si elle tâtonnait jusqu'à ce qu'elle ait atteint le bord du lit et, à ce moment-là, je l'ai saisie par le bras, elle m'a laissé faire, m'a quasiment laissé la soulever, elle haletait, c'est tout ce qu'on entendait, son souffle court quand je me suis approché d'elle, il y avait une tiédeur de transpiration sur sa peau où j'ai senti une odeur mêlée de sel et de crasse, une odeur de fille, une odeur attachée à sa jupe, à sa culotte, à son aisselle ; lentement, presque sans le savoir, j'avais glissé sur elle qui serrait les jambes, qui serrait, je fourrais ma tête dans son cou, posais ma bouche sur le lobe de son oreille, j'allais la mordre, non, je ne devais pas mordre, elle allait crier, elle allait me chatouiller, nous allions lutter ; mais il montait en moi quelque chose que peut-être elle sentait, que peut-être elle suivait, à laquelle elle participait, quelque chose entre nous ou en elle, un pont, je courais, je me précipitais contre un mur, j'allais plonger, m'enfoncer dans la lumière du puits, il y avait des lumières, des taches de lumière, des raies rouges, jaunes, des caresses de peau, de chairs, l'eau de la cannaie, de petites vagues s'avançant sur le sable, s'esquivant, s'avançant de nouveau, comme cédant, s'atténuant ; nous étions à la mer qui glissait sur le sable et dans mon dos, au milieu de ma nuque, elle jouait et elle souriait, ses lèvres fines, peut-être légèrement rougies composaient une forme indicible, un plaisir échappant à tous les mots, riant, se cachant, se donnant et se taisant et puis il y avait le soleil rouge, tout rouge qui semblait saigner derrière ses genoux ;

une sensation de silence puisque le silence n'est que sensation, il ne s'entend pas, une sorte de vibration, une palpitation mais d'aucun cœur, de nuls cils, là-bas où l'âme devient la prolongement du corps et l'oublie,

et les yeux ouverts dans l'obscurité, dans la pénombre, regardaient, semblant très loin, fatigués, enfoncés dans leur orbite, elle s'était endormie, réveillée, elle s'était réveillée soudain, quand d'un coup son corps s'est retourné, a glissé lentement ; c'était un cri bref, de douleur ou de surprise ? un réflexe tardif, je pense, elle avait porté la main à la trace sanglante au-dessus du genou, une écorchure sur la peau, pas plus, sur laquelle nous devions nous pencher, que nous devions regarder, examiner, comme si nous craignions le flux glissant ;

mal élevé !

Quelque part, entre mes yeux, il y a un appel. Qui dit « toi » ; je m'adresse à elle ; à elle qui lit, qui prononce mon nom.

Sages, tranquilles.

Comme vous êtes devenus sages tout à coup, allait dire la voix qui pourrait être celle de ma mère ;

parfois, nous allongions nos pieds vers le poêle, nous approchions nos mains du feu, nous nous réchauffions ; un rouge vif à travers les fentes des doigts et la chaleur, rassurante, familière ; dans la malle, l'odeur d'humidité, il y avait de vieux journaux, un reste de recueil de chants, un petit livret tout déchiré qui, je l'ai su plus tard, était une « Clef des songes » que ma mère me faisait parfois ouvrir et auquel nous ne comprenions rien : sur la couverture, des cartes postales, des catalogues de modes vieillis et la liasse de photos : je la sortais, je devais la lui donner, c'est elle qui l'ouvrait,

ne les déchirez pas, hein !

intimait la voix de ma mère ;

non, nous n'allions pas les déchirer, nous les caressions presque, nous regardions les visages qui défilaient les uns après les autres ; elle posait les doigts ici ou là, sur un portrait dont nous connaissions le nom et auquel nous pouvions attribuer les histoires les plus impossibles ;

elle adaptait des épisodes entendus à leur vie, moi, qui à présent suis dépourvu d'une forte imagination, j'ajoutais des détails fantaisistes, elle corrigeait, non, ce n'était pas comme çi, c'était comme ça, comme s'il s'agissait d'un livre que nous avions lu ensemble, par miracle, et que nous reproduisions ; à mon tour, moi aussi j'essayais, je m'efforçais de lire à la manière d'Arevik, en trouvant son rythme, en caressant comme elle les mots avec ma langue, je tentais de faire mieux qu'elle, d'autant plus que le roman familial de ces gens avec lesquels nous vivions désormais n'était pas écrit, nous le connaissions par cœur et, si l'une ou l'autre de ces photos avait été mise avant ou après, si sa place avait été changée, son rang déplacé, elle disait – c'est moi qui vais le dire, moi je sais – ; l'épisode de l'histoire revenait, Karlopik partait en Arménie, c'était la fille de l'oncle paternel de mon père, elle était belle, très belle ; Berdjouhie, non tu la connais pas, toi tu étais encore petite, elle est partie en Amérique ; Maritsa repartait vers ses années de jeunesse, à la promenade d'Ayn-Bereké, quand ils s'étaient fait photographier, le mari de la tante Martha était assis sur un beau cheval, un couvre-chef militaire kurde sur la tête et, à côté, c'était mon père sur la place des Canons, derrière la mer, avant la grande dispute qui les avait séparés ; à Zahlé, Elmone portait Flora, la photo les montrait toutes les deux, à Zahlé, c'était bien la petite Flora du récit familial, la voici, par la magie du nom elle s'était réincarnée en sa poupée, elle était venue jusqu'ici, on la prenait dans nos bras, on disait des berceuses, on la faisait dormir, il ne fallait jamais toucher à sa poupée Flora, c'était la sienne, un morceau de chiffon ? un amour ; il était possible de suivre leurs gestes, leurs paroles réelles ou inventées uniquement à partir des photos, ; un espace infini de possibilités s'ouvrait qui faisait partie de la réalité, puisque elles étaient visibles, de même que les adultes aimaient lire des rêves ou forger un destin dans le marc de café ; nous imitions leur vie, dont on aurait dit que nous comprenions plus de choses qu'eux qui, je le sais à présent, improvisaient chaque jour à leur rythme, vivaient chaque jour et, quand j'avais sommeil, j'entendais la voix de ma mère :

allez, ma fille, ta mère doit être en train de te chercher ;

une séparation calme, tranquille, sans larmes, sans même d'émotion puisque il y a les rêves et, là-bas, elle apparait à nouveau, plus libre, moins contrainte, comme une méduse qui s'abandonne au jeu profond des vagues, se soumet, se remet à l'élan brûlant qui monte en moi.

De sous l'oreiller, elle allait voler l'Évangile d'Arakel l'aveugle, allait l'ouvrir et, avec la gravité du diacre lisant à haute voix « C'est la lecture du prophète Isaïe… », elle avait posé les doigts sur les lettres et les signes incompréhensibles pour nous, elle avait commencé à répéter des sons, à s'égosiller dans la langue des oiseaux ; ses joues avaient rougi, chaudes, on aurait dit qu'elle vociférait cette agglutination de syllabes, ces écholalies que, durant un temps, nous aimions proférer et qui était la langue de notre complicité et qui voilà, brusquement, nous a paru idiote, privée de ses attraits, un croassement de corbeau qui jamais ne saura chanter.

Comment résister à la loi ? insensiblement, lentement, elle s'installait entre nous, elle l'embellissait, l'éloignait, à mesure qu'elle grandissait, son corps, lui, prenait sa plénitude ; peut-être me regardait-elle de loin, avec ironie, s'efforçant d'oublier la photographie que je devais être dorénavant pour elle, elle qui appartenait à une étrangeté qui l'engloutissait, l'absorbait, l'anéantissait ; puis, elle est morte.

Ensuite, elle est partie, dans un autre pays.
Elle devait grandir.
Et moi, je devais apprendre à lire, à l'oublier.

Il y a une partie de mon corps, qui est une ombre, invisible, qui a tremblé, s'est attristée, comme une parole non dite dont il reste à peine une trace ; on nous avait fiancés par plaisanterie et, quoi qu'il se passe, le signe ne disparaît pas, il se cache, il continue à persister sur ma peau comme un tatouage, dans ma voix où règne une fêlure ou un silence auxquels, bien que j'essaie de leur donner forme, couleur ou densité, manque le souffle, surtout le souffle, ce qui vibre entre la vie et la mort, comme une voile se déployant face au vent.

Elle, que j'ai nommée Zevart.

Peut-être, un jour, me dis-je, pourrai-je la voir, venir face à elle, sans miroir, sans intermédiaire et sans sentiment de perte ;

mais qu'est-ce qu'une image ? qu'est-ce qu'une photo sinon le morcellement, la fragmentation d'un visage, d'un corps, d'une personne qui, peut-être ne s'était pas réalisée pleinement lorsque cette image, cette photo se formait, se figeait et s'incrustait dans mes yeux et j'essayais, ensuite, longtemps, de déchiffrer par une sorte d'opération joyeuse et délétère qui n'a pas de fin et dont je ne me rendais pas du tout compte ;

un jour, peut-être, rompant l'illusion magique ou l'entrave que je ne cesse de poser, comme si je voulais, comme si j'avais voulu poursuivre le sommeil interrompu et l'enchantement enfantin de sa chaleur, il faudra revenir à ce moment où il n'y avait pas non plus l'image et où son poème n'avait pas encore commencé à travailler en moi, comme parfois on essaie de trouver le sens originel d'un mot, qui n'était peut-être pas un sens mais un jaillissement révélateur, instable, pulsatile ; c'est du moins ce qu'on pense ;

un bonheur qui se résumerait dans un livre, comme une promenade en barque qui disparaît, se fond dans la mer ; non pas un bonheur mais une sorte de chaleur, d'ardeur, un souffle, au-delà des fiançailles des voix, une illumination qui donnerait une signification à ma vie, serait son horizon et son point de fuite quand toutes choses deviennent de plus en plus irréelles, se désagrègent et se dissipent dans la brume.

16

Mon fiancé !

elle s'est pendue à mon cou, à présent elle sanglote presque, une vibration de joie dans sa voix, elle m'embrasse sur les joues, et, soudain, par réflexe, elle défait son étreinte, fait un pas en arrière, essuie ses yeux en prenant garde à ne pas altérer la ligne pure et parfaite de son maquillage,

elle recule à nouveau, elle porte une robe longue, bleu indigo, semblable à une chemise de nuit, à taille lâche, qui lui arrive aux genoux et recouvre ses jambes un peu épaissies, un peu tordues mais toujours épilées, des pantoufles blanches aux pieds avec un grand nœud bleu au bout, rappelant le soin d'autrefois,

entre !

je la suis, je reconnais le couloir, le vieux porte-manteaux et parapluies derrière la porte, en face, l'œil bleu de porcelaine s'ouvrant dans un triangle, « Que l'œil de Dieu nous protège » qui, depuis Jérusalem, veille sur les occupants, les morts de cette maison ; la pièce me semble plus petite que dans ma mémoire, plus ramassée, au coin de la rue, au fond, la fenêtre à barreaux couverte de rideaux beiges semi-transparents que j'avais oubliés, d'où l'on pouvait voir la Negar d'Hovakim dans sa cour, sous le couvert des loufas qui n'y sont plus depuis longtemps : au moment où elle tirait la branche de loufa sur le balcon de Simon, celle-ci est tombée et restée à terre,

« la cruche est tombée sur le chemin de la fontaine », c'était ses paroles, l'une de ses expressions favorites,

madame Negar, tu sais, quelle femme cupide c'était ! et sa langue ! mon Dieu ! mon Dieu ! puits de mensonges, disait ma mère, paix à son âme,

je réplique sur un ton complice,

« tu me manques, tu meee maaanques ... »

elle rit, de chaque côté de sa bouche apparaissent à nouveau les deux fossettes à la Ava Gardner, mais ses pommettes sont devenues plus saillantes ;

à gauche, les deux pieds de vigne grimpant à côté des fenêtres ont disparu, la treille n'est plus là, qui va en cueillir les feuilles ? à l'automne, toute la terrasse et le sol plus bas, devant la maison, en était jonchés

à droite, un fauteuil, un divan, un fauteuil, c'est exactement ceux qui étaient là à l'époque, seules les housses ont peut-être été changées, pas la couleur, mais la qualité, le style, on dirait que tout a été fidèlement gardé à la même place, comme une vieille photo enferme l'espace et son contenu dans sa construction, qui est aussi dans notre esprit ;

qui est là ?

je pose la question d'une voix absente, je me trouve devant un rideau fermé, je sais qu'il doit y avoir des gens dont la présence est certaine mais dont l'identité m'est inconnue ; on dirait que je m'avance lentement dans l'espace, je tâtonne, je palpe, je distingue les formes et les objets ; le plaisir de pénétrer dans un espace familier, presque intime, m'envahit, je retrouve une sensation oubliée depuis longtemps, mais vivant en moi, qui se manifeste je ne sais comment, tel un rêve qui soudain se fond à la réalité et offre une tranquillité sereine, c'est du moins ce qu'on dit ;

oui, chaque chose est à sa place, je peux fermer les yeux et, ainsi, écouter avec une perméabilité intérieure, vivre l'architecture passée des choses présentes, les comprendre mieux qu'auparavant, quand je les connaissais ou croyais les connaître, sans le travail produit par le détachement ; rien n'a bougé, les apparences sont telles qu'elles étaient, du moins c'est ce qu'il me semble ; finalement, il y a des lieux qui ne se modifient pas, qui demeurent tels que je les pensais sourdement, tels que je voulais qu'ils soient ; peut-être y avait-il des nouveautés qui n'ont pas attiré mon attention, je ne m'en suis pas aperçu, je considère seulement ce que j'ai vu et dont, comme involontairement, je n'avais pas senti l'étrangeté ; le désir n'est-il pas ainsi ? il voit, il entend ce qui lui est donné une fois, quant aux autres… ?

y avait-il, en haut et en face, cette horloge qui est arrêtée, les deux aiguilles accrochées l'une à l'autre sur le 4, le balancier immobile derrière la porte en verre ? elle est vieillotte, ressemble à notre pendule murale que ma mère voulait donner à régler plusieurs fois par semaine ; eh ! Agop ! elle s'est encore arrêtée ! on l'avait encore remontée l'autre jour, elle est comme moi, elle vieillit ; irrité, en grommelant, en pestant contre cette satanée pendule, mon père allait prendre l'escabeau et montait dessus, un instant, comme ça, il allait s'immobiliser dans l'air, la clef à la main, il devait appuyer fort et serrer, remonter le ressort, puis nettoyer la vitre avec un linge, il attendait d'entendre le tic-tac, et ainsi, chaque fois, on aurait dit que c'était un jour nouveau, les aiguilles avançaient de chiffre en chiffre, obstinées et vaillantes, elles mesuraient les saisons de l'année avec leur course et leur ralentissement soudain et pesaient le poids des jours ; lorsqu'elle travaillait, ma mère, avec un mouvement mécanique, tournait la tête de temps en temps, demandait l'heure, mais un jour, elle n'a pas retrouvé la clef, elle avait été perdue, elle l'a cherchée, a mis la maison sens dessus dessous mais ne l'a pas trouvée et, à partir de ce jour, la boîte en acajou est devenue un ornement du mur qui, peu à peu, s'est fait oublier et qui, voilà, est entrée dans le rang des autres objets, a comme laissé partir le temps et son cercle répétitif, l'a laissé disparaître, devenir invisible, pas une tache, pas même une trace.

Mais il y a un manque, un manque de souffle ? une absence ? ou peut-être une chose trop présente mais vague, sans nom.

Elle ne répond pas, est-elle devenue sourde ? quand elle marche, elle courbe légèrement la tête, l'épaule et le bras qui vont en se déformant, trahissent un déséquilibre évident dans la démarche,

je vais faire un café,

elle se dépêche ;

le même œil sombre de la radio, c'est un *Luxor*[1] antédiluvien dont je n'ai jamais entendu le son, qui a gardé le deuil après la mort de monsieur Khatchadour, dessus, toujours la même photo, madame Marie et monsieur Khatchadour, je me penche sur le verre, j'essaie d'écarter mon ombre, Marie me paraît plus belle qu'elle n'était, la peau du visage plus frémissante que je ne le croyais, la courbe admirable des sourcils et des yeux malicieux, inquiets, toujours expressifs, elle était comme ça ; je connaissais son corps, sa façon de bouger, de parler mais mon esprit tâtonnait dans l'obscurité, comme si jusqu'à présent je n'avais pas réussi à voir son visage, parfois, je ne vois pas les visages qui semblent la part la plus fragile des hommes, celle se métamorphosant le plus vite, ce qui les prive d'identité, les rend étrangers et mortels, en fait des marionnettes ;

monsieur Khatchadour est plus familier : sa joue gauche est complètement rongée par la couche du fond, sur ses lèvres joue une

1 En français dans le texte.

ombre légère de sourire à peine visible, mais pas plus, puisque la sévérité est toujours présente avec l'assombrissement général des lignes ; je n'avais jamais remarqué le veston : à droite, près de la poche du haut, est attachée une décoration, je l'avais oubliée, la décoration de caporal qu'il avait reçue en Cilicie, les Français la lui avaient décernée pour honorer ses semblables ou mieux, pour les tromper complètement, j'en suis sûr ; et, de cette grande ou petite trahison, de cette défaite n'est restée que cela, que monsieur Khatchadour, je dois l'admettre, sans ostentation superflue, peut-être même avec une certaine réserve, avait mis sur son uniforme, c'est pourquoi celui qui regarde depuis la photo est un combattant blessé au passé glorieux plutôt qu'un marchand de cuir ;

au milieu de la pièce il y a la table basse qui n'a, semble-t-il même pas changé de place ; ce qui a changé, c'est la peinture des murs, brillante, un blanc exagérément cru, qui selon les reflets du soleil, tire vers le bleu ou vers le jaune, l'espace est inondé de lumière et d'une joie contraire à l'esprit de ce lieu ; mais, au fond, cette rénovation a apporté une netteté aux objets, a souligné leur vieillissement, on dirait qu'ils se sont usés, non d'avoir été utilisés mais d'avoir été nettoyés, d'être restés immobiles ; une fente dans le bois, un gonflement, une légère cassure que la chaleur estivale et le froid hivernal ont accentués, avaient ruiné de façon insensible, avaient ébranlé la boîte de la radio, la surface d'un coffre bas, chaises et fauteuils ; les objets s'inscrivent peut-être ainsi dans notre esprit, ils s'adoucissent, ils embellissent lorsque le temps dépose à leur surface sa couche tantôt fine, tantôt brillante, tantôt opaque de vernis ou de cette gelée composée de poussière, de gras, de cire, de rouille et de microbes, j'allais dire de vie qui, simplement couvre, protège peut-être d'ailleurs de la décomposition rongeant la charpente.

Elle pose le plateau sur la petite table, une tasse de café, à côté, un petit verre de liqueur rouge sombre de la taille d'un dé à coudre, on dirait une fête, ainsi faisait-on toujours quand nous allions célébrer Pâques ou Noël, on offrait aux adultes un verre de liqueur, parfois extrêmement sucrée, une spécialité maison fabriquée avec de l'alcool de fruit qu'on buvait cul sec, à présent, moi aussi je dois boire ça,

elle lève le verre, me le donne

bienvenue !

la couleur de ses ongles est du même blanc brillant, nacré, un long éclat qui se termine par une coupe parfaite, mais ses doigts sont à présent déformés, les articulations peut-être épaissies, raidies, car sa main semble plus petite, plus maladroite ;

je pose le verre sur la table, c'est une saveur disparue depuis longtemps, complètement oubliée, qui se manifeste sur ma langue, une synthèse d'alcool sucré et d'acidité, fort mais rond et liquoreux, aromatisé à l'essence de cinnamome ; les yeux de Zevart s'ouvraient, se fermaient, ses cils clignaient quand nous avions bu en catimini un alcool fait avec des mûres d'automne mais la couleur était plus sombre, un rouge si dense que ses prunelles avaient étincelé de cette couleur ardente et une onde de sang était apparue puis avait disparu ; quand était-ce ? peut-être les derniers temps, il m'est impossible de le préciser ;

je ne peux pas dire que j'aimais cette boisson mais j'aimais, comment dire, son reflet dans les yeux de Zevart et, à présent, je prends une gorgée de café pour neutraliser, purifier ma gorge de ce goût piquant, irritant ; le liquide amer devrait me protéger du vertige, je n'ai jamais pu résister à cet alcool fort parce que sucré,

retourne ta tasse que je regarde,

non, je n'y crois pas,

retourne, ne serait-ce que pour le jeu, on ne sait jamais …

elle se tait,

moi, j'y crois,

pour jouer !

pourquoi pas ?

je me tais, ses lèvres touchent le bord de la tasse, elle rejette la tête en arrière, sur la peau de son front, une marque pareille à une cicatrice et, en haut de la joue, le grain de beauté qui a grandi, semble s'être élargi, tandis que, à peine visibles, des ridules, des contractions, des réseaux lâches et fibreux envahissent le tissu du visage ou croît, vibre une couche de duvet, comme les tiges parasites de lierre infiltrent leurs racines dans l'écorce, couvrent le tronc et, en automne, ornent de leur végétation rouge, orange, l'arbre qui, rapidement, très rapidement, à la première tempête, va tomber ;

c'est bien que tu sois venu,

il y a dans sa voix quelque chose que je ne peux préciser, j'allais dire un pli subtil où vient luire une strate dorée, proche de la nuance du nacre et, avec elle, tendresse, affection, qui font écho à une intimité ancienne, tu n'as pas changé du tout…

on dirait que son regard fait le tour de ma tête, scrute une chose invisible comme si elle mettait mon visage dans un cadre

… estafette !

nous rions brusquement mais il y a une faille au bout du rire, franc, très franc, qui a tendance à tourner à la gravité, mais n'y parvient pas, je ne lui en donne pas l'occasion

nau-nau-naufrage !

elle fronce les sourcils, hésite, peut-être s'efforce-t-elle de se rappeler ou de préciser à quoi je pense.

Depuis des années, il y a en moi la même question à laquelle j'ai essayé de donner mille formes sans parvenir à en trouver une définitive, j'hésite à la poser, je la trouve à la fois absurde et essentielle, essentielle, je ne sais réellement pour qui, surtout que, comme disait ma mère, tout ça ce sont de vieilles histoires, et « la poutre du toit s'est effondrée depuis longtemps », je sais que je vais devoir lui tirer les mots de la bouche comme une corde, et tout ça pourquoi ?

tu as fait couper le prunier, heureusement que le jardin est resté,

elle, avec l'assurance de celle qui s'est battue contre la vague de béton ayant peu à peu transformé la colline, un peu troublée,

mais qu'est-ce que tu as cru ?… l'arbre est mort ;

je pense qu'il faut se méfier de tous ces mots qui sont attendus à présent – tu étais comme ça, tu as dit ça, tu étais un garçon comme ça, oh la la ! – des souvenirs qui cajolent l'enfant de jadis, le maintiennent dans son ancien rôle, pour que perdure entre nous l'habituelle ignorance formée par la familiarité ; les mots, quelques paroles pleines d'allusions sont des prétextes pour que je trouve un terrain d'entente, comme lorsqu'en prélude à un concert, les musiciens lancent dans l'espace une ou deux notes caractéristiques de l'œuvre qu'ils vont jouer et testent l'état d'esprit des auditeurs ; avec cet acte intime, puisque c'est un acte, un appel, une question appelant une réponse, les mots abrogent le temps pour le réinventer, uniquement son époque et la mienne ;

qui est là ?

je ne me suis pas rendu compte que j'avais répété ma question, elle ne m'a pas répondu, silence ;

une onde de chaleur monte dans ma poitrine, il doit être près de midi et il y a déjà une chaleur humide, je dois avoir transpiré, il ne faut pas que je bouge, je dois rester ainsi, quelque chose de vague et de sombre passe dans mes yeux, je ne comprends pas qu'elle est là, qu'elle est là et que ça suffit, les autres, qui s'en soucie ? c'est elle que je suis venu voir, je n'ai même pas cherché, j'ai pensé qu'elle était toujours au même endroit, toujours la même, comme monsieur Khatchadour reste dressé dans son cadre, sur le fond de papier jauni, jaunissant de plus en plus avec le temps ;

et moi, soudain, malgré moi, perdant le fil, le contrôle de mon envie de parler, je m'impatiente ; les enfants sont toujours impatients alors que l'art, l'art de vivre, comme on dit, est la patience, pour que l'arc et l'éclat du désir deviennent plus amples ; moi qui ai attendu des années pour venir jusqu'ici, qui ai trouvé des empêchements pour retarder cet instant, l'éloigner, le bannir presque, cependant, en même temps, j'ai travaillé peu à peu pour l'organiser en pensée, vais-je d'un coup reculer du fait de l'effroi de mon désir ?

je m'éloigne, j'arrime mes mains au fauteuil, il me semble m'y enfoncer, je me plonge dans une obscurité envahissante, qui me comprime, me fascine et c'est cela que je combat, je m'efforce de sortir de cette insensibilité, de ce relâchement poussant à l'assoupissement, qui devait m'empêcher de rester vigilant et, à ce moment-là, remonte quelque chose pesant sur mon estomac, devient une boule d'angoisse et j'entends sortir de ma bouche,

pourquoi ne t'es-tu pas mariée ?

on dirait que je suis totalement éveillé en un instant, je vois qu'elle approche la tasse à café de ses lèvres, elle en prend une gorgée, c'est la dernière, elle fait tourner le marc au fond, elle la retourne dans la soucoupe, délicatement, si entraînée, c'est son ancien geste de la main, le mouvement circulaire du poignet, et, de nouveau ses ongles, beaux, longs, pâles, rendus visibles-invisibles par leur vernis argenté,

vas-tu comprendre ce que je vais te dire ?

je retourne ma tasse, je prends une profonde respiration, je tente de défaire ma tension intérieure, je me penche en avant, l'arrière du fauteuil me semble une profondeur dangereuse, on dirait que si je m'adossais, je tomberais brutalement dans un puits, comme David était tombé dans le piège tendu[2] et une crainte trouble nous saisissait lors de notre lecture,

2 Allusion à l'épopée nationale David de Sassoun.

juste à la seconde où son dos heurtait le sol et un frisson montait le long de ma colonne vertébrale, je la priais de revenir à l'épisode pour que, une fois encore, avec effroi et admiration, je jouisse de cette chute qui désormais était en moi et que je pouvais supporter dans le plaisir sans mélange donné par la lecture ;

je la regarde, je vois seulement ses lèvres qui bougent, il y a des mots que j'entends à peine tant ils passent comme son souffle,

ah ! voilà, comme ça, tourne la bien, ta chance sera celle qu'elle sera, c'est le destin !

comme une parole magique, je sais que ce destin est un écrit dont on peut seulement changer la calligraphie, épaissir la ligne des lettres, les rendre plus courbes ou mobiles, les déformer ou les transformer en une signature illisible mais qu'on ne peut en ôter même un caractère, en retirer un mot, modifier l'écrit, on ne peut jamais, au grand jamais, échapper au labyrinthe du temps qui a apporté chaque chose là où elle est ; par une espèce d'abandon fait de renoncement et d'oubli, vivre, respirer ne serait-ce que recopier ce qui est déjà écrit ?

c'est le mot de ta mère… nous étions une seule famille, tu sais… eh oui ! toujours ensemble…

ce qu'elle dit, est-ce si vrai ? était-ce si clair ? est-ce que ça ne correspondait pas à une espèce de convention, à une sorte d'embrasement soudain puisque voilà que je suis venu jusqu'auprès d'elle, uniquement pour la voir ? mais n'est-ce pas absurde d'essayer de comprendre cela, la métamorphose à laquelle les gens ont droit, bien sûr, bien sûr,

et, sans interruption, suivant cette ligne de méditation dont elle ne s'est peut-être pas écartée, avec une fixité étonnante, au moment où j'avais porté ma main à mon front en cherchant dans mes sensations les traces de survivance, elle,

…nous étions comme frères et sœur, mon quatrième frère, et, un jour, je ne sais lequel, si je disais le jour, le mois, je mentirais, j'ai su, – tu comprends, non ? – que sans ça il n'y avait pas de vie, quoi dire ? je vais dire, je l'aimais ? qu'est-ce que ça veut dire ? oh, non ! ne ris pas…

la rue est silencieuse, un silence surprenant, aucun passant, ni cris, ni appels, les gens ont peut-être changé ou c'est moi qui n'entends rien, on dirait que j'ai aboli, dans l'horizon de mon ouïe, toutes les voix extérieures, je veux juste rester attentif, me concentrer, ne pas perdre ce moment ni le laisser seul, ne pas l'abandonner ainsi elle est penchée sur la table, elle a retourné ma tasse elle vérifie, le marc a-t-il séché ? elle l'examine, a-t-elle commencé à la lire ? ses lèvres bougent à nouveau, on dirait qu'elle parle, qu'elle murmure quelque chose comme le devin qui, au moment d'examiner les scintillements libres de plomb au fond de l'eau, répétait des paroles magiques, mon esprit avait développé la scène comme dans un tableau que je me souvenais avoir vu : sur un fond très sombre, une très belle femme, son corps d'albâtre contrastant avec les couleurs sombres de son entourage, vert foncé, bleu marine, sur la tête une coiffe travaillée en velours rouge, semblable à une couronne, qui paraît plus importante que la femme dont le regard se dirige vers quelqu'un qui se trouve hors du cadre, peut-être un quémandeur ou un spectateur, elle murmure pour elle-même

des choses inaudibles, comme si j'étais une de ses voix avec laquelle elle pourrait parler sans contradicteur, exactement comme au moment où nous montions par les passages en arcades de Maarat, par la côte de Bab-Idriss, nous nous arrêtions devant la porte du Sémiramis et là-bas, devant les miroirs, le chatoiement des faux ors et des faux argents, dans la fraîcheur et le bruit, nous allions manger du « chocolat mou », en cachette, comme si nous étions deux amoureux qui n'ont pas d'autre lieu pour se rencontrer dans cette ville et, de l'autre côté de la table en marbre, elle penchait la tête vers moi, elle murmurait, sa voix avait de nouveau des modulations inattendues,

… ce n'était pas pour se marier, je ne le voulais pas, on ne pouvait pas, c'était le fils de ma tante, même si ma mère et ma tante n'avaient pas le même père, non, que les gens étaient bêtes à cette époque et moi comme eux, s'aimer, ce n'était pas pour se marier, non, pas du tout, les gens voulaient nous lier, nous enchaîner de force, nous tuer, tu sais Berdjouhie, non ? elle est partie, elle est morte ; je voulais vivre, libre, pour moi, la vie, entière, totale…comme ça ;

dans sa voix il n'y a aucun regret mais une sorte de maturité, on dirait quelqu'un qui n'a rien perdu, qui n'a renoncé à rien, qui ne s'est pas trahie et pour qui il y a encore tout un avenir, là, au grand jour, non dans l'ampleur mais dans la profondeur de cette vie ;

je veux poser ma main sur la sienne, je ne sais pourquoi, c'était si facile de glisser ma paume dans la sienne, toujours chaude, légèrement moite, mais lisse, agréable, profonde, il y avait la pointe de ses ongles qui piquaient ma peau et, parfois, elle me chatouillait comme les petits doigts de Zevart qui s'insinuaient tout doucement le long du lit, atteignaient la plante de mes pieds, je ne pouvais retenir mon rire quand ils me touchaient ;

regarde Jeannot, regarde ! je lui ai dit mille fois, toi tu ne sais pas, tu étais petit, je l'ai supplié, je l'ai imploré à ce moment-là, bon sang ! ne te marie pas et en plus avec une femme comme ça ! va coucher avec elle autant que tu veux, aime la, aime la ! ne te marie pas, profite de la vie ! de sorte que quand il a voulu n'en faire qu'à sa tête et est allé se marier, tout a changé, nous avons rompu les liens, était-ce une erreur ?

sa voix est neutre et même souriante, avec la sérénité de celle qui avait prévu la catastrophe et la voit ensuite se confirmer et qui ne réussit pas complètement à masquer la rancune et le ressentiment anciens ;

d'ailleurs, il a rapidement commencé à s'en lasser, à ce moment-là, il a recouvré la raison, les choses en sont arrivées devant le juge, qu'est-ce qu'on pouvait attendre ! les années ont passé, il n'y a même pas eu besoin de prononcer le divorce, l'autre est morte, il a été libéré mais démoli.

Je trouve un mouchoir dans ma poche, je m'essuie la nuque, le cou, l'air est de plus en plus chaud et on dirait que le blanc de la pièce s'intensifie, se renforce, il passe du bleuté au rouge ; peut-être se cherche-t-elle une justification, elle recompose à nouveau le passé, elle l'ordonne comme elle veut, je vois sa main droite en l'air, la voix venant de ma gorge, se préparant, s'éloigne, disparaît soudain, je ne trouve pas mes mots, c'est ainsi que cela se produit souvent quand je connais le mot et j'ai peur, je ne sais de quoi j'ai peur,

c'est comme ça !

elle regarde ma tasse, elle examine un instant les images encore humides qui s'y trouvent, elle la tourne à nouveau, hoche la tête, on dirait qu'elle a vu quelque chose, toute trace est un signe, chaque paysage, chance ou malchance, elle connaît mon destin et veut le taire, sans compter que l'avenir sera ce qu'il sera ; n'était-ce pas ainsi d'ailleurs que nous lisions ensemble, plus exactement, pour céder à mon caprice, elle lisait à nouveau pour moi ce qu'elle avait déjà lu avec moi, jusqu'à ce que d'un coup, elle m'abandonne seul face à ce tas de papier enchanteur et incompréhensible –vas-y ! – et, parfois j'ai l'impression que je suis là-bas, en ce lieu, avec elle mais totalement détaché d'elle, face au même tas de papier, en quête d'une langue pure qui m'évite, fuit, s'éloigne de moi ;

elle se lève, son ombre passe devant le mur du fond, les fleurs artificielles dans le coin sont un peu plus abimées mais elles sont là, avec leurs formes décolorées que je faisais ressembler à une vague de fond, la tempête de Robinson en pleine mer, mon trouble s'était déjà dissipé et moi je commençais à pénétrer dans l'île, je faisais face à des bêtes sauvages, je sautais par-dessus les obstacles des mots, je construisais le monde ; dorénavant, j'avais, moi aussi, trouvé mon havre, au loin, à l'extérieur et cela, à présent, n'était pas un retour à l'état naturel mais un cheminement vers ce que je ne connaissais pas.

Elle revient s'asseoir, elle a quelque chose à dire alors que le mur du fond brille de façon inhabituelle et, pour éviter l'éblouissement persistant, je regarde la tasse qui tourne, l'étrange géographie qui s'étend dans la soucoupe où il doit y avoir des terres, des pays, des mers, des chemins, des voyages, des rencontres, des années, on dirait que j'ai toujours regardé ce cercle tournant sans cesse sur lui-même dont le point d'arrivée est cet instant alors que nous sommes entrés dorénavant dans une éternité, quoi que nous disions, tout a lieu dans un présent perpétuel ;

mais… tu étais belle, Arev,

je me mords les lèvres, mais c'est trop tard, je dois avoir rougi, j'ai honte ; ainsi, son nom semble soudain étrange, si extérieur, comme si on ne l'avait jamais entendu ou appelé, j'avais vécu dans son intimité, mais je l'avais gardé pour moi et voilà que d'un coup, lorsqu'il éclate dans l'air, il me laisse totalement sans défense ;

ne m'a-t-elle pas entendu ? elle ne réagit pas à mon indélicatesse, puisque, quoi que j'aie pu dire, elle est toujours belle pour moi, même si elle a rapetissé, pour devenir presque une sorte de modèle réduit d'elle-même à présent, jamais je ne pourrais la voir autrement que je la voyais lorsqu'elle s'écriait « mon fiancé ! », qu'elle me prenait dans ses bras, me mordait, je voulais qu'elle me morde, oui, sans aucun doute, je le voulais ; c'est d'ailleurs ça qui est difficile : percevoir l'autre sous le même visage, il y a celui-ci et celui-là, non pas la simple photo et la réalité, mais la réalité sous ses différents aspects, amplifiée voire métamorphosée par la conscience du temps, tantôt se développant et tantôt se déformant comme l'expression d'un visage, une attitude qui se décompose dans l'espace, qui se retrouve et se perd elle-même dans le même temps, de même qu'une figure, un geste, tantôt se développe et tantôt se déforme, se perd et se retrouve en même temps ;

peut-être n'est-il pas possible de retourner dans ces lieux où nous avons vécu et de retrouver les images que nous avons aimées, sans jamais revivre la mort que nous avons tenté de fuir en nous réfugiant dans le monde des apparences ;

attends !

les fenêtres doivent être ouvertes, les reflets du soleil jouent sur les murs, dans l'air tournent des rayons pleins de poussière, le blanc de la pièce s'atténue d'un coup, devient gris comme si des nuages étaient venus voiler le soleil, sous les feuilles se faufilent des fragments lumineux, je peux fermer les yeux, je peux retrouver le toucher léger, fugitif, brûlant de ses doigts qui ne sont plus là désormais et, dans le balancement bruissant des branches, sans crier gare, ce sont ses pas légers et rapides, son visage, son visage inimaginable apparaît dans la végétation et au milieu d'un morceau de ciel : elle nous a surpris à faire une grosse bêtise, « je vais le dire à vos mères » ;

oui !

c'est exactement elle, c'est toi, telle qu'elle était, son visage un peu de biais, ses cheveux un peu bouclés de chaque côté de son front, brillant sous l'éclat d'un soleil invisible, une boucle, puis une autre qui se recourbent sur les tempes à la mode de cette époque, sur ses oreilles, deux perles blanches puis, sous la courbe des joues, le sourire, le jeu large des lèvres, son cou un peu court et surtout, au-dessous, le décolleté magnifique que le jaunissement du papier n'a pas détruit, tu es belle là, tu étais très belle,

c'est à ce moment-là que s'est produite sa dernière manifestation, j'allais dire inattendue, si je pensais que je te connaissais,

écoute, je sais,

elle s'assied, son buste, son visage vers l'extérieur, on dirait qu'elle choisit une pose spéciale, elle va se placer dans le cadre de la photo, avec une solennité un peu artificielle ;

j'ai vu ton nom dans les journaux, j'ai dit – mon fiancé est en train de devenir un écrivain –, je l'ai dit et je m'en suis réjouie,

naufrage !

je ris en essayant de trouver son accent, avec l'effort de celui qui prononce un mot grand et lourd, très sérieux, qui se brise ; je n'ai pas en tête tous les mots qui me sont venus d'elle quand elle m'apprenait à lire ; souvent, quelques-uns d'entre ceux-là m'emportent encore avec eux, j'entends encore sa façon de les faire résonner, sa prononciation, son souffle qui, dorénavant font partie d'eux comme un nom appartient à une personne ; peut-être que ce que j'ai reçu n'était pas la langue mais autre chose, peut-être une chose vague, vivifiante et absolue, comme une substance, au fond, c'est probablement ce que je ne connais pas et que je cherche tel le moule originel vers lequel on tend et vers lequel on ne retournera jamais ;

si tu veux le dictionnaire, je te le donne ;
je veux dire
non !

je dois refuser, vraiment, je vais refuser ce cadeau qui ressemble plus à un testament et que je ne peux assumer ; ainsi, les gens te lèguent leurs soucis, leurs archives, ils les ont gardés durant des années et voilà, soudain, ils vont respirer, ils se libèrent de leur charge et de la poussière comme s'ils faisaient de la place dans leur pièce ou dans leur âme, le vide, pour vivre enfin et ils font de toi, et malgré toi, l'amoureux, le chercheur, sinon le prisonnier de ces papiers moisis ;

je préfère avoir toujours la possibilité de lui demander ce livre et qu'elle ne me le donne pas, me le montre, le garde, ainsi la situation sera plus nette,

mais je marmonne, j'hésite, on dirait que plus je tente de sortir de mon mutisme et plus la tête me tourne et il semble que ce soit elle qui, toujours jette les mots en l'air, qui les profère pour que je les répète ;

elle tient son cou droit, la tête haute, comme à l'époque où elle se tenait au bord de la scène dans cette attitude théâtrale mais les mains derrière le dos, elle se concentrait sur une sorte de point de fuite comme une voyante qui attend d'être visitée par l'inspiration, le menton baissé, les yeux étincelants de fièvre ou d'une image extraordinaire,

je ne l'ai jamais dit à personne… mais…

elle hésite, on dirait qu'elle est sur ses gardes, elle approche son index droit de sa bouche, elle l'éloigne,

elle récite un poème ;

…

ne l'écris pas ;

elle a tout à fait une autre voix, plus grave, plus charnelle, tendue et chaude, en même temps familière et étrangère, une voix qui revient après une altération, une métamorphose radicale, qui se souvient de ce qu'elle fut et qui est promesse d'un autre horizon, ce ne sont pas des mots qui inaugurent une langue mais un murmure qui s'approfondit et qui compose, pour culminer dans un quatrain, lequel semble n'avoir ni début ni fin, c'est une espèce de fragment éclaté, suspendu en l'air que j'aurais voulu voir parvenir jusqu'à son terme, comme des lignes, des vers restés des poètes disparus, dont on ne peut supporter l'incomplétude ou la perte définitive, dont on ne comprend pas la beauté fragmentaire et qu'on essaie de terminer mentalement, de compléter, pour pouvoir percer leur signification ;

peut-être est-ce un poème simplet, boiteux, presque informe, pur bout rimé ou véritable chant ; peut-être est-ce vers ce rythme qui bat et qui palpite en lui que je tends l'oreille, je le connais par cœur comme quelque chose que je connaissais déjà et qui se répétait, se réinscrivait en moi, j'écoute le murmure, la rumeur intérieure, le silence au-delà du mouvement de ses lèvres, de son intonation, j'écoute cette mélodie qui s'offre à moi comme si c'était le corps de Zevart que mon ouïe caressait, j'essaie d'être proche d'elle, de m'enfoncer dans son mystère puisque la totalité n'est que cela, tout y aspire, c'est peut-être avec ça que s'invente la plénitude.

Mais comment saisir l'appel secret murmuré entre les mots, dans l'attente de quelqu'un qui n'est pas encore venu ?

GLOSSAIRE

agha : chef régional, par extension titre honorifique

Catholicos : patriarche de l'Église apostolique arménienne

dolma : légumes ou feuilles de vigne farcis
djadjegh : hors d'œuvre à base de concombre et de yaourt
djezvé : récipient dans lequel on fait le café
djinn : mauvais esprit (arabe)

feddayin : combattant irrégulier de guérilla

gougoum : récipient en cuivre

kessé : tissu rugueux, décapant, utilisé dans les hammams

keufté : sorte de boulette à base de viande et de riz
khanem : équivalent de Madame, souvent employé ironiquement
khourabieh : pâtisserie orientale

madagh : sacrifice d'animaux (moutons/agneaux) faits lors des fêtes religieuses, par extension viande bénie distribuée aux fidèles
mezzés : hors-d'œuvre libanais

pakhlava : pâtisserie orientale

service : taxi collectif

vartabed : membre de l'Église, docteur en théologie

TABLE DES MATIÈRES

Achevé d'imprimer par Corlet Numérique,
à Condé-sur-Noireau (Calvados). N° d'impression : 144382
Imprimé en France